ガバナンスと評価 ❷

# 公共部門の
# ガバナンスとオンブズマン

―― 行政とマネジメント ――

山谷 清秀 著

晃洋書房

目　次

## 【序　章】
## 行政苦情救済の役割を問いなおす ……………………………… 1

## 【第1章】
## 行政苦情救済の意味 ……………………………………………… 9
　＋1．個別の声を取り上げる意味　(9)
　＋2．世界に拡大するオンブズマン制度の潮流　(10)
　＋3．ガバナンスと行政苦情救済　(12)
　＋4．日本における行政苦情救済制度　(13)
　＋5．オンブズマン研究のいま　(14)

## 【第2章】
## 行政責任・ガバナンス・行政苦情救済 ……………………… 17
　＋1．行政責任論の展開　(18)
　＋2．アカウンタビリティと統制　(20)
　＋3．レスポンシビリティの自律的・内面的側面　(29)
　＋4．行政責任を確保する手段としてのオンブズマン　(32)
　＋5．アカウンタビリティとオンブズマン　(34)
　＋6．レスポンシビリティとオンブズマン　(43)
　＋7．苦情文化とオンブズマン　(50)

## 【第3章】
## オンブズマンのインフォーマリティ ………………………… 53
　＋1．行政救済における裁判所と比較したインフォーマリティ　(54)
　＋2．苦情処理におけるインフォーマルな解決への注目　(56)
　＋3．インフォーマルな解決への注目の背景　(58)

＋4．インフォーマルな解決は何をもたらすか　（59）
　　＋5．オンブズマンによるインフォーマルな活動の展開　（60）
　　＋6．インフォーマリティとその意義　（62）
　　＋7．苦情の予防　（65）

【第4章】
## オンブズマンの積極的役割　67
　　＋1．オンブズマンの役割とインフォーマルな活動　（68）
　　＋2．オンブズマンの多様な活動　（69）
　　＋3．各国オンブズマンの発行するガイダンス　（70）
　　＋4．オンブズマンの発行するガイダンスの類型化　（98）
　　＋5．オンブズマンが発行するガイダンスの意義　（108）
　　＋6．苦情処理の標準化・争点の提示　（112）

【第5章】
## アイルランド共和国のオンブズマン　115
　　＋1．設置の背景　（115）
　　＋2．権限と機能　（116）
　　＋3．オンブズマン事務局の組織　（117）
　　＋4．苦情処理過程　（118）
　　＋5．苦情件数と正式な調査　（122）
　　＋6．予算や人員の削減　（129）
　　＋7．管轄の拡大　（130）
　　＋8．多様な付随的活動　（131）
　　＋9．アイルランド共和国のオンブズマンにおけるインフォーマリティ　（135）
　　＋10．ガバナンスのなかのオンブズマンの役割　（137）

【第6章】
## 日本の地方自治体オンブズマン　141
　　＋1．日本の地方自治体オンブズマン制度の目的　（142）
　　＋2．日本のオンブズマン制度の運用　（144）

＋3．宮城県の行政苦情救済制度の変遷　　（149）
　　＋4．明石市行政オンブズマン制度　　（154）
　　＋5．日本のオンブズマン制度に見られるインフォーマリティ　　（159）
　　＋6．オンブズマンの存在意義　　（161）

【第7章】
## 行政相談委員の多面的役割 …………………………………… 165
　　＋1．行政相談委員の役割　　（167）
　　＋2．四日市市の青色回転灯の取り組み事例　　（173）
　　＋3．行政相談委員の役割についての今後の課題　　（177）
　　＋4．行政相談委員の活動の展開　　（183）

【終　章】
## 現代における行政苦情救済の存在意義 ………………………… 187
　　＋1．簡易・迅速・低廉・柔軟の価値を求めるインフォーマリティ　　（187）
　　＋2．インフォーマルな解決の危険と正式な調査の重要さ　　（188）
　　＋3．オンブズマンの理念としての主体性の尊重　　（189）

あ と が き　　（193）
初 出 一 覧　　（197）
本書で用いたオンブズマン一覧　　（199）
参 考 文 献　　（231）
人 名 索 引　　（247）
事 項 索 引　　（249）

## 序　章　行政苦情救済の役割を問いなおす

　個人の声から社会全体の問題を考える仕組みは，いまの民主制の中心とはならないシステムではあっても，それを補完する重要なものである．日本では総務省が「行政苦情救済」という言葉を用いており，行政相談のシステムのなかに「行政苦情救済推進会議」を設置し，個別の声から発生した課題を取り上げ検討を行う機会を設定している．この会議が設置される契機となったのが，オンブズマン制度研究会である．
　オンブズマンの概念はいまや世界中に拡大している．1809年にスウェーデンにおいて立憲君主制が成立したために，国家基本法（Regeringsformes）において，行政府からの議会の独立に伴う議会による行政統制を補完する手段としての性格と，法の擁護者としての性格，そして市民の代理人としての性格を有するものとしてオンブズマンは誕生したと言われる[1]．その後1919年においてスウェーデンの隣国フィンランドにおいてオンブズマンは導入されたが，西欧諸国が本制度に注目するようになるのは第2次世界大戦後まで待たなければならなかった［Rowat 1973：118-119］．それは，行政の質的・量的拡大による官僚制の膨大化のために，議会や裁判所による行政統制が十分に機能しなくなり，この官僚制の不手際や権力の濫用に対抗する新たな手段としてオンブズマンが注目された点に求められる．スウェーデンとは異なり，行政の階統制と大臣の各省庁の行政に対する責任制が存在するデンマークにおいて1955年にオンブズマンが採用されたのを契機として，デンマークのオンブズマン制度を参考に1962年にニュージーランド，1967年にイギリス，1973年にフランスがオンブズマン制度を相次いで導入し，世界の国・地域へ普及する潮流をつくったのである［Rowat 1973：119-21］．
　その後，1970年以降，東欧やアジア，アフリカ，ラテンアメリカ諸国においてもオンブズマンあるいはその類似制度がつぎつぎと導入されるようになるが，

それは西欧諸国のオンブズマン制度とはまた異色であった．東欧では，たとえばユーゴスラビアの解体に伴って独立し，新憲法を制定したスロベニアやクロアチアにおいては憲法でオンブズマンの設置を定め，人権擁護に重点をおいた制度を設置している．これらの国においては，ヨーロッパ諸国の一員であるという指標として，あるいは民主化を達成しようとする欧州連合（European Union: EU）加盟のための対外的なアピールとしてオンブズマン制度を設置したとも考えられる［川野 2007：17-21］．アジアやアフリカといった発展途上国においては，政治・行政への信頼度の低さのために汚職・腐敗撲滅や人権擁護を目的とした強い独立性をもつ機関がオンブズマンと認められ，行政機関やその職員の不正や汚職を監視する「警察官（policeman）」や「番犬（watchdog）」の色が濃い場合もある[2]．他方で，このような行政の不正の監視について主眼を置いたオンブズマンが設置されている一方で，発展途上国ではまた，公共サービスの公平な提供に関してオンブズマンがアカウンタビリティを追求する能力を強化することへの期待も大きい［Carmona and Waseem 2011］．世界各国を見渡すと，そもそも「オンブズマン」という名称を使用していなくとも，その機能からオンブズマンと認められている機関も多いのである．

　このように，あまりにも多様性を含みその概念の整理も困難な作業となるであろうオンブズマンの役割の一面において，今川は「ガバメントやガバナンスの中で果たすことが期待されている役割にも注意を払う必要がある」と指摘する［今川 2012：242-243］．すなわち，人権擁護，汚職・腐敗撲滅，公務員の訴追等，オンブズマンにはもはや形式的な分類によって把握することができないほどの多様性や複雑性が認められる一方で，地方分権やNPM（New Public Management）といった共通する改革の潮流のなかで，公共サービスの多元化における行政と公衆との関係に，アカウンタビリティの観点からオンブズマンに共通する対応の方向性が観察できると今川は述べるのである［今川 2012：243］．

　オンブズマンはこれまで，統治機構のなかにおいて，公衆の声をもとにした調査や勧告にもとづいて個人の救済を図り，そして行政や公共サービス提供者のアカウンタビリティを確保し，強化する装置として認識されてきた［Carmona and Waseem 2011］．表1や表2のように，Gilbertによる行政統制の分類表においては，これまで外在的かつフォーマルな統制手段として位置づけられてきた［Gilbert 1959：382；Nadel and Rourke 1975：416］．

　しかしながら，これらを前提にオンブズマンの実務上の活動により焦点を当

表1　行政責任の枠組み

| 内在的／フォーマル | 外在的／フォーマル |
| --- | --- |
| 内在的／インフォーマル | 外在的／インフォーマル |

出典：Gilbert [1959：382].

表2　官僚的責任の統制の類型

| | フォーマル | インフォーマル |
| --- | --- | --- |
| 外在的 | 直接的・間接的に選挙された政治的チーフ：大統領，首相，ガバナー等<br>選挙された議員：議会等<br>裁判所<br>オンブズマン | 世論<br>新聞<br>公的利害団体<br>有権者<br>競争する官僚組織 |
| 内在的 | 法的に求められるところの代表官僚制<br>法的に求められるところの市民参加 | 世論の認知（予期された反応）<br>プロフェッショナルの基準<br>レスポンシビリティの規範のなかの社会化 |

出典：Nadel and Rourke [1975：416].

てようとすると，その役割は十分に説明できないのである．それは，「オンブズマン制度は，そのインフォーマリティを著しい特色とするものである」[小島・外間 1979：8]と指摘されるように，オンブズマンの制度的位置づけだけでなく，その機能を有効に果たすための事実上のインフォーマルな活動やその効果の重要さもまた注目される必要がある．したがって外在的・フォーマルな責任の分類にとらわれず，オンブズマンに期待される，あるいは実際にオンブズマンが果たそうとする役割の一面を説明することが求められる．

このオンブズマンのインフォーマリティに関する指摘は1960年代より散見される一方で，その議論が深められることはなかった．ガバナンスのなかでオンブズマンが果たす役割に注目する必要がある一方で，実務的観点からオンブズマンの役割を説明する研究はあってもそれらが体系的に整理されることもなかった．

そこで本書では，オンブズマンのインフォーマリティに関するこれまでの議論を体系的に整理するとともに，これまでの個別具体的なオンブズマンの研究においてインフォーマリティと認めることのできる役割を考察する．なぜならば，オンブズマンは制度上の役割だけではなく，それに付随する（adjunct）多様な活動によって自身の役割とその効果を高めようとしてきた経緯があり，そ

れもまたオンブズマンのインフォーマリティと認めることができるからである．このインフォーマリティの観点から言えば，近年ではとくにガイダンスを発行することによって，苦情の再発防止すなわち予防に努めるよう行政機関や公共サービス提供者に要請するオンブズマン制度も見られるようになってきた．とりわけこれらの特徴は，イギリス，アイルランド共和国，ニュージーランド，オーストラリア，カナダにおいて顕著である．このような付随的活動もインフォーマリティの観点で捉え直すことによって，オンブズマンの役割を検討したい．

　続いて，上記の検討から得られたインフォーマリティの観点から，日本の行政苦情救済制度，とりわけ地方自治体のオンブズマン制度と，行政相談制度の役割やその効果，課題について検討したい．

　日本におけるオンブズマン制度導入の議論はロッキード事件やリクルート事件を端緒とした政治や行政への不信感から開始された．地方自治体では1990年に東京都中野区と神奈川県川崎市において導入され，その後も行政への信頼性回復を目的としていくつかの地方自治体においてオンブズマン制度は導入されていったのである．しかしながら現状オンブズマン制度を導入した地方自治体は決して多いとは言えず，また所期の役割を果たしたという理由で，あるいは期待した役割を果たせず，加えて財政的制約からオンブズマン制度を導入したものの廃止した地方自治体も現れてきた．廃止とまではいかなくとも，財政的制約のためにオンブズマンの報酬や出勤日を減らし，また事務局に調査員を配置せず再任用の職員のみで苦情申立業務を行う地方自治体もあるように，その運用も積極的とは言えない面も見られる．

　このように日本において一時オンブズマン制度は注目された一方で，その存在意義については十分に認められずに導入する地方自治体は増えず，また導入した地方自治体においても廃止するところもあった．このような制約のなかで日本の地方自治体のオンブズマン制度はどのように運用されているのかを検討したい．とりわけ正式な調査やそれに続く勧告や意見表明がほとんど行われず，簡易・迅速な苦情処理を追求している点に着目したい．

　行政相談に関しては，日本における総務省行政評価局長は国際オンブズマン協会の正会員（voting member），全国行政相談委員連合協議会は同協会の準会員（member）として認められており，また行政相談制度自体は，現総務省と行政苦情救済推進会議と行政相談委員が一体となって，オンブズマン的機能を果

たしているという評価を得ていると捉えられている［総務省行政評価局行政相談課 2013a：79］．また総務省行政評価局・行政相談委員・行政苦情救済推進会議は1996年に設置されたアジア・オンブズマン協会の創設メンバーでもあり，国際オンブズマン協会の近年の会議においては，「多様なオンブズマン制度の中でも，日本の行政相談制度は，独自の国情に合ったユニークな制度」という評価も得ている［総務省行政評価局行政相談課 2013b：15］．もちろん行政を監視する存在であるオンブズマンが行政の内部にあるというのは矛盾であり，独立性に問題があるために行政相談のシステムをオンブズマンとして認めることはかなわないと指摘する者も多い[3]．他方で行政相談委員の資質に独立性を見出す者や，あるいは行政相談システムが果たす効果に注目し，その点からこのシステムを評価する者もいる．たとえば全国行政相談委員連合協議会の元会長である鎌田理二郎は，独立性の確保について，行政相談委員の，①苦情申立人と同じ民間人であり，②もっとも身近にある窓口であり，③国から報酬を受けていないという特質に注目し，これらの点において行政相談委員の独立性は確保され得ると述べる［全国行政相談委員連合協議会事務局 2005：191］．

　行政相談委員は，総務省行政評価局が実施する行政相談制度の協力委員として，国の行政機関等に関する苦情・意見・要望・相談を住民から受け付けて解決を図っている．行政相談委員の法制度上の業務は，官庁およびその関係機関，すなわち内閣府およびその外局，宮内庁，各府省およびその外局，政令で定める独立行政法人および特殊法人などに関する苦情を受け付け，関係機関にその内容を通知することや行政評価事務所に報告することであり，地方自治体の法定受託事務と自治事務については通知の権限の対象外である［行政相談委員制度の在り方に関する研究会 2009：46］．しかし，行政相談委員が受け付ける相談の実際は，国の行政機関等に関する内容というよりはむしろ，道路やトンネル，鉄道路線周辺の問題のように地方自治体の行政に関する相談や，繁茂した樹木の伐採問題やゴミ，騒音問題などの相隣関係に関する相談の方が多いのである．もちろん行政相談委員は住民から相談を受ける際，相談者の話を聞くことから始まるのであり，相談を聞きながらそのなかに国の行政機関と関わる内容があるかを確認しても，国の行政機関に関する内容なのか，地方自治体や民事に関する内容なのかを事前に確認はしない．結果的に国の行政機関などに関する内容でなくとも，行政相談委員は助言や適切な関係部署の紹介を行っており，その関係部署に参考情報として連絡することもある．このように行政相談委員の

活動領域は，市町村を基本としているため，その苦情処理のルートも市町村行政と深く関わっており，また柔軟な対応が要請されているのである．

したがって一部の行政相談委員のなかには，単に連絡を行うだけではなく，相談を受ければ地方自治体の関係部署に改善を求める者もいる．熱心で積極的な行政相談委員は，受け付けた相談の課題解決を自らの責務と考え，自ら市町村役場や警察署の関係機関に赴き改善を要求し，その場で今後の対応に関する回答を得て申出人に報告するのである．さらに，一部の行政相談委員の活動には，行政や住民の主体的な課題解決を促進するエンパワーメントとなる効果が見られる．

オンブズマンや行政相談といった行政苦情救済のシステムにおいて，事後的な苦情の解決や行政運営の改善だけではなく，予防的な救済がその役割として認められるのであれば，紛争の当事者たる行政機関・公共サービス提供者と公衆とを一定方向に導き，また何らかの形で自律性を涵養する役割が要請されていると考えられよう．

したがって本書の目的は，オンブズマンがどのように行政責任の確保に貢献し得るのかを整理し，またインフォーマルな解決も含めたオンブズマンの「インフォーマリティ」という用語に着目しその先行研究を追うとともに，実務上インフォーマリティがどのような背景から求められているのか，また，いかなる効果を持っているのかを明らかにすることである．そしてこれをもとに現代におけるオンブズマンが果たす役割の予防的な側面を検討し，同様に日本における行政苦情救済制度，とりわけ地方自治体のオンブズマン制度と行政相談制度に焦点を当て，その実態と課題について検討する．

またインフォーマルな解決も含めたオンブズマンの「インフォーマリティ」を具体的に整理するため，これまでその苦情処理において約9割がインフォーマルに処理されていると指摘されてきたアイルランド共和国のオンブズマン制度〔National Consumer Council 1997：87；Doyle, Bondy, and Hirst 2014：99〕を取り上げ考察する．アイルランド共和国のオンブズマン制度は後述するように度重なる予算やスタッフの削減にさらされ，その一方で近年管轄の拡大が行われ，またガイダンスの発行や研修の実施を積極的に行っており，とくに現職のオンブズマンがこのような活動に積極的な姿勢を示している〔Tyndall 2015：6〕．

苦情処理のプロセスならびにオンブズマン事務局の多様な活動，行政相談活動による多面的な効果に焦点を当てることによって，行政苦情救済における

「インフォーマリティ」という用語がどのような背景で求められ，何を示していると捉えることができるのか，またどのような目的でその活動が行われており，どのような効果をもたらしているのかを明らかにし，そして行政苦情救済の役割と課題を再検討する．

なお，本書では引用により「市民」，「住民」，「公衆」，「国民」の用語が混在しているが，とりわけ支障がない限りにおいては同じ言葉で統一する．

注
1) スウェーデンにおけるオンブズマン制度の創成については日本においても，平松［2012］が詳しく述べている．
2) アジア諸国においては，汚職や腐敗の防止に主眼を置いたオンブズマン概念もある．たとえば今川・上村・川野・外山編［2012］はアジア各国のオンブズマンの機能を説明している．
3) たとえば宇都宮［2001］や土屋［2010］は，行政相談のシステムでは必ずしも行政批判的な装置とはなり得ないと指摘する．

# 第1章　行政苦情救済の意味

## 1. 個別の声を取り上げる意味

　個人の人格の尊重というのは民主主義の基本的理念である．そこでは個々の考えや意見を相互に尊重し合い，徹底的な議論が求められる．数人の集団で夜ご飯を何にしようかと討論するのは比較的容易いことかもしれないが，中学校のクラスで学園祭の出し物に何をしようかと討論する際に，個々の意見をすべて聴くというのは困難なことだろう．ましてや一定の地域や国レベルの範囲となれば，個々の意見すべてに耳を傾けるというのは非現実的な話である．したがってわれわれは代表者を選び，彼ら／彼女らに信託することによって政府をつくり，意思決定を代行してもらうのである．しかしながら，そこでは個々の意見は埋没し，発掘するには大きなコストがかかる．

　しかしながら，そのコストを理由に個々の意見に蓋をしておくべきではない．すべての市民は地方政府に対しても，中央政府に対しても主人公であるからである．したがってすべての個人の人格は尊重されなければならず，よって当該個人の問題は個人レベルの問題なのか，あるいは社会全体で取り組むべき問題であると認識する必要があるのか，公共の議論の俎上に載せるべき問題なのか，これらを議論する場が求められるのである．

　たとえば，組織論では Hirschman [1970] の次のようなアイディアがある．それは，組織のなかにいる個人が問題があると感じた場合，その問題を相手に説明し改善を求めること（voice: 発言）と，既存の枠組みのなかでの問題解決すなわち改善をあきらめ，新しい枠組みをつくって問題解決を図ること（exit: 退出）の2つからなるアイディアである．単純に考えて，より小さな組織であれば退出は用意であろう．しかしながら，中央・地方を問わず政府の提供するサ

ービスに関して政府と対決しなければならない場合，あるいは民間が提供する公共サービスの場合でも，個人が既存の枠組みから退出しようというのは決して容易なことではない．

　この 'voice' の考え方にもとづいて，苦情は意思表明の手段として重要であると認識されなければならない．このような苦情に対して，公務員は市民に対して市民が納得できるよう説明できなければならず，これはアカウンタビリティの根本的なところである．したがってそこで注目される必要があるのが行政苦情救済の機関，すなわちオンブズマン制度や日本の行政相談制度であろう．

　いま，Twitter や Facebook 等の SNS では，短い文で内容がわかりやすくまとめられた投稿が1日に数万件リツイートされたりシェアされたりしている．人びとは，単純明快で答えの用意されている情報に飛びつくのかもしれない．しかしその言説をよく読んでみると，途中の論理が抜けていたり，そもそも前提となる価値が差別的であったり偏見に満ちていることもある．そこで1度立ち止まって，その言説の前提となっている価値や，他の意見をゆっくりかつ徹底的に考えることはあるだろうか．個別の声をとりあげる行政苦情救済の仕組みは，この機会をつくろうという点にその役割がある．

## 2．世界に拡大するオンブズマン制度の潮流

　オンブズマン制度の設置はいまや世界的潮流である．ただし，多様な機能を持つ機関がオンブズマンとして認識されており，「オンブズマンたる定義」に必ずしもひとつ明確な答えがあるわけではない．なぜならば，その国や地域の政治的背景に合わせてオンブズマンの制度設計が行われてきたためである．「オンブズマンとはなにか」を考えるには，国際オンブズマン協会（International Ombudsman Institute）やアジア・オンブズマン協会（Asian Ombudsman Association）が正会員として求める条件が1つの参考になる．国際オンブズマン協会では，①国，州，地域，地方の制度であり，法律や国際条約によって定められているもの，②公的機関，公務員の活動，権限移譲された団体，一部あるいは完全に民営化された公共サービスあるいは政府機関からアウトソースされたサービスによって生じた過誤行政や権利侵害，不公正，濫用，汚職またいかなる不正に対して個人や団体を守る役割を持っており，また ADR（Alternative Dispute Resolution＝代替的紛争解決手段）のメカニズムとしても機能す

るもの，③その準拠法制の権限の範囲において内密かつ公平の環境のもとで運用される，さもなければ開かれた政府を促進するようデザインされた自由で率直な相互関係を奨励するもの，④その独立性を損なうようないかなる公的機関からのいかなる指示も受けず，管轄に含まれるいかなる公的機関からも独立した機能を果たすもの，⑤管轄内の公的機関によって行われた活動，決定，助言ないし勧告が，②で示された結果になったと個人あるいは団体が申し立てた苦情を調査するための不可欠な権限と手段を持っているもの，⑥②で示されたいかなる行為をも救済し防ぐために勧告する権限を持っており，また適切な場合，より良いガバナンスのために行政的・法制的改革を提案できる権限を持っているもの，⑦議会あるいはその他の公選の団体に対して，年次あるいは定期的な報告書の発行といった公開の報告をすることでアカウンタブルであるもの，⑧現職者が議会あるいはその他の公選の団体によって選ばれあるいは任命され，関連の法制あるいは憲法に従ってその機関が承認されているもの，⑨現職者が議会あるいはその他の公選の団体，あるいは関連法制や憲法の定めるところでのみ解職されるもの，⑩その機能を十分に果たし得る適切な財源があるもの，の10をその正会員の条件としている．

　他方でアジア・オンブズマン協会では，(a)所管当局による決定・勧告や作為・不作為に対する個人又は団体の苦情を調査すること，(b)所管当局に勧告を行うこと，(c)所管当局から独立して機能を発揮すること，(d)活動の結果やその他調査によって判明したあらゆる事項について，国，政府又は立法府の長に報告を行うことの4つをオンブズマンの要件として提示している．そしてこの4つの要件を最低要件と捉えるのであれば，国際オンブズマン協会の提示する要件と比較して，多様な形態を含むオンブズマンの概念を想像できるのである．

　ただし，この2つに限定してみても「オンブズマンたる定義」は曖昧であり，加えて「正会員」や「準会員」の存在が「なにがオンブズマンなのか」という問いへの答えをさらに曇らせる結果にしているだろう．オンブズマンとして認識される機関に設定される多様な目的に関しては，たとえば主たる目的を人権擁護としているのは独裁体制後の民主化の流れのなかで設計されるケースがあり，スペインをはじめとして，ラテンアメリカ，アフリカ諸国，そしてユーゴスラヴィア解体にともなってスロベニアやクロアチアといったバルカン諸国でも導入が見られる．とりわけ東欧諸国の場合，「西側欧州の一員」として認め

られるための手段として，さらには欧州連合加盟を図った民主化政策のひとつとしてのオンブズマン制度設置もあり得るようである［川野 2007：20］．

　また，汚職や腐敗の防止をその任務として担っている機関をオンブズマンとして認めるケースもある．とりわけアジア諸国においては，韓国の国民権益委員会やフィリピンのオンブズマンが汚職や腐敗の撲滅を目指して活動している．このように，個別の声をもとに公共サービスの改善を求めることだけがオンブズマンの役割とは言えない状況がある．

　しかしながら，「なにがオンブズマンなのか」という問いへの答えは，現段階の筆者の研究能力では十分に用意できないため，今後の筆者の研究課題のひとつとしたい．ともあれ，このような大きな違いだけでなく，デンマークのオンブズマンをモデルとして公共サービスに対する苦情を受け付け解決を図るオンブズマンであっても，苦情の受付要件や管轄の範囲，権限の大きさ，発意調査権があるかないか等役割は変わってくるのである．ただし将来的な方向性も含めた次のような指摘もある．それは，「政治や行政の一定の腐敗構造を監視する制度設計が整い，地方分権や NPM 等の進行により，行政サービスにおける過誤行政等はいうまでもなく，公共サービスにおける質的問題の改善へとオンブズマン機能がシフトしていくとき，オンブズマン制度はガバメントの腐敗構造等ガバメントの改革を促すひとつの手段から，ガバメントが適切に公共サービスが提供されるようにマネジメントする中心的な役割を果たすことを促進させる機能」［今川 2012：244］へと変化するという指摘である．もちろん，サービスに対する個別の苦情を前提にしているのには変わりない．したがって，「ガバナンスのなかで，あるいはガバナンスとガバメントの狭間でオンブズマン（あるいは行政苦情救済）がいかなる役割を果たせるのか」が今後のオンブズマン研究の主たる問いになってくるだろうと考える．

## 3．ガバナンスと行政苦情救済

　オンブズマンがガバナンスにおいて大きな役割を果たし得るというのはもはや共通の認識である．オンブズマン研究におけるガバナンスとの接点では，オンブズマンがいかにグッド・ガバナンスを実現できるか，そしてその手法として，個人の 'voice' をもとにした公共サービスの質的改善や政策変更に関心が集まる．とりわけ，公共サービス提供者が政府だけではなくなり，民間企業や

市民団体もそれに携わるようになっている状況のなかで，いかに公共サービスの質を保ち改善するか，そしていかに公共サービス提供者のアカウンタビリティを確保するかが課題として認識されているなかで，錯綜するアカウンタビリティのチェーンを単純化する役割をオンブズマンが担い得ると考えられてきた［World Bank 2004：49］．実務の領域においても，詳細は後述するが，たとえばイギリスの議会・保健サービス・オンブズマンのガイダンス『良き苦情処理の原則（*Principles of Good Complaint Handling*）』［Parliamentary and Health Service Ombudsman 2009b］において「役割と責任を明示しそして苦情から教訓を学習するガバナンスの態勢（arrangement）を確立すること」と記述されているように，オンブズマンの活動によってより良いガバナンス状況が実現できると，その役割を認めているのである．

ただし，ガバナンスについては近年次のような指摘がある．それは，「ガバナンス論の名のもとに，自治体，とりわけ行政についての検討がないがしろになっているのではないか」［真山 2012：9］，「ガバメントがよりよく機能するようにガバナンスが支えるという構図が基本であるが，どうもガバナンス議論は持て囃され，ガバメント議論はその陰に隠れてしまっているようである」［今川 2011：117］といった指摘である．もちろん，公共サービス提供者が行政だけではなくなり，多様なステークホルダーを含む社会のなかで統治のあり方を考える上ではガバナンス論は必要であるが，他方でその公共サービスのもととなる政策形成を行う政府と主人公たる市民，そして公共サービス提供者の関係も考えなければならない．

本書での関心は，この関係のなかに行政苦情救済の仕組みがどのように介入しようとしているのか，という点である．いずれにしても，オンブズマンがこんにちのガバナンス状況のなかで，ガバメントにとっても，その他のアクターにとっても重要な存在であることが認められているのである．

## 4．日本における行政苦情救済制度

日本において「オンブズマン」という言葉を紹介すると，研究者であろうとなかろうと，多くの場合「市民オンブズマン」と誤解されてしまう．市民オンブズマンは主に情報公開や住民監査，住民訴訟等の制度を用いて，公金の使途についてを追及する市民団体である．全国組織である全国市民オンブズマン連

絡協議会も存在しており，行政職員や議員の襟元を正すという役割は重要である．上記のような誤解が生じるのも，市民オンブズマンのメディア露出が高いと同時に，公的なオンブズマン制度の周知度がそれほど低いということの表れであろう．日本において，オンブズマン制度設置は国のレベルでは行われず，地方自治体での制度導入の皮切りとなったのは1990年10月の中野区福祉サービス苦情調整委員制度と川崎市の川崎市市民オンブズマン制度である．とりわけ川崎市においては，助役も関与したリクルート事件に加えて幹部の不正事件も重なり，行政の信頼回復が求められていたことを契機にオンブズマン制度導入に至ったのである．

　このように1990年の中野区と川崎市がフロントランナーとなり，1990年代はいくつかの地方自治体においてオンブズマン制度が導入され始めていたのである．その潮流は，不祥事を発端とした首長の公約のほか，市民参加の推進や広聴機能の充実，あるいは職員による検討会，住民との対話のなかから制度導入に至った地方自治体もある．そしてオンブズマン研究においても，2000年頃は地方自治体における総合・特殊問わずオンブズマン制度の普及も期待されていた［宇都宮 2001：316］．しかし，こんにちの日本においてオンブズマン制度は，決して普及したとは言えない状況である．むしろ事務局の予算削減や人員削減，またオンブズマンの出勤日を減らしたり事務局職員を再任用職員で対応している例が共通して多々見られる状況であり，さらにはオンブズマン制度自体の廃止や他の相談制度との融合も見られるのである．やはりどうしてもオンブズマン制度は政治や行政において大きな関心を集めにくく，したがって行政改革の対象，すなわちコストカットの対象となりやすいのである．オンブズマン事務局の役割の存在意義自体が軽視されれば，職員の配置としてそれが表れ，結果として事務局のパワー低下＝「オンブズマンの役割」の低下につながってくるのではないかと考えられる．「なぜ日本ではオンブズマン制度は普及しないのか」というテーマでの研究は，今後の筆者の課題のひとつであるが，ひとつには「苦情」に対するイメージの悪さや市民の声へのアカウンタビリティの欠如があるだろうし，もうひとつには総務省の行政相談制度の存在も大きいだろう．

## 5．オンブズマン研究のいま

　オンブズマンは，行政学のテキストにおいて，行政統制・行政責任の章で登

場し単純な外在的・制度的統制の手段として分類され続けてきた．あるいは行政法のテキストにおいては ADR として登場する場合もある．もちろん苦情救済は民主主義の主柱となるテーマではないし，あくまで多様な制度の補完的仕組みとしてその役割を果たす．ただし，それは決して苦情救済の仕組みが不要であるとか，研究し尽くされた分野であるという主張にはつながらない．ここには，その昔，政策実施が持て囃され政策評価が日陰にいたように，苦情救済の議論の軽視が原因にあるのではないかと考えられる．

とりわけ EU においては，「民主主義の赤字」や「民主主義のジレンマ」といった言葉が存在する．マルチ・レベル・ガバナンス（multi-level governance）や長くなってしまった選挙コントロールのチェーン（chains of electoral control）によって引き起こされると認識されている［Eriksen and Fossum 2012：16］．このことは，EU だけに限らず，代表性，参加，アカウンタビリティの不足といった諸課題にいかに対応するかについて，世界的に共通した課題認識であると考えられる．現代のガバナンス状況において，サービス提供者が多様化し，公共サービスをいかに民主的にコントロールするかという点に関心が集まるなかで，サービスを受ける主体である顧客の声が改善のために届けられる仕組みとして，オンブズマンの存在意義が認められるのである．

オンブズマン制度の世界への普及が見え始めた1960年代，70年代においての研究は，行政救済の領域において，裁判所や行政審判所といったいわゆるフォーマルな制度では救済されない人びとを救済できるという補完的役割に意義が見いだされていた．それは簡易で迅速な処理，柔軟な対応，そして低廉さに特徴づけられ，その特徴をもってオンブズマンはインフォーマルな仕組みであると認められていたのである．1990年代になってくると，オンブズマンは代替的紛争解決手段（Alternative Dispute Resolution: ADR）の特徴を持つ仕組み，あるいは ADR の 1 種であるという研究が散見されるようになる．そして実務を出発点にした研究においても，オンブズマンが紛争解決に際して行う多様な工夫が，たとえば調停（mediation）や現場の解決（local resolution）といった言葉で表現されるようになった．2000年代に入るとこのようなオンブズマンの紛争解決方法が新たに「インフォーマルな解決（informal resolution）」という言葉で示されるようになり，結果的に当事者をエンパワーメントするような解決手法であることに意義を見いだす研究が見られるようになる．

他方では，公共サービス提供者が多元化する現代のガバナンス状況のなかで，

市民や政府との関係を再考したり，民主主義を考え直す，あるいはグッド・ガバナンスを目指すなかでオンブズマンの役割を検討する研究もしばしば見られる．そこでは，オンブズマンに限定せずいくつかの行政苦情救済の仕組みについても，市民をエンパワーメントし，また政府の応答性を高め，主人公たる市民と政府の関係の再考を契機としてガバナンスのあり方を求めるものも見られる．また，より積極的な活動あるいは先回り的な（proactive）な活動に注目する研究もとりわけ2010年代に見られるようになってきた．とくにガイダンスの発行によって行政や公共サービス提供者に改善を求めるという動きは，アングロ・サクソン諸国のオンブズマン制度を中心にその実務のなかでもここ20年程で急激に拡大した新しいものであろう．

　行政苦情救済の仕組みは，このように，ガバナンス状況に適応すべく多様な活動を積極的に行っていると考えられる．これらの活動は，個別の声をもとに行政や公共サービス提供者に改善を求めるオンブズマンの役割が前提となっているが，ほとんど注目されることはなかったことを確認しておきたい．この活動を見ることで，行政苦情救済のあり方を再検討する契機がつくれるだろう．

# 第 2 章　行政責任・ガバナンス・行政苦情救済

　行政責任をいかに確保するかという議論は，行政学の重要なテーマのひとつであり，日本においても行政学のテキストでは行政統制論とともに1章をさいて論じられる．行政責任論と行政統制論がしばしば同じ章で論じられるように，行政責任の確保と行政の統制は表裏の関係のように論じられる．それは，行政責任の確保という問題はすなわち行政を統制する問題へとつながり，その意味でこの2つの議論が重なり合っていくためである．行政をいかに統制するかという議論は，行政学においてはとくに「アカウンタビリティ」概念によって整理され，行政に対する公衆の信頼と不信のはざまで行政統制論と行政責任論は揺れ動いてきたが，その動きのなかでさまざまな考えや取り組み方が誕生し，それを理論が裏付け，あるいは各国や各地域の実態に合わせて新たな制度が考案され，しばしばそれが模倣され，積み重ねられてきた．

　行政統制の諸制度のなかで近年注目を集めているテーマのひとつにオンブズマン制度がある．スウェーデンにルーツがあるこの制度は第2次世界大戦以降先進国を中心に普及拡大した．また東欧諸国でも民主国家であることの指標として，EU加盟のための制度導入や，発展途上国でも汚職や腐敗の防止，公務員がおかす不正を摘発する役割を担っていることもある[1]．その概念の発展拡大は著しく，したがって名称や権限といった形式的な面に限られず，機能やその効果といった実質的な面においても多種多様な制度あるいはシステムの基盤となる考え方がオンブズマン概念のひとつとして認識されつつある．

　オンブズマン制度はこれまで行政統制の枠組みのなかでは外在的・フォーマルな責任の象限に位置づけられ（表2-1，表2-2参照），政府のアカウンタビリティを強化する機能に目が向けられてきた．しかしながら，「オムブズマン制度は，そのインフォーマリティを著しい特色とするものである」[2]と指摘されるように，オンブズマンの制度的位置づけだけでなく，その機能を有効に果たす

表 2-1　行政責任の枠組み（再掲）

| 内在的／フォーマル | 外在的／フォーマル |
|---|---|
| 内在的／インフォーマル | 外在的／インフォーマル |

出典：Gilbert [1959：382].

表 2-2　官僚的責任の統制の類型（再掲）

| | フォーマル | インフォーマル |
|---|---|---|
| 外在的 | 直接的・間接的に選挙された政治的チーフ：大統領，首相，ガバナー等<br>選挙された議員：議会等<br>裁判所<br>オンブズマン | 世論<br>新聞<br>公的利害団体<br>有権者<br>競争する官僚組織 |
| 内在的 | 法的に求められるところの代表官僚制<br>法的に求められるところの市民参加 | 世論の認知（予期された反応）<br>プロフェッショナルの基準<br>レスポンシビリティの規範のなかの社会化 |

出典：Nadel and Rourke [1975：416].

ための事実上のインフォーマリティの重要さもまた議論される［小島・外間 1979：8］．したがって外在的・フォーマルな責任の類型論にとらわれないオンブズマンの役割が，現代の拡大したオンブズマン概念を適切に説明する上で求められると考えられるが，そのためにはまず，そもそもオンブズマン制度が行政責任確保の観点からどのような役割を果たすのかを論じる必要がある．

したがって本章の目的は，行政責任で主に論じられるアカウンタビリティとレスポンシビリティの概念を整理し，その枠組みのなかでオンブズマンがいかなる尽力をするのかを明らかにしつつ，行政の自律的・内在的責任を確保する上でインフォーマリティの概念が重要であることを指摘することである．

## 1．行政責任論の展開

アメリカ行政学においては1930年代中頃から行政責任（administrative responsibility）が注目を浴び始め，このレスポンシビリティ概念に含まれる意味合いとして「応答可能な（answerable）」，「アカウンタブルな（accountable）」，「（法的）責任のある（liable）」，「有能な（capable）」，「信頼できる（trustworthy）」の言葉を並べ，レスポンシビリティ概念を説明しようとしていた［Gaus 1936：26］．

まず，Gilbertはレスポンシビリティが複合的概念であり12の価値から成ることを述べた．すなわち，①応答性（responsiveness），②柔軟性（flexibility），③一貫性（consistency），④安定性（stability），⑤リーダーシップ（leadership），⑥誠実（probity），⑦率直（candor），⑧有能（competence），⑨効能（efficacy），⑩慎重（prudence），⑪適正手続（due process），⑫アカウンタビリティ（accountability）である．Gilbertはこれらの諸価値を確保するために，表2-1の枠組みを手段として示したのである［Gilbert 1959：375-78］．

レスポンシビリティに2つの意味があることを前提に議論したのが，有名なFinerとFriedrichの論争であり，Finerが行政に対する議会の政治的統制の重要さを主張する一方で，Friedrichは行政職員の「技術的知識（technical knowledge）」と「民衆感情（popular sentiment）」の2つに応答的な（responsive）責任ある行政職員（responsible administrator）の必要を主張した［Finer 1966：256；Friedrich 1966：232］．彼らの議論によって，責任の概念には二重の意味が含まれることが明確にされ，また広範な行政裁量が不可避の前提として是認されるようになった．

PfiffnerとPresthusはアカウンタビリティとレスポンシビリティの概念を区別し，アカウンタビリティがフォーマルあるいは法的な責任の所在を示す一方で，レスポンシビリティは高度に個人的，道徳的性質をもち，フォーマルな地位や権力とは関係がないと述べた［Pfiffner and Presthus 1953：522］．

Mosherはレスポンシビリティを客観的レスポンシビリティ（objective responsibility）と主観的レスポンシビリティ（subjective responsibility）の2つに分けた［Mosher 1982：8-12］．前者の客観的レスポンシビリティとはわれわれ自身の外部から負わされる期待と関係しており，アカウンタビリティや応答可能性（answerability）と類似する概念であり，後者の主観的レスポンシビリティは「責任を感じる」という文脈で用いられる．客観的レスポンシビリティが法的・組織的・社会的要求から生じる一方で，主観的レスポンシビリティは忠誠・良心・自己認識に関する信念に根差している．すなわち個人的経験を通じて発展した信念や価値，性格からなる内的な原動力なのである．

CooperによるとMosherのいう客観的レスポンシビリティには2つの次元，すなわちアカウンタビリティと課された義務（imposed obligation）が存在する［Cooper 2012：72］．Cooperが言うには，アカウンタビリティとは何者かあるいは何らかの集合体へのレスポンシビリティであり，課された義務とは特定の仕

事（task），部下，目標の達成に対するレスポンシビリティである．義務は根本的なものである一方で，アカウンタビリティは階層的な構造において義務の実現を保証する手段である．Cooper は行政職員の責任を3つの側面から観察した［Cooper 2012：73-74］．ひとつめは最も直接的なものとして，組織における部下の上司に対する責任である．2つめは公選職（elected officials）への，公共政策に込められた望み（wishes）の実行に対する責任である．3つめは，公衆の選好や需要，その他の利益を見分けて理解し比較することに対しての責任である．この3つを確認した上で Cooper は，行政職員の責任は責任概念が実務的観点と倫理的観点の両方から理解されるべきであると述べる．

以上のように行政責任の議論においてレスポンシビリティの概念は分化していた．そしてレスポンシビリティの下位概念であったアカウンタビリティはやがてその範囲を拡大する．他方で現代における行政責任の要求が，行政の民主的統制すなわち行政のアカウンタビリティをいかに確保するかという議論にむかったからである．こうして責任の概念は複雑になり，また責任を「確保するメカニズム」への注目とともに簡単には捉えられない概念となった．いま一度，行政責任の概念を整理する必要がある．したがって以下では，アカウンタビリティとレスポンシビリティという行政責任における2つのキーワードの概念について，歴史的発展を踏まえながら確認したい．

## 2．アカウンタビリティと統制

### （1）アカウンタビリティの概念

アカウンタビリティは多くの学問領域において「正義」と並ぶシンボル的な言葉として用いられ，とくに行政学においては民主的統制の観点から強く関心を集めている．Day と Klein によると，古代アテネの市民社会においてすでにアカウンタビリティの概念が存在していたと言われる［Day and Klein 1987：6］．行政と兵役を担うようになった市民がその活動結果について民会で報告することを義務づけられ，もし民会に承認されなければ弾劾裁判にかけられ死刑宣告の可能性もあるという強い懲罰が存在した．このような古代市民社会の政治的なアカウンタビリティから分離・発展したのが，会計上のアカウンタビリティである．ただし古代アテネでは，会計は政治の責任と切っても切れないものと認識されていた．それは「一国の浮沈のカギを握るのは政治の責任と誠実な会

計だった」．「社会と政治が大規模な危機に直面せず繁栄を謳歌できたのは，会計の責任がきちんと果たされていたごく短い期間だけだったようにみえる」［Soll 2014：邦訳 9-18］とも言われるように，古代アテネでは，会計は政治の責任とは切り離せないものであった．これが中世になると国王が家臣に対して行使した上から下への権限関係となり，それはより技術的な財務会計を基礎としたものであった［Soll 2014：邦訳 9-18］．

　アカウンタビリティは日本語において主に「説明責任」という訳語で使われているが，この訳語ではアカウンタビリティの持つ本来の意味が大きく失われてしまう．その根源的な意味はBovensによると「あるアクターとフォーラム（forum）との間の関係であり，アクターはその行為（conduction）について説明し正当化する義務（obligation）を負い，フォーラムは質問や批判ができ，アクターは報いを受ける（face consequences）可能性がある」である［Bovens 2007：450］．ここでフォーラム（forum）という「裁き」の語感の強い用語が用いられているように，単に説明すればよい責任だけではなく，説明できる能力や説得，結果に対する責任，制裁といった要素を含む概念なのである．

　その後近代民主制度の発展とともに，市民の代表である議会とその執行機関である行政が主権者に負う下から上への義務である政治的アカウンタビリティに変容した．さらに，国家の役割が夜警国家から福祉国家へと進展するなかで，行政サービスの内容とサービス提供者が多様化し，会計に関してその適正さの確保という責任からサービスの効率性や有効性といったパフォーマンスに関する責任であるパブリック・アカウンタビリティという概念にまで拡大されるようになったのである［山本 2014：48］．

（２）アカウンタビリティの要素と類型：概念の現状

　Leazes はアカウンタビリティを定義する際の視点として，「誰に（to whom）」，「何を（for what）」，「どうやって（by what means）」があると述べた［Leazes 1987：6］．その後概念の拡大とともに，Bovensはアカウンタビリティを構成するのは「誰に（to whom）」，「誰が（who）」，「何について（about what）」，「なぜ（why）」の４つの要素であると述べた［Bovens 2007：454-455］．これらの要素は，より説明者と被説明者あるいは委託者と受託者の関係を強調しており，山本はこれらの要素をもとにアカウンタビリティの概念を類型化した．それは，①誰にアカウンタビリティを負うか，②誰がアカウンタビリティを負うか，

表2-3 誰に：アカウンタビリティを負う相手による類型

| | |
|---|---|
| 政治的アカウンタビリティ | 本人（有権者・出資者）に対して代理人（政治家・経営者）がアカウンタブルな関係． |
| 法的アカウンタビリティ | 法令に従うこと．裁判官や判事に対してアカウンタブル． |
| 管理的アカウンタビリティ | 第三者機関（JISやJAS，その他の評価制度）に対するアカウンタビリティ． |
| 専門的アカウンタビリティ | 職業資格を持ち専門家団体に存在する医師，弁護士，会計士等の専門家が同僚に対して負う． |
| 社会的アカウンタビリティ | 広く利害関係者に対するアカウンタビリティ．ある者の行為が社会に関して何らかの影響を与えることで発生する責任概念． |

出典：山本［2014：53-57］をもとに筆者作成．

表2-4 誰が：アカウンタビリティを負う者による類型

| | |
|---|---|
| 組織的アカウンタビリティ | 組織がアカウンタブルであるとみなす． |
| 階層的アカウンタビリティ | 組織内指揮命令系統の連鎖の各層において下位者は上位者に対してアカウンタブルとみなす． |
| 集合的アカウンタビリティ | 関係する組織や個人が集合的にアカウンタブルとみなす． |
| 個人的アカウンタビリティ | 不適正状態が生じた場合に個々人のその事態への寄与分についてアカウンタブルであるとみなす． |

出典：山本［2014：57-60］をもとに筆者作成．

表2-5 何について：アカウンタビリティを負う対象による類型

| | |
|---|---|
| 財務アカウンタビリティ | 財務・法令面 |
| 過程アカウンタビリティ | 手続面での経済性・効率性 |
| プログラム・アカウンタビリティ | 結果面での有効性 |

出典：山本［2014：60-61］をもとに筆者作成．

表2-6 なぜ：アカウンタビリティを負う理由による類型

| | |
|---|---|
| 垂直的アカウンタビリティ | 指揮監督を受ける者が負う階層的アカウンタビリティ関係の場合に成立．政治的アカウンタビリティにおける本人・代理人関係も含む． |
| 水平的アカウンタビリティ | 自発的・道徳的・倫理的な責務から果たすアカウンタビリティ．社会的アカウンタビリティを含む． |
| 対角線的アカウンタビリティ | 垂直的アカウンタビリティと水平的アカウンタビリティの中間形態．間接的な関係．管理的アカウンタビリティを含む． |

出典：山本［2014：61-63］をもとに筆者作成．

表2-7 アカウンタビリティの構成要素・主体・メカニズム

| | | アカウンタビリティを課す主体 | | | |
|---|---|---|---|---|---|
| | | 有権者 | 国家内機関 | 非国家組織 | 国際アクター |
| アカウンタビリティの構成要素 | 応答性＋制裁（ハード・アカウンタビリティ） | 選挙 | 政治家による官僚のコントロール，政府間における相互監視，独立した機関による監視 | 参加型予算 | 援助供与に対するコンディショナリティ |
| | 応答性のみ（ソフト・アカウンタビリティ） | | 真相究明委員会，（国家から任命された）オンブズマンによる監視 | NGO，市民評議会，オンブズマン，マスメディア，社会運動による社会的監査や抗議 | 情報公開やアカウンタビリティを高める改革圧力，国際NGOによる監視 |

出典：粕谷・高橋［2015：31］を一部修正して筆者作成．

すなわちアカウンタビリティの主体が誰であり，誰が活動やその結果に対してアカウンタブルであるのかの特定化に関する区分，③何に対するアカウンタビリティなのか，すなわち活動主体の資源調達から消費・サービス産出とその供給という一連の過程のなかで，どの過程に焦点を当ててアカウンタビリティを定義するのか，適正な手続，成果，費用対効果に関するアカウンタビリティの区分，④なぜアカウンタビリティを負うのか，すなわちアカウンタビリティが強制的なのか半強制的なのかによる区分である（表2-3，表2-4，表2-5，表2-6参照）．

さらに粕谷・高橋［2015：29-31］は，アカウンタビリティを応答性と制裁の2つの要素の有無から，応答性と制裁の両方がある場合をハード・アカウンタビリティ，応答性のみの場合をソフト・アカウンタビリティと呼び，この構成要素の2つの区分と，アカウンタビリティを課す4つの主体（有権者，国家内機関，非国家組織，国際アクター）とを結びつけている．ここで，有権者は選挙アカウンタビリティを，国家内組織は水平的アカウンタビリティを，非国家組織は社会的アカウンタビリティを，国際アクターは国際的アカウンタビリティを課すと述べ，これを表にすると以下のようになる（表2-7参照）．

（3）アカウンタビリティの現代的含意

近年ガバナンスの観点からアカウンタビリティ概念を再定義する試みも出て

表2-8 Mashawのアカウンタビリティ概念

|  | 誰が | 誰に | 評価(appraisal)の基準 | 何について | どのように | 報酬と制裁 |
|---|---|---|---|---|---|---|
| 国家ガバナンス | | | | | | |
| 政治的 | 公選職, 行政職員 | 市民, 公選職 | イデオロギー, 政治選好の集合 | 政策選択 | 選挙による監視 | 承認・拒否, 財政, 権限 |
| 管理的 | 公務員 | 上司 | 装置 (instrumental) の合理性 | 実施 | モニタリング | 承認, 代替活動 |
| 法的 | 公務員, 個人, 企業 | 影響を受ける人, 政府 | 法令規則 | 合法性 | 司法レビュー, 強制 | 証言, 送還, 命令, 罰則, 報酬 |
| 民間市場 | | | | | | |
| 財 | 企業と顧客 | 財市場 | 選好の集合 | 支払, 価格, 質 | 競争契約 | 利益あるいは損失, 取引拒否 |
| 労働 | 雇用者と労働者 | 労働市場 | 選好の集合 | 報酬と業績 | 競争契約 | 継続, 打ち切り, 契約変更 |
| 財務 | 経営と資本提供者 | 資本市場 | 選好の集合 | 容認条件と利益 (returns) | 競争契約 | 容認, 拒否, 供給, 資本の撤退 |
| 社会ネットワーク | | | | | | |
| 家族 | 構成員 | お互い | 集団規範 | 適切なふるまい | 個別的・集団的評価 | 称賛・非難, 愛着, 支持 |
| 専門 | 構成員 | お互い | 集団規範 | 専門規範の充足 | 個別的・集団的評価 | 尊敬, 地位, 排除, 罰則 |
| チーム | 構成員 | お互い | 集団規範 | 共同努力への貢献 | 個別的・集団的評価 | 仲間意識, 地位, 排除 |

出典：Mashaw [2006：128].

きた．Mashawは国家ガバナンス，市場，社会ネットワークの3つの側面からアカウンタビリティの概念を包括的に示した [Mashaw 2006：128]．そこで用意されている要素は，「誰が」，「誰に」，「評価（appraisal）の基準」，「何について」，「どのように」，「報酬と制裁」であり，上記3つの側面に分類されるアカウンタビリティ概念を対応させている（表2-8参照）．

　Mashawが主張したのは，説明者と被説明者との関係，すなわち委託者と受託者の関係だけでなく，その周囲を取り巻くガバナンス環境によっても規定され得るということである．国家ガバナンスでは公権力の行使を背景に垂直的

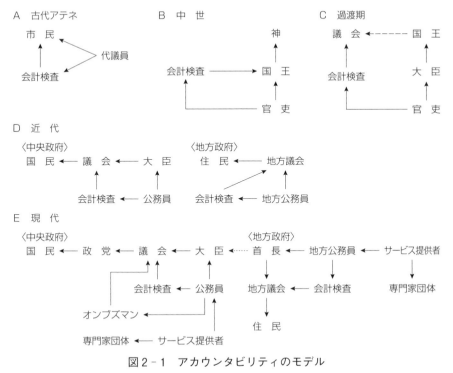

図2-1 アカウンタビリティのモデル

出典:Day and Klein [1987:11].

な統制からアカウンタビリティを求める．市場においては，自由な交換取引で対等な関係から水平的・契約的なアカウンタビリティが求められる．そして社会ネットワークガバナンスでは，構成員間の信頼の相互関係・集団規範への遵守としてアカウンタビリティが求められるのである．彼はアカウンタビリティ確保の観点から，「評価の基準」，「どのように」，「報酬と懲罰」の要素を用意し，アカウンタビリティが果たされたかどうかを検証する際の「ものさし」と，アカウンタビリティの担保の方法，果たされたときとそうでないときの対応を明らかにしたのである．社会が複雑になるほど，アカウンタビリティのつながりも複雑多様になり，その関係を分析するためにアカウンタビリティがどのような要素で構成されているかを考える必要がある．そうした要求からアカウンタビリティ概念が拡大されてきた文脈もあろう．

DayとKleinが図2-1で示しているように，アカウンタビリティの古典的

な形態においては委託者と受託者の関係が明白であったが，近代民主主義，そして資本主義体制，NPM 改革と経るごとに経営の専門化や分業，公共サービス提供のアウトソーシングが進み，委託者と受託者のネットワークの構造は複雑になってきた．サービス提供に関しても団体間で連携協力やネットワーク関係が発生し，責任の主体が不明確となったことで従来の単純な委託者・受託者の関係でアカウンタビリティを捉えることは困難になっており，どのようにしてアカウンタビリティを確保していくかが問題となるのである．

Mashaw はまた，公共サービスの外部委託が増えていくなかでアカウンタビリティの懸念（anxieties）が増大し，次の３つの可能性があると指摘する．それは，① 不鮮明化（blurring），② 不透明化（opacity），③ 拡散化（entropy）である．

（４）アカウンタビリティ確保のための統制

アカウンタビリティ概念の拡大にともなって，そのアカウンタビリティを確保する手法の開発も行われてきた．表２−８のように，市場においては委託者と受託者の関係が明白であり，アカウンタビリティ確保の手段もまた明らかである．たとえば株式市場であれば，株主が委託者であり経営者が受託者となる．経営者の財務報告を通じて株主は株を保有し続けるか，買い増しをするか，あるいは売却をするかを決める．もちろん健全な競争市場下にあることが前提となる．

国家ガバナンスにおいては有権者が委託者，公選職や行政が受託者となり，委託者は受託者に対して法的，政治的，管理的アカウンタビリティを課してきた．ここでのアカウンタビリティの基本となるのは，選挙や議会における資源の調達と使用目的・使途の決定，行政における適正な執行であり，同時にこれらのプロセスにおける手続的規則を遵守することにもアカウンタブルであることが求められる．社会ネットワークにおいては，ネットワークの管理者の責任や構成員の役割が何であるかを明らかにしておく必要があるが，それは困難である．

統制とアカウンタビリティの均衡をとることは容易なことではない［山本 2014：116］．公的セクターにおけるアカウンタビリティに関しても，事前統制となる予算審議とその決定（予算の効率的・効果的配分を含む），抽象的で一般的な政策の決定を行ったとしても，それが執行された後にアカウンタビリティが果

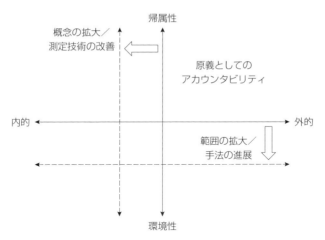

図2-2　アカウンタビリティ概念の展開
出典：山本［2014：17］．

たされているかどうかを確認するためには異なる尺度が必要となる．そこで着目されるのがプログラム・アカウンタビリティや政策アカウンタビリティである．これらは，プログラムや政策が産出する成果の有効性，すなわち目標達成度を基準とし，行政がその責任を積極的に確保できるための手段として考えられた．これに加えて，アウトプットと費用の比率，すなわち効率（efficiency）そして節約（economy）を問うパフォーマンス・アカウンタビリティも行政のアカウンタビリティを確保する上では重要である［山谷 1997：70-71］．

しかしながら，それでも統制には限界があり，委託者の統制外で求められる責任もある．山本はこの範囲を「自律的・内的アカウンタビリティ」であると述べる［山本 2014：116］．この統制とアカウンタビリティの関係について，山本は相互補完していると指摘し，公的部門のアカウンタビリティ論が投入や過程に注目した事前統制だけではなく，成果に焦点を当てた事後統制にも対応した責任へ移行を目指していると主張する．

以上のようにアカウンタビリティの概念は，原義の範囲を超えて，社会構造すなわち委託者と受託者の連鎖関係の複雑化によって，実務での経験を獲得しながら拡大し続けているのである．山本はアカウンタビリティの概念の拡大について，責任の対象で区分する外的・内的側面の軸と，責任の帰属性の程度の軸，すなわち統制の範囲が大きければ帰属性，小さいと環境性と判断する軸に

より概念の展開について整理した（図2-2参照）．責任の対象は，責任が外部者に対するものなのか，あるいは自己や自組織に対するものなのかで外的・内的に概念が区分される．

（5）アカウンタビリティの概念拡大

以上のように，アカウンタビリティ概念は現代社会の多様な場所に存在し得る一方で，時代を経るごとに拡大し続け，Gilbertが整理したようにレスポンシビリティの1類型であったアカウンタビリティはその範囲を超え，逆にレスポンシビリティの概念を侵食し始めているのが現状である．

加えて図2-1で示したように，アカウンタビリティのネットワークは拡大しつづけ，権限や責任が分散し，誰が誰に対してアカウンタブルであるのかを常に明らかにできるとは限らない．概念発展の帰着として，アカウンタビリティ概念には多義性・複雑性が必然的に含意されるようになり，また前述したようにレスポンシビリティの価値のひとつに過ぎなかったアカウンタビリティの概念は，いまやレスポンシビリティの概念領域に進出している．それはたとえば，Koppellも指摘している．Koppellはアカウンタビリティの概念を5つの用語で表現する．それは，透明性（transparency），義務（liability），統制可能性（controllability），レスポンシビリティ（responsibility），応答性（responsiveness）である（表2-9参照）．ではもう一方で，行政責任におけるもうひとつの重要な概念であるレスポンシビリティがこれまでどのように認められてきたのか，これについて次で確認したい．

表2-9　Koppellによるアカウンタビリティの概念

| アカウンタビリティの概念 | 定義 |
| --- | --- |
| 透明性 | 組織はその業績の実際を明らかにしたか |
| 義務 | 組織はその業績の結果と向き合ったか |
| 統制可能性 | 組織は本人（議会や長）が求めるものを行ったか |
| レスポンシビリティ | 組織はルールに従ったか |
| 応答性 | 組織は現実の期待（要求／ニーズ）を満たしたか |

出典：Koppell [2005：96]．

## 3．レスポンシビリティの自律的・内面的側面

### （1）行政責任論と内在的統制

　行政のレスポンシビリティの自律的側面を論じる上で有効かつ重要なのが前述の Friedrich［1966：232］の示した2つの要素「技術的知識」と「公衆の感情」である．この2つの要素が，行政裁量のレスポンシブルな行使の維持において，21世紀のこんにちでも支配的だからである．

　すなわち，行政国家化によりますます行政の裁量は増大し，また行政の仕事も専門化されいっそう高度な専門知識や技術的な判断が決定に際して必要になったため，現実問題として政治家も市民も行政を監視し統制するのが困難となる．他方で，同じ専門領域にいる同僚の行政職員はお互いの仕事を精査し評価できる．それはすなわち，技術的・科学的な標準に従って判断する責任であり，その内在的規律を持つ者がプロフェッショナルなのである［Gaus 1936：39-40］．

　もうひとつの要素は，民主的な社会において公衆は政府と自由に意思疎通し，行政職員は公衆の選好や要求に対して応答的であり，加えて社会の変化の傾向に適合する必要があるなかで，行政職員には公衆の感情へ積極的に敏感になることが求められるのである．Friedrich［1960：196］は，「公衆に意見を問う以外に何が公益であるかを決定するいかなる最終的な方法もない」と主張し，行政の公衆に対する直接責任を強調するのである．

　「技術的標準を持った専門職コミュニティ」と「意見を持つ公衆」の2つの要素は，行政職員にとって外在的ではあるが，行政職員の行動を決定するのは外在的な規制や手続ではなく内在化された態度や価値，信念であるがために内在的統制と見なされる［Cooper 2012：153］．この概念がレスポンシビリティの自律的・内面的側面を支える領域である．したがってアカウンタビリティ概念が拡大するのに伴い，レスポンシビリティの範囲は制約される［Mulgan 2000：558］．たとえば，アカウンタビリティを外在的な責任，レスポンシビリティを内在的な責任と区分する者もいる［Uhr 1993：3-5］．ここでレスポンシビリティの「自律的に確保される責任」の側面が強調されており，また強調されるべきなのである．

　行政職員の責任ある行動を確保するアプローチに関する Finer と Friedrich の論争を見るときに重要な点は，それが内在的統制と外在的統制をめぐる議論

であったということである．Friedrich が内在的統制の重要さを主張したのに対して，Finer は外在的・政治的・制度的統制こそ本質であると主張した．自律的責任論は，行政のあらゆる意思決定が価値の問題であるというよりは，内在的な「正しさ」(correctness) の基準によって確実に指導されうる事実の問題であるという考え方を前提にした主張であり，同時にまた，専門家たる行政職員の積極的活動を肯定しながら，従来の責任制度の不完全を補完せしめようとするものである［村松 1964：72；76］．村松は責任には 2 つの側面があると指摘する［村松 1964：83］．その 2 つの側面とは，人的責任（personal responsibility）と機能的責任（functional responsibility）である．人的責任とは，受託者が委託者のために一定の内容に関して意思決定を行っているという前提であり，その裁量権について恣意的ではなく状況の要求するところにしたがって行使されなければならず，合理的説明が可能であるのが機能的責任である．そして行政が高度化するにつれて受託者は知識の独占化が進行し，したがって委任がますます多くなり，問題解決に際して行政職員の「創造性の発揮」に依存しなければならない．そこで求められるのが，レスポンシブルな行政職員である．

(2) レスポンシブルな行政

村松は「『行政責任』は結局『行政はどのようにあらねばならぬか』を問題とする価値概念である」と指摘する［村松 1964：66］．また大森は，責任論は行政理論体系のなかでもすぐれて「倫理論的 (ethical theory)」性格を濃厚に持っていると述べる［大森 1970：84］．それは行政職員が自身の価値体系に従って意思決定を行うということを意味する．ここで問題となるのは，その価値体系がどのように形成されるかということであり，また社会全体の価値がどのように行政の決定のなかへ入ってくるか，その経路はどのようか，という問いである．倫理的行動には組織的文脈と環境的背景の両方が影響を与えることは従前から確認されてきたことである［Cooper 2012：129-31］．

他方，Dimock は行政責任を確保する要素として，① 行政による自己規律 (self regulation)，② 立法部による統制，③ 裁判所による統制，④ 市民による統制の 4 つをあげた上で，自己規律が最も効果的かつ重要であることを述べた［Dimock, Dimock, and Koeing 1960：523］．さらに自己規律のもととなるモラルを高めるものとして，リーダーシップや研修，PR，そして専門職業団体の影響力に言及した．専門職業団体のメンバーである限り，その標準や理念を無視す

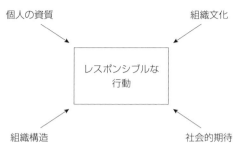

図 2-3　レスポンシブルな行動の構成要素
出典：Cooper［2012: 166］をもとに筆者作成．

ることはできないというのである．

　自律的な責任であるレスポンシビリティには，①行政職員個人の技術的な能力や知識に関する専門職業人としての「プロフェッショナリズム」と，②道徳的・倫理的責任意識が含まれる．すなわちレスポンシブルな行政の行動とは「特定の環境において，そのコンテキストを考えながら，道徳的意味を認識しつつ，さまざまなニーズに応える活動」なのである［山谷 1991：181］．そこでいまわれわれが注目すべきなのは，このレスポンシブルな行動はどのように形成されるのかということである．

　個人の資質（individual attributes）によって表現される内在的統制は，組織構造（organizational structure），組織文化（organizational culture），社会的期待（societal expectations）で構成される（図 2-3 参照）．これらの 4 つの要素が統合され，レスポンシブルな行動がデザインされるのである［Cooper 2012：165-92］．個人の資質は倫理的に意思決定できるスキル（ethical decision-making skill），心構え（mental attitude），美徳（virtues），プロフェッショナルの価値（professional values）から構成される．つまり，倫理的意思決定のためには心構えとしての美徳，そして実質的な決定や行為に際してのプロフェッショナルの価値が不可欠なのである．そこでは倫理的な行為を理解すること（すなわち倫理的にふるまおうとする態度とこだわりを持つこと），非道徳な行為を支持する組織の文化的規範に抵抗することが求められる．これらの内面的な資質は，行政裁量の行使にとって持続的な手引きとなる．

　組織構造もまたレスポンシブルな行動を維持する上で重要な要素である．組織内における部下と上司の関係では，組織の使命に関しては，部下は上司に対

して明確なアカウンタビリティを持ち，また組織の統治構造のなかでは，すべての職員が裁量権を肯定されながらその使命を遂行する．組織の目的を達成するために，組織の至る所でトップからボトムへの客観的レスポンシビリティ（すなわちアカウンタビリティ）と個々の自己目的に従った主観的レスポンシビリティが統合されるのである．

　組織文化は，模範となる人物（exemplars）や組織の行動規範（norms for conduct），象徴（symbols）によって形成される．これらを構成するのはリーダーシップや倫理研修となる．

　社会が行政職員に期待するものが，社会的期待である．これは組織や組織のリーダーによって操作される余地が最も少なく，また社会から多様に提示されている．Cooperは公衆の参加（public participation）と，法や政策（law and policy）をその構成要素として示した．行政責任の達成に関して，公衆の参加は2つの主要な目的を果たす．ひとつめの役割は，公衆に関する意識を行政職員が持ち続けるようにすることである．官僚制組織のなかではしばしば行政職員と公衆が切り離される傾向にあり，またプロフェッショナルの専門知識は，行政職員があたかも公衆の選好を把握しているかのような錯覚を招くため，公衆の参加はこの難点を克服できる可能性を持つ．さらに行政職員には，公衆の参加の手法に関して自身の知識や能力を開発するレスポンシビリティも求められる．2つめの役割は，法や政策の意図の明確化に役立ち得ることである．多様な公衆の選好や要求が政策形成プロセスに集約される際，詳細は見失われる傾向にある．法や政策は，最大限度の行政裁量を行使する行政職員に外在的な制約を課し，また法にもとづき政策を形成し，行政が実施する上での基準や手続，規制をもたらすという2つの重要な機能で行政責任を支える．

　以上のようにレスポンシブルな行政に備わる自律的な責任とは，いわゆる倫理の領域に含まれる責任感であり，行政職員個人の技術的な能力や専門技能に関するプロフェッショナリズムの意識から出て来る，あるいは行政の公的性格から求められる内心の義務感や道義的な責任意識なのである．

## 4．行政責任を確保する手段としてのオンブズマン

　以上のように行政責任論はアカウンタビリティとレスポンシビリティの2つの概念を中心に議論されてきており，またこれらを確保するための多様な手段

表 2-10　アカウンタビリティ概念と行政の問題を矯正する手段

|  | レベル | 名称 | 責任の内容 | 関連する 'mal-administration' | 国の手段 | 自治体の手段 |
|---|---|---|---|---|---|---|
| 政治の領域　行政の領域 | 1 | 政策についてのアカウンタビリティ | 選択した政策に対する責任 | 政治責任なので 'mal-administration' はない | 選挙 国政調査権 政策評価 | 選挙 百条調査権 政策評価 |
| | 2 | プログラム・アカウンタビリティ | 政策課題の解決 すなわちプログラム目標の達成 | 達成不可能な目標の設定，プログラム設計の失敗，目標すり替え，無意味なプロジェクトの存続 | 施策評価 事業評価 | 施策評価 事業評価 |
| | 3 | パフォーマンス・アカウンタビリティ | 能率的で円滑な業務の執行 業績達成に対する責任 | 非能率，市場価値の無視，経費水増，経費積算ミス，遅滞，業績指標の欠如，生産性の無視 | 業績評価 行政観察 会計検査 | 業績評価 行政監査 事務監査請求 |
| | 4 | プロセス・アカウンタビリティ（管理責任） | 適切な業務遂行手段（法令，権限，予算，人事，ルーティン）の使用に対する責任 | 権限濫用，浪費，濫費，一貫性欠如，嘘の情報提供，争点隠匿，現状維持，状況を無視した規則や指示への固執，無理強い，謝ったルーティン | 会計検査 行政相談 オンブズマン | 財務監査 住民監査請求 オンブズマン |
| | 5 | 法的アカウンタビリティ（法的責任） | 伝統的な法令や規則，手続の遵守 | 法令違反，汚職，目的外使用，資金の無意味な流用 | 裁判，国会 オンブズマン | 月例監査，裁判，市民オンブズマン |
| 個人の領域 | 6 | 個人の道義的倫理的責任 レスポンシビリティ | 公務員個々人の倫理感，行政官としての職業 組織や上司ではなく職務への忠誠 社会人としての健全な常識 | 冷淡，無関心，現場の無視，きめつけ，教条主義，偏見，横柄で高圧的な態度，自己満足，無知，責任感の欠如，学習能力と創造性の欠如，学習能力と創造性の欠如，不注意，無気力，権力欲，差別意識，自己保身，批判の無視・反発，職場規律の無視 | 国会オンブズマン，公務員倫理法 | 議会オンブズマン，市民オンブズマン，職員の賠償責任審査，公務員倫理条例，服務監査 |

出典：山谷［1997：199］．

が考えられてきた．行政統制論においては表 2-2 のように外在的／内在的とフォーマル／インフォーマルによって 4 つの類型をつくり出し，そのなかで行政責任を確保する多様な手段を分類している．以下の表 2-10 では責任の概念

とそれを確保するためにとり得る国や自治体の手段を整理している．とりわけオンブズマンに関しては，行政統制論において従来外在的かつフォーマルな統制手段として捉えられ，世界各国における公共サービスの多元化の潮流のなかで，複雑化するアカウンタビリティのネットワークを単純化し，公衆と行政あるいは公共サービス提供者を直接結び得る手段として近年ますます注目されるようになってきた．しかしながら表2-10においては行政のレスポンシビリティに対しても何らかの貢献ができることが示唆されている．したがって次では行政責任を確保する手段として，アカウンタビリティの観点からオンブズマンがどのように論じられてきたかを確認するとともに，オンブズマンの役割に関する議論から行政の自律的・内在的責任に貢献するオンブズマンにも注目したい．

## 5．アカウンタビリティとオンブズマン

### (1) オンブズマンの概念

こんにち世界中に普及・拡大しているオンブズマンの概念については，その果たされる機能はあまりにも広範囲に及び，各国・各地域のオンブズマン制度（あるいは類似制度）を整理する試みも数多く行われてきた．また各国・各地域の制度導入に際してはその統治制度や既存のしくみとの関係から制度設計が行われ，その統治制度のなかに位置づけるためにオンブズマンの概念は改変されていった．したがってオンブズマンを定義する枠組みを作ってしまうことは逆にオンブズマンの潜在的・機能的可能性を狭めてしまうことにもなりかねないため，慎重な作業を要する．

国際オンブズマン協会（International Ombudsman Institute: IOI）やアジア・オンブズマン協会（Asian Ombudsman Association: AOA）では，その正会員が備えるべき要件についての規定があり，これがオンブズマン概念を考える上でのヒントとなる．国際オンブズマン協会ではかなり具体的に定められており，以下の10の要件がオンブズマンの標準であると提示されている［URL 48］（以下ウェブサイトは巻末に記載した番号を表記する）．それは，①国，州，地域，地方の制度であり，法律や国際条約によって定められているもの，②公的機関，公務員の活動，権限移譲された団体，一部あるいは完全に民営化された公共サービスあるいは政府機関からアウトソースされたサービスによって生じた過誤行政や

権利侵害，不公正，濫用，汚職またいかなる不正に対して個人や団体を守る役割を持っており，また代替的紛争解決手段（Alternative Dispute Resolution: ADR）のメカニズムとしても機能するもの，③ その準拠法制の権限の範囲において内密かつ公平の環境のもとで運用される，さもなければ開かれた政府を促進するようデザインされた自由で率直な相互関係を奨励するもの，④ その独立性を損なうようないかなる公的機関からのいかなる指示も受けず，管轄に含まれるいかなる公的機関からも独立した機能を果たすもの，⑤ 管轄内の公的機関によって行われた活動，決定，助言ないし勧告が，②で示された結果になったと個人あるいは団体が申し立てた苦情を調査するための不可欠な権限と手段を持っているもの，⑥ ②で示されたいかなる行為をも救済し防ぐために勧告する権限を持っており，また適切な場合，より良いガバナンスのために行政的・法制的改革を提案できる権限を持っているもの，⑦ 議会あるいはその他の公選の団体に対して，年次あるいは定期的な報告書の発行といった公開の報告をすることでアカウンタブルであるもの，⑧ 現職者が議会あるいはその他の公選の団体によって選ばれあるいは任命され，関連の法制あるいは憲法に従ってその機関が承認されているもの，⑨ 現職者が議会あるいはその他の公選の団体，あるいは関連法制や憲法の定めるところでのみ解職されるもの，⑩ その機能を十分に果たし得る適切な財源があるもの，である．

　他方でアジア・オンブズマン協会では，(a)所管当局による決定・勧告や作為・不作為に対する個人又は団体の苦情を調査すること，(b)所管当局に勧告を行うこと，(c)所管当局から独立して機能を発揮すること，(d)活動の結果やその他調査によって判明したあらゆる事項について，国，政府又または立法府の長に報告を行うことの4つをオンブズマンの要件として提示している［URL 47］．そしてこの4つの要件を最低要件と捉えるのであれば，国際オンブズマン協会の提示する要件と比較して，多様な形態を含むオンブズマンの概念を想像できるのである．

　加えてその機能についても，(i)公的機関に対する市民の苦情を処理し，その解決を図ることそのものを重視するもの，(ii)公務員による汚職行為や不正行為を摘発・防止することを重視するもの，(iii)国民の基本的人権の保護を重視するもの，(iv)行政を監視し，行政運営の改善や制度改正を図ることを重視するものというような類型も確認されている［今川・上村・川野・外山編 2012：6］．

　そもそもオンブズマンの起源については諸説あるが，現在世界中で見られる

オンブズマン制度は一般的に1809年のスウェーデンの憲法に由来すると説明されることも多い一方で，ロシアや中国にその起源を求める説もある［今川・上村・川野・外山編 2012：ⅱ］．近年においては，NPM の改革志向による公共サービス提供者の多元化や，またグッド・ガバナンスへの注目から発展途上国においてもオンブズマンの機能が求められるようになってきた．そこではオンブズマンはサービス提供者にアカウンタビリティを要請する装置としての機能が観察されるのである．

（2）オンブズマン議論の文脈におけるアカウンタビリティ

オンブズマンが政府のアカウンタビリティ確保に貢献することはこれまで多くの研究者や実務家が主張してきたことである．とくに1980年代の NPM 改革以降，政府部門の業務が民間へ委託（outsourcing）されるなかで，オンブズマンのアカウンタビリティ確保のメカニズムが注目される傾向が強まりつつある．そこでは多様なアプローチで，多様なアカウンタビリティの確保にオンブズマンが貢献していることが指摘される．このような点を前提に，オンブズマンは選挙なきアカウンタビリティ制度（unelected accountability institution）であると言われる［Buck, Kirkham and Thompson 2011：16］．これについては，選挙に代わるガバナンスの具体的な仕組みが必要であるという指摘もある［大山 2010：152］．すなわち，政府への信頼が高いのであれば政府へ自由裁量を与え効率的な行政が可能になる．他方で，信頼が低い政府への監視を強めれば強めるほど，外部統制が重視され，効率性が損なわれる．行政職員や公共サービス提供者に対しては，研修等で倫理を徹底することだけでなく，プロセス規制よりも結果責任を問うようなガバナンスが求められ，オンブズマンがひとつの方策としても考えられるのである．

アジア・オンブズマン協会では，オンブズマンの基本的な仕事を過誤行政から生じた苦情の救済，行政の改善，アカウンタビリティの強化であると捉えている．具体的には，アジアのオンブズマンを「過誤行政（maladministration），官僚の非効率（bureaucratic inefficiency），無関心（indifference），怠慢（negligence），不適切なサービス（improper service），汚職（corruption）といった活動から公衆を保護する」アカウンタビリティ制度であると認めているのである［Carmona 2011：1］．

また，オンブズマンは Bovens の示したアカウンタビリティの3つの視点で

ある「民主的視点（democratic perspective）」,「制度的視点（constitutional perspective）」,「学習の視点（learning perspective）」のいずれも促進できるところに強みがあるとも指摘されている［Bovens 2007：462-67；Buck, Kirkham and Thompson 2011：46］．民主的視点からは，政府の活動を効果的に「委任のチェーン（chain of delegation）」へつなぐことによってアカウンタビリティが政府の活動を統制し正統化するとBovensが指摘したように，民主的プロセスへのオンブズマンの関与は，オンブズマンがその職務の結果を議会へ報告するところで最も大きな根拠がある（図2-1参照）．

オンブズマンが議会では担いきれない複雑で困難な苦情の処理を担うことで議会の請願（petition）の機能を援助し，大臣の責任を問うために技術的な監視（technical scrutiny）を提供することで議会活動を補うのである．制度的視点からは，アカウンタビリティ制度の照準が「公権力の濫用の抑止あるいは暴露」にあるべきであり，この点がオンブズマンの行う苦情の調査の中核にあれば，行政的正義（administrative justice）[3]をもたらすことができる．この行政的正義のシステムは，公衆が政府を信頼し続けることをその根本から尊重することで，民主的機構の任務を支えているのである．学習の視点からは，オンブズマンが個別の苦情の解決だけでなく将来にわたって苦情が再発することのないよう行政実務の開発に影響を与えようとする点がある．

さらに，Reifは，オンブズマンは2つの類型のアカウンタビリティの確保に貢献すると指摘する．ひとつは水平的アカウンタビリティ，もうひとつは垂直的アカウンタビリティである．オンブズマンが水平的アカウンタビリティのメカニズムとして働くのは，オンブズマンが国家のガバナンス機構の一部でありながらも執行部門の外部に位置し，政府のすべての部門から独立しているためである．他方，オンブズマンが垂直的アカウンタビリティのメカニズムとして働くのは，公衆からの政府行政への苦情申立を可能とし，補完的装置として，批判的なフィードバックを担う役割を持つからである［Reif 2004：17；Waseem 2011：62］．

（3）水平的アカウンタビリティのメカニズムとしてのオンブズマン

水平的アカウンタビリティの概念は「横の関係に機能するアカウンタビリティであって，一般に力を持っている者が，その力を行使することによって影響を受ける者に対して果たさなければならない」と説明される［碇氷 2001：48］．

オンブズマンは政府において，国家の機関としてアカウンタビリティを課す主体となるのであり，水平的アカウンタビリティのメカニズムを発動する主体となる［Kenny 2003：62；粕谷・髙橋 2015：31］．オンブズマンの水平的アカウンタビリティ確保のための具体的な手段としてあげられているのが，① 行政の行動を偏りなく調査すること，② 違法あるいは不適切な行政が明らかになった場合に法律，政策，実務の変更を勧告すること，③ 議会と公衆に報告すること，④ 場合によっては訴追等の強い権限を行使することである．これに加えて，反汚職やリーダーシップ・コード（leadership code）に関する役割を持つオンブズマンは，公金や不正，利益相反等に焦点を当て，法的・行政・会計の水平的アカウンタビリティを確保する役割を担っている[4]．

　手続的側面に注目し，公的アカウンタビリティの確保の文脈からオンブズマンの役割を述べる者もいる．「政府職員は，公平，誠実，オープンな裁量の行使に関して，公衆に対してアカウンタブルでなければならない．このことが求めるのは，利害ある公衆に対する情報へのアクセス，プライバシーの保護，公衆に重大な影響のある決定や公聴会の機会の告知，公務員からの道理にかなった決定の提供という，行政の意思決定における適正手続（due process）である．これらの権利を保護する公的アカウンタビリティが，オンブズマン，人権コミッション，情報公開・プライバシー・コミッショナー，汚職防止・利益相反コミッショナーを通じてもたらされるのである」［Grzybowski and Owen 2001：4］．このような手続的側面に注目するアプローチもまた一種の水平的アカウンタビリティだろう．

　粕谷・髙橋（2015：36）は，表 2-7 のようにオンブズマンを応答性のみを有するソフト・アカウンタビリティと水平的アカウンタビリティが結びつけられたところに位置づけ，水平的アカウンタビリティの程度を規定するのはオンブズマンが監視対象となる主体からどれだけ法的・実際に独立しているかであると指摘する．他方で Reif は，Schedler のいう「応答可能性（answerability）」と「強制（enforcement）」の 2 つの要素からなる政治的アカウンタビリティの概念整理をもとに，オンブズマンのソフトな力，すなわち徹底的で偏らない苦情の調査，法と公平のもとの事案の分析，法と政策の改善を求めた政府への勧告，公表は，アカウンタビリティの応答可能性の概念にとどまらず，応答可能性と強制の 2 つの要素の間に位置する第三者的・調停の形態を提供すると考えている．もちろん訴追権を持つようなオンブズマンはアカウンタビリティの強制の

要素も備えるとReifは加えている［Schedler 1999：14-17；Reif 2004：61］.

### （4）垂直的アカウンタビリティのメカニズムとしてのオンブズマン

Reifが指摘する，オンブズマンが促進するアカウンタビリティのもうひとつの側面が垂直的アカウンタビリティである．垂直的アカウンタビリティの概念は，上下関係に機能するアカウンタビリティである．それは碓氷によると上方シフトと下方シフトの2つのアカウンタビリティに分けることができる［碓氷 2001：47-48］．上方シフトのアカウンタビリティは，「力を付与した者と付与された者との関係で付与された者が付与した者，または職務上の責任から上位のものに対して果たさなければならない」という概念であり，下方シフトのアカウンタビリティは「力の行使によって影響を受ける者との関係で，力の行使者がその力の行使によって影響を受ける者にその正当性を説明しなければならない」という概念である．

そしてオンブズマンはまた公衆に対する政府の垂直的アカウンタビリティの改善にも貢献すると指摘される．垂直的アカウンタビリティの概念は，市民が自身のリーダーを選び，またそのリーダーの職を解くことのできる断続的な自由・公平な選挙を通じて行われると見なされており，オンブズマンが苦情申立の機会を提供することによって個別の市民がより具体的に行政へ直接的な影響を与える手段がもたらされるのである．この垂直的アカウンタビリティの概念を前提に考えると，オンブズマンは選挙の票よりも強力な「直接民主主義的要素」を持つと述べられることもある［Reif 2004：62］.

### （5）オンブズマンとグッド・ガバナンス

グッド・ガバナンスの構成要素に関するコンセンサスとして一般に民主主義の尊重，法の支配，民主的制度，公衆参加が指摘されることが多いが，国連開発計画はグッド・ガバナンスの核心的要素として，①参加，②透明性，③アカウンタブルであることに焦点を当てる［United Nations Development Programme 1997：12］．オンブズマンはこのグッド・ガバナンス構築に貢献するメカニズムとして国連開発計画や国連人権団体によって紹介され，グッド・ガバナンスや人権プログラムにはオンブズマン制度の設立の支援が明記されているのである．オンブズマンが民主化，行政的アカウンタビリティの確保，人権の擁護において重要な役割を果たすことで，オンブズマンの概念と制度はグッド・ガバナン

スの政治的要素であると見なされ，他方で行政の効率改善や反汚職，リーダーシップ・コードに関する機能を持つオンブズマンはグッド・ガバナンスの経済的要素へ分類される［Reif 2004：78］．

　グッド・ガバナンスの3つの要素である参加・透明性・アカウンタビリティの観点からは，オンブズマンは以下のようにグッド・ガバナンスに貢献し得ると述べられている．第1に参加の観点から見れば，オンブズマンは苦情申立と欠陥ある行政への調査によって公衆が行政の行動の制御に参加することを可能とするメカニズムである．第2に透明性の観点からは，オンブズマンは苦情申立による監察・調査・公表を用いたフォーマルで客観的な精査を通じて政府の透明性を高めることに貢献し，第3にアカウンタビリティの観点からは，オンブズマンは，情報へのアクセス，意思決定の透明性，広聴を含む手続の提示などのデュープロセスや手続的公平のルールの点においてアカウンタビリティの改善に貢献する［Reif 2004：78］．

　もう一方では，民主的ガバナンスの強化の文脈からオンブズマンのアカウンタビリティ確保の機能が議論されることもある[5]．すなわち，とくに発展途上国において，行政府に対して相対的に力の弱い立法府や司法府の役割を補完する観点から，汚職防止，人権擁護，行政の非効率や不公平の除去を達成するメカニズムとしてオンブズマンは貢献し得るのである［Reif 2004：53-59］．

（6）アウトソーシングとオンブズマン

　オンブズマンはまた，地方分権やNPMの改革志向のなかでも，いかにアカウンタビリティを確保するかという点において注目される．本章の前半で論じたように，アウトソーシングの進展による公共サービス提供者の多元化の結果，公共サービス提供者は政府のアカウンタビリティ・メカニズムの外側に存在するようになり，そこでいかに民間セクターにおける公共サービス提供者をアカウンタブルに保つかという問題が生じるのである．この点においてオンブズマンはサービス提供者やメディアと協定（engagement）を結ぶことによって，表2-11のような形で政府のアカウンタビリティの強化を図るのである．

　また，政策作成者，サービス提供者，顧客の関係におけるサービス提供におけるアカウンタビリティの枠組みが，世界銀行の世界開発報告書 *Making Services Work for Poor People* において示されている（図2-4参照）．そこでは，市民がサービス提供者をアカウンタブルに保つためには，長いルートのア

表2-11 厳格なアカウンタビリティにおける権限移譲とオンブズマンの役割

| 形態 | 定義 | 運用化 | アカウンタビリティの争点 |
|---|---|---|---|
| 財政の権限移譲 | 財源と歳入創出権の移転 | ・自己財政<br>・地方歳入の拡大<br>・地方支出<br>・政府間財政移転<br>・地方自治体の借入の権限賦与 | ・汚職<br>・支出配分の不足<br>・中央政府からの財政移転の利用の不足<br>・「ポークバレル」<br>・技術的かつ財政的文書に定められていない目的の財政使用 |
| 政治の権限移譲 | 準国家レベルの政治権力と権限の移転 | ・地方選挙<br>・代議制度<br>・地方の意思決定 | ・意思決定権の濫用<br>・入札過程といった公的取引における干渉 |
| 行政の権限移譲 | 中央政府から下のレベルの政府あるいは中央政府系列機関の出先機関への意思決定権限，資源，何らかの公共サービスの提供する権限の移転 | ・分散<br>・委任<br>・移譲 | ・権限の濫用<br>・健康，教育，社会サービス，農業といった移譲された機能に関する公共サービスの提供の不足 |
| 市場の権限移譲 | 企業，コミュニティグループ，共同，民間ボランティア団体，その他非政府団体によって実行されるべき政府の優先排他的権限である機能の許可 | ・規制緩和<br>・脱官僚化 | ・談合<br>・共謀<br>・コンプライアンスのないあるいは標準以下のサービス<br>・市民の苦情 |

出典：Carmona, Brillantes, Jha, and Sonco [2011：96]．

カウンタビリティ（long route accountability）を利用しなければならないと指摘される．すなわち，もしこれが市場を通じたサービスなのであれば，顧客はサービス提供者に直接支払うことによってサービス提供者をアカウンタブルに保つことができる．

　しかしながら公共サービスの場合，市民は政策作成者や選挙された代表にまずその発言（voice）を届けても，その後政策作成者や選挙された代表から権限（responsibility）を与えられたサービス提供者に届くまでに多くの失敗が起こると指摘される［Husain 2011：247-248］．その失敗とは，国家がサービスのアウトプットやアウトカムに関するレスポンシビリティを公的機関に伝え得ない場合や，そのレスポンシビリティを強化し得ない場合，協定はうまくいかない．また，公的セクターの組織が第一線の職員の動機付けに失敗した場合はマネジメ

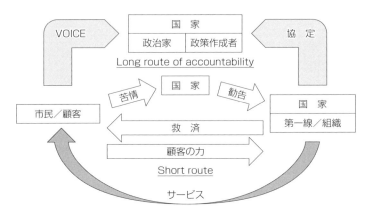

図2-4　サービス提供とアカウンタビリティにおける鍵となる力関係
出典：World Bank [2004：49] をもとに一部修正して筆者作成．

ントの失敗が生じ，アウトカムは乏しくなる．

　オンブズマンがこの長いルートのアカウンタビリティにおいて果たす役割のひとつは，個別の公衆に発言の機会を与えることである．この発言の機会によってオンブズマンは苦情に注意を向け，サービス提供者に勧告し，改善を強く求めるのである．すなわちオンブズマンが長いルートのアカウンタビリティに迂回路（short-cut）を提供することによって，公衆の発言が直接サービス提供者に向くのである．もうひとつの役割は，オンブズマンが国とサービス提供者との間の協定やマネジメントに影響を与え得るということである．たとえばパキスタンのオンブズマンはサービス提供のシステムに関する争点を調査し，改善を勧告することができる [Husain 2011：248]．

　ただし，ここで強調されているのは，オンブズマンが長いルートのアカウンタビリティにおける多くのアクターのなかのひとつに過ぎないという点である．つまり，オンブズマン単独ではなく，議員やメディアといった他のアカウンタビリティの装置とともに働くことでより効果のある機能が期待できるのである [Husain 2011：248]．

## 6．レスポンシビリティとオンブズマン

　以上のように，現代のガバナンス論のなかではオンブズマンは政府のアカウンタビリティを確保し強化する装置としての機能を果たしている点がこれまで指摘されてきた．ところが，それは制度的・形式的な面からオンブズマン制度を観察した場合であり，オンブズマンの実際の動きを観察すると，外在的・フォーマルな統制の色が濃いアカウンタビリティだけでなく，行政職員や公共サービス提供者の自律的な側面の責任，すなわちレスポンシビリティに働きかける性格もこれまで指摘された点から読み取ることができる．このように，オンブズマンの役割を論じる上で重要な概念が，以下で言及する「インフォーマリティ」という用語で表されてきたのである．

### （1）オンブズマンのインフォーマリティ

　Gellhornが50年近く前にすでに指摘していたのは，オンブズマンやその類似制度[7]が，それが自身の責務であるかどうかにかかわらず，違法でも批判にさらされるでもない公的決定をインフォーマルに変えようとしてきたということである．Gellhornはオンブズマンあるいはその類似制度が市民と行政との間のメディエーターとして働き，交渉してきたと述べる［Gellhorn 1966：433］．
　オンブズマン制度には行政の決定に対する法的な拘束力が欠落している一方で，オンブズマン個人の資質や政治からのサポート，メディアを通じた公表，事務局職員の資質や専門知識が，オンブズマンの有効性に必要不可欠な構成要素になり得るし，さらに強みや本質とも言えるオンブズマンの権威ともなり得る［Oosting 1997：5-15］．このような強制力のないことがオンブズマンの職務を最善にするのである．逆に強制力を持つことで，オンブズマンの将来的な有効性の欠如を招くと述べる者もいる［Grzybowski and Owen 2001：52］．このようなオンブズマンの性格について，行政法学者のHertoghは2つの行政法学における統制の類型を示した．それは，協力的で，促進的であり，先を見越していて望まれた結果を達成するための交渉を含む内省的統制（reflexive control）と，反応的，強制的で一方的に課される弾圧的統制（repressive control）である[8]．オンブズマンは一般的に勧告や説得，報告，交渉を用いて行政改善を促す点で，内省的統制である．オンブズマンの非強制性が長期間にわたって行政機関の政

策と行動に好ましい結果をもたらしたことを Hertogh は述べている.

オンブズマンの特徴が，強制力を持たない説得や交渉を用いたインフォーマリティにあり，それがオンブズマンの強みでもあることは日本においても議論されている．「オムブズマン制度は，そのインフォーマリティを著しい特色とするもの」であり，「このインフォーマリティは，オムブズマンに内在的な特色であって，このような特色を支えるのは，オンブズマンの措置の非権力性，すなわち『説得と協力』による問題解決という活動原理の任意性であるといえよう」[小島・外間 1979：8]．加えて，オンブズマンが求めるのは「ヒューマンな行政[9]」であり，「市民本位のアウトルックに立ったレスポンスィヴな行政姿勢を，今までにも増して要求していると考えられる」のである[小島・外間 1979：3]．したがって，オンブズマンの役割は，個人の必要を出発点として絶えず行政のあるべき姿を再点検してゆく市民本位の発想によって，ヒューマンな行政運営を確保することにある．

もちろん行政苦情救済の解決の本道としては，裁判所や行政不服審査といったいわゆるフォーマルな手続きがまず存在するが，「インフォーマルな手続の果たす役割を忘れる愚を，われわれは決して犯してはなるまい」と言われるように，フォーマルな苦情救済手続は，各種の苦情処理の頂点にあって，すべての救済の基準を設定するところにある一方で，この基準をすべての事件に及ぼし，法の支配を普遍化するというかけがえのない役割を果たすのは，まさにインフォーマルな手続なのである［小島・外間 1979：6］.

それがまさに行政法の分野において指摘される紛争処理手続に関するフォーマル・インフォーマルの視点の重要さである（図2-5参照）．すなわち，裁判所や行政審判所，行政不服審査といった司法や不服申立というフォーマルな手続が，行政機能の拡大，行動形式の多様化によって十分に機能しなくなってきたために，より簡易で迅速な手続である各種相談（日本においては行政相談や人権相談，各市民相談やオンブズマン制度）による解決が要請されるようになってきたと指摘される［南 2012：249］．裁判所における訴訟手続は，真実を発見するための最終的な手続である一方で，法市場主義，ゼロ・サム型解決，形式過剰主義，人間関係軽視，多大の時間と費用がかかることといった理由で，現代の多様な問題への対応が困難になってきたというのである［南 2012：249］.

また，このようなオンブズマン制度の強い非強制的性格の観点から，オンブズマンの成功がオンブズマン個人の人格的要素（personal factor）に依存し，そ

図2-5　司法手続とオンブズマンの対比
出典：南［2012：249-250］をもとに筆者作成.

れ故オンブズマンは「人格的システム（personalistic system）」であると言われる［Klislov 1968：250；Holmgren 1968：230］．オンブズマンの行政に対する勧告等を受託するか否かは，相手方たる行政の自由に決し得るところであり［渡辺 1975：84］，したがってオンブズマンの成功の鍵は，いかにしてその理解と協力を得るか，そしてどれだけの理解と協力が得られるかにかかっている．その礎石は，オンブズマンが勧告によって行政を適正に保とうとするところ，そしてその勧告を担保するのが高度な識見，威信，事案処理の客観性，説得力，さらには公表，最終的には議会への報告にある．オンブズマンの特徴を「法典を閉じて心を開け」「暖かみのある行政」という言葉で表現する者もいる［佐藤 1999：39］．

　さらに，今川［2007：86-87］は「やさしいアカウンタビリティ」と「難しいアカウンタビリティ」の概念を提示し，アカウンタビリティの概念の拡大とともに，市民に十分な説明を行うだけでなく，市民間の自律的な調整のための制度設計や市民の権利救済の手続整備もその領域に含まれていると指摘する．オンブズマン制度は行政統制や行政責任の枠組みのなかでもしばしば論じられるように，行政の内在的な責任確保の手段として捉えられる場合もある．今川［2011：50］がまた指摘するのは，「全ての行政機関が市民に応答的で，自浄作用が働く公務員によって運営され，国民の声を基盤に自律的に過誤行政が是正され，行政運営が改善されているシステムが確立しているとするならば，オンブズマンは不要となる」のである．したがってオンブズマンの理念はオンブズマンがいなくとも自律的に紛争を解決できる行政と公衆を育成するところにあるとも考えられる．

（2）過誤行政（maladministration）の解釈とオンブズマンの管轄対象範囲
　オンブズマンのインフォーマリティを議論する上でもうひとつ重要な論点に，

過誤行政（maladministration）の範囲に関する議論がある．イギリスのオンブズマン制度である議会コミッショナー（Parliamentary Commissioner for Administration）[10]においては過誤行政がその管轄であると定められてきたが，「誰も過誤行政が何を意味するか知らない」と言われたように，その範囲については明確な意味のあるものではないと認められてきた［Marshall 1973：32］．したがって実務上では，苦情を受け付ける過程のなかで，過誤行政の「照準の中にどのような問題が落とし込めるのかということに関して無視できない混乱」があったことが指摘されている．この用語が何を意味するかについては数多くの議論があるが，*Crossman Catalogue* においてその範囲に入る活動の種類が設定されている［URL 66］．すなわち「偏見（bias），無視（neglect），不注意（inattention），遅れ（delay），無能（incompetence），不適当（inaptitude），強情（perversity），卑劣（turpitude），恣意（arbitrariness）」である．

ところが当初過誤行政はもっぱら手続き上の過誤の範囲に押しとどめられていた．すなわち過誤行政を，①執行的活動（executive action），つまり行政職員がなすべき手続をしなかったこと，②裁量的決定（discretionary decision），つまり裁量的決定に伴う行政過程における欠陥の2つに分けたのである．したがって手続き上非難すべき点がない場合は監察の対象にすることができないという解釈であった［Stacey 1978：邦訳230］．このような過誤行政の形式的合法性による解釈へは批判も多く，その後適切な考慮の後になされた行政処分について，たとえそれが合法であったとしても，議会コミッショナーの判断でそれが不当であると認められた場合は，議会コミッショナーはこれを過誤行政の概念に組み入れることができるようになったのである［Stacey 1978：邦訳230-36］．すなわち手続上の過誤から内容上の過誤へとその範囲を拡大したのである．

他方で，このように過誤行政の意味を曖昧なままにしてきたのは，議会コミッショナーが法的にその概念を明確にしてしまうと法的定義が活動対象を制限してしまうという危惧があったためであった．すなわち，議会コミッショナーの決定には技術的正当性ではなく，行政の質について関心が集まり，したがって議会コミッショナーの機能を説明する際には法律尊重主義的傾向（legalistic overtones）を避けるための取り組みが行われるのである［Birkinshaw 1994：191］．実際に，イギリスの最初の議会コミッショナーも「誰しも明確な表現で過誤行政を定義することはできない」と認めた一方で，近年の議会コミッショナーは「過誤行政を定義することはそれを制約することである」と信じている［Seneviratne 2002：41］．北アイルランドの議会コミッショナーが定義した過誤行政は，「不適切な考えあるいは行動にもとづくあるいはそれに影響される行政作為（あるいは不作為）」である［Wheare 1973：11］．不適切というのは，恣意，悪意，偏見あるいは不公平な裁量を含み，不適切な行動の例というのは，無視，正当化できない遅れ，無能，関連するルールや手続の遵守ができないこと，関連する考えを考慮に入れないことである．加えて，高い清廉潔白さ，効率，誠実の基準が公務員には期待される．

　以上のようにその意味を不正確にしたまま，議会コミッショナーはどの作為あるいは不作為が過誤行政の構成要素となるのかを決定することについて柔軟性を持っているのである．すなわち，それぞれの議会コミッショナーがそれぞれの事例において柔軟に決定できるということである．イギリスの議会コミッショナーはその法令において，過誤行政があったか否かを報告するようには求められておらず，そのため事実上過誤行政であるかどうかについては関与せず，行政の改善を提案してきたと言われる［Stacey 1978：邦訳235］．それでも明らかに法律に違反している場合を除いて，財政的制約，部局の権限を越えた資源的制約がある場合は過誤行政と認めない場合もあるという［Seneviratne 2002：42］．

　このように，過誤行政は「妥協と混乱の化合物」と呼ばれていたように，その対象範囲の曖昧さがしばしば批判の対象になる一方で，議会コミッショナーはあえて網羅的なリストを作成せず，個別の事例に適合させるために経験的にその概念を発展させ，実質的にその調査権を拡大してきたと考えるべきであろう．

（3）行政責任論から見るオンブズマンの役割の再考
　これまでオンブズマンは，グッド・ガバナンスの実現のためのアカウンタビリティ確保の装置として認められてきたし，実際にガバナンスのなかでオンブズマンの機能を捉えるのであれば，公衆の苦情を前提としたオンブズマンの活動により，行政機関や公共サービス提供者のアカウンタビリティの確保につながっていると考えられる．しかしながら，オンブズマンの役割をアカウンタビリティの観点だけで論じるのは，アカウンタビリティ概念の曖昧さもあって，その可能性を限定してしまう恐れがあるだけではなく，オンブズマンの制度に期待される役割は，もう一方では明らかに行政責任の自律的側面を見据えた場

所にもあるのである．したがって，以下の2つの観点に関して行政責任の自律的な側面から，すなわちレスポンシビリティ概念からオンブズマンの役割を考える必要がある．

　第1に，オンブズマンのインフォーマリティの性格は，行政の合意と協力を前提としており，その権限には一定程度の柔軟性が存在している．イギリスの議会コミッショナーにおいて，過誤行政の概念が曖昧にされたまま，実際の運営上個別の事案に応じて柔軟に当てはめられてきたように，オンブズマンの運用は必ずしもフォーマルな面だけでは捉えきれないのである．また，今川はアメリカの諸都市におけるオンブズマン制度を調査したなかで，行政との協力的な関係のなかで苦情を処理する傾向がみられることを指摘した［今川 1987：106-107］．そしてこのような協力的な関係がアメリカの当時の状況，すなわち政治的問題や人種民族のマイノリティの問題，財政難や保守化傾向のなかで貧困層救済の関心がうすれている状況と対応していたと述べる．すなわち，首長も含めて行政機関との結びつきが深ければ，独立しているよりも，各行政機関との強力な連携のなかで，よりよく市民の援助ができるというのである．これは日本の地方自治体のオンブズマン制度でも見られることであり，今川はこれをある程度の第三者性は求められるものの「首長の行政活動に対する内在的責任確保の手段として公的オンブズマンを位置づけようとするものである」と述べる［今川 2011：76］．他方で，行政機関が協力的であることの裏返しとして，「なれあい」のなかで苦情処理が行われる可能性もある．それはたとえば，担当機関の顔を立てて，是正意見表明として処理せずに口頭での申し入れという温和な手法で代替されているという指摘である［大橋 1995：108］．加えて，このオンブズマンに期待される役割は，オンブズマンの個人の資質を前提にしているという点がある［佐藤 1993：42］．

　オンブズマンが説得と協力を前提にしているのであれば，行政職員の倫理や責任能力に依存することは不可避であるし，したがって必然的にオンブズマン制度の議論は行政職員の倫理や行政責任の議論を前提にしなければならなくなるだろう．

　第2に，オンブズマンのインフォーマリティの性格は，自治体職員の態度の変化を促進している．日本におけるオンブズマン制度の実践の経験から，オンブズマン制度が存在することによって，明白に市民本位の行政への方向が目指されているということである［杉山 1999：33；林屋 2002：207-15］．さらに明石市

においては，当初は2007年に要綱でオンブズマン制度が設置されたが，その後2010年に本制度を条例化する際，「明石市法令遵守の推進等に関する条例」として，職員（派遣労働者や委託事業者の役職員も含む）の倫理の保持に関する事項，内部公益通報の処理（公益監察員の設置）と通報者の保護に関する事項，市民からの要望や提案，不当要求行為への対応に関する事項，外部公益通報に関する事項とオンブズマン制度を抱き合わせ，パッケージの形で運用している．オンブズマン制度を行政職員の内在的責任確保の一装置として位置づけ，他の装置とともに職員の内在的責任確保を図ろうとしている試みの表れであろう．

同様にもうひとつ着目すべきなのは，欧州オンブズマン（European Ombudsman）による『良き行政活動に関する欧州綱領（*European Code of Good Administrative Behaviour*）』である［European Ombudsman 2015］．この綱領は2000年に初版が発行され，その後更新されている．これはオンブズマンが，欧州連合におけるさまざまな機関の公務員に対してその行動の綱領を定めたものであり，オンブズマンのこの提案にもとづいて欧州議会が2001年に決議を採択した．内容は主に公務員の行動に関して25項目が説明されており，たとえば法的適格性（lawfulness），差別の回避（absence of discrimination），均整（proportionality），権力濫用の回避（absence of abuse of power），公平性と独立性（impartiality and independence），客観性（objectivity），一貫性及び助言（legitimate expectations, consistency, and advice），公正性（fairness），礼儀（courtesy），市民の言葉に対する応答（reply to letters in the language of the citizen），個人情報の保護（data protection），情報提供（requests for information），文書へのアクセス権（requests for public access to documents），欧州オンブズマンに対する苦情（right to complain to the European Ombudsman）がある．

以上のことからオンブズマンの役割は，行政職員にその自律的・内在的責任の確保を促進しており，同時にこれらの責任を促すところに存在している．オンブズマンが目指しているのは，究極的には，オンブズマン無き世界でも公衆と行政との間の紛争が解決するような理想の状態であり，それはまさにレスポンシブルな行政職員を前提としている．この点に関して，今川は行政相談委員またオンブズマンに関しては，公衆の依頼心を高めることなく，行政機関が自律的に解決するように促す役割を果たす機能にも着目すべきと述べ，そのエンパワーメントの役割にも期待している［今川 2011：50-52］．

したがってどれほどレスポンシブルな行政職員の確保・促進に貢献できたか

どうかもオンブズマンの成果を測るものさしになり得よう．それゆえにこそ，オンブズマン研究において，オンブズマンの役割を検討するためにはインフォーマリティの観点が重要になると考えられる．

## 7．苦情文化とオンブズマン

　オンブズマンの目的は，「政府アカウンタビリティの価値を公表すること，積極的な苦情文化を涵養することである．それはすなわち，高いサービス基準と行政改善を達成するためのマネジメントツールとして苦情を用いる文化である」[Lo et al. 2011：160]．苦情は市民から政府への贈り物（gift）であるとも言われるように，苦情を贈り物として捉える文化を行政職員や組織に根付かせることもオンブズマンの重要な責務である．

　オンブズマンによる行政のレスポンシビリティの自律的・内在的側面の確保への貢献に着目することは，すなわちオンブズマン概念のなかに，グッド・アドミニストレーションを目指す行政を促進するという機能への注目と期待をすることである．同時にこの観点は，オンブズマン制度がどのような社会状況からどのような役割を求められるかという問いに焦点を当てる．すべての制度がそうであるように，オンブズマン制度の役割についても社会状況からの要求がある．その要求に従ってオンブズマンにはインフォーマリティが求められ，またそのインフォーマリティの変化が求められ，そして結果的にオンブズマンの役割が変化してきた側面もあるだろう．

　本章では行政責任論に関してアカウンタビリティとレスポンシビリティの理論を整理し，その観点からオンブズマンの役割を論じてきた．そこでは自律的責任・内在的責任の側面のレスポンシビリティの観点からオンブズマン理論を見なおすことの重要さを指摘したが，他方でオンブズマンによるこの行政責任への貢献が実務上どれほど意味のあることかは明らかにできていない．これを明らかにするためにはオンブズマンのインフォーマリティの概念も明確にする必要があろう．したがって次章以降においては本章の観点をもとに，時代背景や社会状況の変化に応じてどのようにオンブズマンのインフォーマリティの概念が捉えられ，このオンブズマンの性格がどのように行政の自律的・内在的責任の確保・促進に貢献するのかを考察する．

注
1）EUの東ヨーロッパへの拡大と，オンブズマン制度の東ヨーロッパへの拡大が同時進行しているという分析もある［川野 2007：17-21］．また，中国，マカオ，フィリピン，イランといったアジアの国では，汚職防止に主眼を置いたオンブズマン概念がある［今川・上野・川野・外山編 2012］．
2）とくに発展途上国においては，公共サービスの公平な提供に関してオンブズマンのアカウンタビリティ強化能力への期待が大きい［Carmona, and Waseem 2011］．
3）Administrative Justice に関しては，「行政的正義」と訳す者もいれば「行政司法」と訳す者もいる［園部 2007：1-4；榊原 2014：789-820］．「行政司法」という訳であれば，日本においては司法と裁判が同義であることから誤解が生じる．園部［2007：1-4］はこれを広義の行政救済として論じている．
4）リーダーシップ・コードは各議会議員や大臣，各公共サービスを提供する主体の長が従わなければならない倫理綱領（code of ethics）であり，たとえばパプアニューギニアのオンブズマン・コミッションはリーダーシップ・コードを促進する，すなわちリーダーを監視する（oversight）機能が与えられている．その目的は主にリーダーの汚職をいかに最小化しアカウンタビリティを強化するかに焦点が当てられる（URL 65）．
5）民主的ガバナンスの意味については国連開発計画の *Human Development Report 2002: Deepening democracy in a fragmented world* において，①人びとの人権と基本的自由が尊重され，尊厳をもった生活が許されていること，②人びとが生活に影響を与える決定に対する意見を発言できること，③人びとが意思決定者のアカウンタビリティを確保できること，④包括的・公正なルールや制度，実務が社会の相互活動を統治していること，⑤女性が生活の場においても意思決定の場においても私的領域・公的領域問わず男性と対等なパートナーであること，⑥人びとが人種，民族，階級，ジェンダーその他の属性にもとづく差別から自由であること，⑦将来世代のニーズが現在の政策に反映されていること，⑧経済的・社会的政策が人びとのニーズや願望に応えていること，⑨経済的・社会的政策が貧困の根絶に加えて，すべての人びとの人生選択の拡大を目指していること，の８つが提示されている［United Nations Development Programme 2002：51］．
6）パキスタンのオンブズマンは1983年の大統領令によって連邦レベルで設置され，その後州レベルのオンブズマンの他，銀行，税，金融に関する特殊オンブズマンも設置された．連邦オンブズマン（Wafaqi Mohtasib）は，連邦レベルの行政機関（法令によって設けられた法人や連邦政府に設立・管理されている機関を含む）の過誤行政によって国民が受けた不正不当に関する苦情のみを受け付ける［今川・上村・川野・外山編 2012：146-57；平松 2012：5］．
7）Gellhorn はオンブズマンやその類似制度を「外在的批判者（external critics）」と表現している．

8） Hertogh が発見したのは，オランダの行政裁判所よりもオンブズマンの方が長期的に行政機関へ好影響を与えたということである［Hertogh 1998：63-85］．
9） オレゴン州のオンブズマンは「行政のヒューマナイザー」と言われる［Capps 1973：189-296］．
10） イギリスの議会コミッショナーは労働党政権下で，1967年に設置された．その職務は，政府各省および非省公的組織（Non-departmental public body）による過誤行政の結果，不当な扱いを受けた者の苦情について調査を行うことである．苦情が庶民院の議員を通じて申し立てられる点は大きな特徴である．

# 第 3 章　オンブズマンのインフォーマリティ

　世界に拡大するオンブズマンは，各国の状況や背景，時代によってもその役割は常に変化し続ける．名称や権限といった形式的な面に限られず，機能やその効果といった実質的な面においても多種多様な制度あるいはシステムがオンブズマンとして認識されつつある一方で，オンブズマンが公共サービスの提供を改善しグッド・ガバナンスを実現するための装置のひとつであることは共通の認識であろう [Wakem 2015：16；Carmona 2011：1-56]．このオンブズマン機能の特色として，オンブズマンの拡大に勢いがついた1960年代にその「インフォーマリティ」に注目する研究がいくつかあった．そこでは，既存の裁判所や行政審判所に比べてオンブズマンの概念は簡易・迅速・低廉という特徴を有しており，また調査と勧告によって行政改善を促すという非強制的な性格を指していた [Gellhorn 1966：433；小島・外間 1979：8][1]．

　さらにその後のオンブズマンの世界への普及，権限・管轄の拡大とともにいっそう簡易で，迅速かつ柔軟な手段を用いた苦情処理が志向されるようになり，これに伴いオンブズマンの代替的紛争解決手段（Alternative Dispute Resolution: ADR）の手法に着目する研究も1990年代からしばしば見られるようになり，そしてこれをインフォーマルな解決（informal resolution）という枠組みで捉えようとする研究も現れてきた．すなわち「苦情処理業務の一部分であり，調査（investigation），裁定（adjudication），判決（determination），またオンブズマンの伝統的役割を含まない」活動がオンブズマンのインフォーマリティとして価値を持ち始めるようになったのである [Doyle, Bondy and Hirst 2014：28]．この定義はオンブズマンの活動の範囲を特定するのに消極的ではあるが，オンブズマンが行政職員との接点のなかで行う多様な相互関係のなかで，その役割を十分に発揮するための運用上の工夫のひとつとして捉えることができる．

　当初，行政救済の領域で裁判との比較で捉えられてきたオンブズマンのイン

フォーマリティは，その後の活動の展開とともに活動範囲においてもよりインフォーマルな手法に注目されたように，意味内容が変容してきたのである．しかしながらその詳細について十分に研究されてきたとは言えない．それは，オンブズマンのインフォーマリティが何を意味するのかを考える際，運用上の工夫と捉えられることから明確な定義付けを行うことが困難であるという理由もあるだろう．その一方で，このインフォーマリティがこんにちにおけるオンブズマンの役割を考える上での構成要素のひとつともなろう．

本章の目的は，インフォーマルな解決も含めたオンブズマンの「インフォーマリティ」という用語に着目しその先行研究を追い，インフォーマリティがどのような背景から求められているのか，また，いかなる効果を持っているのかを明らかにし，そして現代におけるオンブズマンの役割を検討することである．

## 1．行政救済における裁判所と比較したインフォーマリティ

1960年代において，Gellhorn は外在的批判者（external critics）すなわちオンブズマンやその類似制度が，自身の責務であるかどうかにかかわらず，違法でもなく批判にさらされるでもない公的決定をインフォーマルに変えようとしてきたと指摘した．言い換えれば，オンブズマンあるいはその類似制度が市民と行政との間の触媒（Mediator）として働き，交渉してきたというのである［Gellhorn 1966：433］．

オンブズマンの特徴が，非強制的な説得や交渉を用いて行政機関の協力を仰ぐことによって紛争を解決するというインフォーマリティの考え方にもとづいている点，そしてそれこそがオンブズマンの強みであることは日本においても議論されている．それは，「オムブズマン制度は，そのインフォーマリティを著しい特色とするもの」であり，「このインフォーマリティは，オムブズマンに内在的な特色であって，このような特色を支えるのは，オムブズマンの措置の非権力性，すなわち『説得と協力』による問題解決という活動原理の任意性であるといえよう」という指摘である［小島・外間 1979：8］．

これらの指摘の根底にあるのは以下の価値観である．第1に，行政苦情救済の解決の本道としては，裁判所や行政不服審査といったいわゆるフォーマルな手続きが存在する．しかしながら，「インフォーマルな手続の果たす役割を忘れる愚を，われわれは決して犯してはなるまい」と言われるように，フォーマ

ルな苦情救済手続が各種苦情救済の頂点においてすべての救済の基準を設定する一方で，この基準をすべての事件に及ぼし，法の支配を普遍化するというかけがえのない役割を果たすのは，まさにインフォーマルな手続なのである［小島・外間 1979：6］．つまり，ここで言われるインフォーマルという言葉の意味は，裁判所や行政審判所といったいわゆるフォーマルな行政救済の手段に比べて，オンブズマン制度には行政の決定に対する法的な拘束力が欠落している一方で，オンブズマン個人の資質や政治からのサポート，メディアを通じた公表，事務局職員の資質や専門知識が，オンブズマンの有効性に必要不可欠な構成要素になり得るし，さらに強みや本質とも言えるオンブズマンの権威ともなり得るということである［Oosting 1997：5-16］．コストも時間も必要とする裁判に比べオンブズマンは，より簡易で迅速，そして金銭的余裕がない者へも権利救済の助けとなり，その機能が裁判所や行政審判所の地位を奪うというのではなく，あくまで裁判所や行政審判所に対する補完的なシステムとして注目されたのである．

　この点に関しては，行政救済の領域においてたびたび論じられてきたことである．南は行政救済の手段について，裁判において手続的・時間的・金銭的コストがあまりにも大きすぎるため，不服申立や各種相談，オンブズマンといったよりインフォーマルな手段が要請されてきたと指摘する［南 2012：249］（図3-1参照）．ここで用いられるインフォーマルという用語は，裁判所や不服審査といったよりフォーマルな手続に対して，手続的な面において簡易・迅速・低廉であることを意味するのである．

　加えて，オンブズマンの性格について行政法学者の Hertogh は2つの行政法学における統制の類型を示した．それは，協力的で，促進的であり，先を見越していて望まれた結果を達成するための交渉を含む内省的統制（reflexive control）と，反応的，強制的で一方的に課される弾圧的統制（repressive control）

図3-1　司法手続とオンブズマンの対比（再掲）
出典：南［2012：249-50］をもとに筆者作成．

である[2]．オンブズマンは一般的に勧告や説得，報告，交渉を用いて行政改善を促す点で，内省的統制である．オンブズマンの非強制性が長期間にわたって行政機関の政策と行動に好ましい結果をもたらしたことを Hertogh は指摘するのである．

　つまり，オンブズマンの調査のねらいはインフォーマリティに置かれてきたのであり，それがオンブズマンの調査の有用性であるとみなされてきたのである．ここではオンブズマンの調査の意義は「決定」や「裁定」ではなく，「結果」や「勧告」の形で，徹底して偏りのない検証にもとづき，関係機関が受け入れやすい解決策を提示するところにあった［Giddings 1998：204］．このように，オンブズマンの存在意義がインフォーマルという言葉で特徴付けられてきたのである．

## 2．苦情処理におけるインフォーマルな解決への注目

　正式な調査とそれにもとづく勧告がオンブズマンの「根幹」と捉えられてきた一方で，オンブズマンによる正式な調査に至る前段階（「事前検証」や「初期段階の解決」と表現される）において，多くの苦情が解決されているという実態は1980年代にはすでに理解されていることであった［Gwyn 1983：81-90］．

　たとえば，イギリスにおける地方政府オンブズマン（Local Government Ombudsman）では，オンブズマンが調査を終える以前に苦情の対象となった自治体行政機関が自ら解決に向けて動き出し，申立人の救済と行政の改善とを行うことが「現場の解決（local settlement）」と呼ばれており，このことが迅速な救済，自治体への信頼性の回復，またオンブズマンの負担の軽減をもたらすことで大いに奨励されているのである［安藤 1994：130］．加えて，オンブズマンに実質的な ADR の機能を見出す研究も1990年代には多数見られるようになった［Rowe 1991：353-62；Marshall and Reif 1995：215-39；Gregory 2001：98-133］．それはオンブズマンの紛争解決において，事実にもとづいて判断を下すというより，紛争の両当事者の合意を尊重しながら落とし所を探る手法に着目したものである．

　これらの初期段階の解決や ADR の機能を総じてインフォーマルな解決という枠組みのなかで取り上げたのが Doyle である．2003年に Doyle が行った調査においては，ほとんどすべてのオンブズマン制度が何らかの形式のインフォ

ーマルな解決を用いていたと報告されている［Doyle 2003］．より詳しく，Doyle, Bondy, and Hirst［2014：28］は2014年に，オンブズマンやその他の苦情処理制度において，インフォーマルな解決を「苦情処理業務の一部分であり，調査，裁定，判決，またオンブズマンの伝統的役割を含まない」と定義し，イギリスとアイルランド共和国における48のオンブズマン制度ならびに苦情処理制度に焦点を当て，インフォーマルな解決に関するアンケート調査を実施した．

　48の制度のうち，インフォーマルな解決を用いていると回答したのは36の制度であり，各制度がインフォーマルな解決に当たると捉えているのは以下のような活動であった．それは，和解や調停（settlement, mediation and conciliation），交渉（negotiation），説得（persuasion），早期解決（early resolution），インフォーマルな解決（informal resolution），現場の解決（local resolution）であった．さらに北アイルランドやアイルランド共和国のオンブズマン制度では90％の事案がインフォーマルに処理され，正式な調査に至ったものはわずか3％であるという指摘もある［National Consumer Council 1997：87］．

　別の視点からは，フォーマルで適切な手続を過度に強調することが問題であると指摘される．すなわち個人対組織の対等でない関係のなかでは，多くの資源と専門知識，そしてそのシステムを熟知している組織の優位性が増長されるためである．そこで解決策を強制するのではなく，提案するという考え方に関連づけたオンブズマンのインフォーマリティに注目すべきであると指摘するのである［Giddings 1998：202-204］．

　このようなオンブズマンと関係機関との間の連絡のなかで関係機関が自主的に解決するという現象は日本の地方自治体も含めて多くのオンブズマン制度で見られる．それは，関係機関がオンブズマンによる勧告を避けるために，勧告が提出される前段階で苦情の原因となった問題を解決する動きという面もあろう［橋本 1999：102］．また担当機関の顔を立てて，是正意見表明として処理せずに口頭での申し入れというマイルドな手法で代替されているという指摘もある［大橋 1995：108］．この手段の前提となっているのは，苦情申立人と関係機関のどちらかが一方的に悪いというのではなく，両者の言い分を聞きながら納得のできる落とし所を模索するというメディエーションの考え方である．さらに言えば，正式な調査自体を避けるためにそれ以前の段階で何とか解決したいという心情もあるかもしれず，またオンブズマンもそのような行政機関側の都合をうまく利用している形になっているのかもしれない．オンブズマン側もよ

り柔軟な手段を志向する傾向が観察されている［Seneviratne 2006：10］.

　オンブズマン制度がどのようにこのインフォーマルな解決を用いるかについて，苦情申立人に選択の機会を提供するという案も提示されている．すなわち迅速に解決する（sort it out）方法と，より精緻な（sophisticated）方法を苦情申立人が選択できるようにするのである［Doyle, Bondy and Hirst 2014：11］．すなわち，もともと公衆が裁判所や行政審判所，オンブズマンやその他の救済制度を選択できるなかで，オンブズマンがよりインフォーマルな手段であると捉えられていたが，さらにオンブズマンの内部でもよりフォーマルな手段とよりインフォーマルな手段が選択可能となってきたのである．

　インフォーマルな解決に何らかの手続的基準を設定しているところもある．一方では各事案におけるオンブズマンやそのスタッフによる判断が基準となると捉えており，すなわちインフォーマルな救済が既定の選択肢（default option）であり，また初期段階の解決を意味している．ここには，正式な調査に至る前に解決できる事案は可能な範囲で柔軟な解決を図ることで，簡易・迅速に処理しようという意図が含まれている．他方ではインフォーマルな解決に関してリーフレットやガイドラインといった何らかの明文化された基準を作成し，処理過程において混乱を生じさせず一貫した苦情処理を目指しているところもある［Doyle, Bondy and Hirst 2014：42］．

　このようにして，当初は裁判所や行政審判所に対しての簡易さ・迅速さ・低廉さを強調する意味で用いられていたオンブズマンのインフォーマリティは，その後のオンブズマンの拡大とともにいっそう簡易・迅速に紛争を解決する手段としてのインフォーマルな解決を含むより広い内容へと変化していったのである．すなわち，調査の前段階における救済，つまり初期段階の解決や調査の途中での解決が，インフォーマルな解決という用語においてオンブズマンのインフォーマリティとして認められるようになってきたのである．具体的には，解決の手段に文書ではなく電子メールのやりとりや電話によって苦情の救済を目指すような手段，そして申立人と関係機関との近密な相互関係の促進が含まれる［Gill et al. 2013：54-65］．

## 3．インフォーマルな解決への注目の背景

　オンブズマンの苦情処理に際して，インフォーマルな解決が頻繁に注目を浴

びるようになった原因のひとつには，初期に苦情件数の増加や，行政改革による予算削減とそれに伴う人事面や金銭面での資源の制約があったと考えられる［Doyle, Bondy and Hirst 2014：10］[3]．すなわち，ひとつの苦情処理のスピードアップとコスト削減が，より簡易に苦情を処理しようというインフォーマルな解決の要因となっていたのである．他方で，利用者，すなわち苦情申立人のより応答的で人間的なサービスへの期待や要望もあったという指摘もある［Doyle, Bondy and Hirst 2014：10］．

これに関しては，2013年4月に欧州議会で採択された消費者ADRに関する指令（Directive on consumer ADR）によって，独立性や公正のほか，アクセシビリティや適時性が求められるようになっている．この指令は消費者保護を目的に，企業と顧客との間の紛争に着目して各加盟国において消費者被害救済のしくみを整えることを求めて欧州議会が提示したものであるが，オンブズマンの苦情処理の実務にも少なからず影響を与えるとDoyleらは指摘する［Doyle, Bondy and Hirst 2014：4］．すなわち，サービス提供者が誰であれ，シンプルなアクセスが整えられている必要があり，サービス提供者と顧客との間において紛争の解決に失敗した場合にはオンブズマンへのアクセスが開かれているべきであるという前提が求められるのである．適切な苦情処理のためにアクセシビリティ（accessibility），簡易（simple），迅速（speedy），公正と独立（fair and independent），内密（confidential），偏りがない（impartial），効果的（effective），柔軟（flexible）等が重要な原則となっていることは，いまや多くの苦情処理機関や窓口において共通の認識となっているであろう[4]．

## 4．インフォーマルな解決は何をもたらすか

しかしながら，インフォーマルな解決はその求められた背景のために，必ずしも良い面のみではない．

たとえばその特長は，正式な調査に比較して，より低い「証拠のハードル（evidential hurdle）」によって，証拠の収集に奔走することなく救済を達成できる点や，オンブズマンが仲介者となることによって苦情申立人と関係機関との間の自律的な紛争解決を促進し，関係機関の信頼性の回復が見込める点に表れるであろう［Doyle, Bondy, and Hirst 2014：12］．もちろん苦情申立人にだけでなく関係機関にとっても，正式な調査に比してオンブズマンに協力する時間の削

減となる．関係機関は自身の決定を見なおす機会にもなる．すなわち，当事者（苦情申立人と関係機関）の主体性（ownership）を促進する可能性もある［Buck, Kirkham and Thompson 2011：229］．たとえば今川はオンブズマンの役割を，当事者同士の自律的な解決の促進にもあると述べている［今川 2011：50-52］．インフォーマルな解決は，このようなオンブズマンによる関係機関の自律性を促進する役割を涵養する結果をもたらすだろう．

　他方でこのインフォーマルな解決の弱点として確認できるのは，オンブズマンが正式な調査を行わないために，苦情の原因となった背景の分析が十分に行われないまま解決されたと判断される可能性がある点である．また，適切な救済を考慮する以前に，早期解決が優先されすぎてしまう可能性もあるし，それは誰が「苦情の解決」を判断するのかという問題を提起する［Doyle, Bondy and Hirst 2014：13］．苦情処理に際して，インフォーマルな解決では不十分であり，正式な調査が必要であると判断するのは各事案の内容に応じて主に苦情処理者の裁量や紛争当事者の判断による部分が大きいだろう．たとえば次のような場合に正式な調査へ移行する可能性がある．それは，インフォーマルな解決だけでは解決が見込めない場合，すなわち複雑な事案である場合，苦情申立人あるいは関係機関が，オンブズマンあるいはそのスタッフによるインフォーマルな解決の使用に合意しない場合，苦情申立人あるいは関係機関が正式な調査やオンブズマンによる正式な決定を求める場合，そして前例になるような場合，広く公開すべき場合が考えられるだろう［Doyle, Bondy and Hirst 2014：40］．

## 5．オンブズマンによるインフォーマルな活動の展開

　苦情処理の場面に限らずとも，オンブズマンのインフォーマルな活動は確認できる．

　たとえば，国に設置されているオンブズマン制度であれば，事務局のある首都で活動するだけではなく，地方都市を巡回し，潜在的な苦情や相談をより積極的に発掘しようとするアウトリーチ活動を行っている．似たような活動として，他の苦情処理制度とともに合同相談所の開設を行っている例も見られる．これらの活動については，とくに制度上定められているわけではないが，苦情を処理し，必要があれば分析しつつ問題を発掘し，正式な調査やそれに続く勧告・意見表明へとつなげる上でも重要な活動である．これらの活動の結果とし

てオンブズマンの苦情処理業務，とくに根幹となる正式な調査とそれに続く勧告・意見表明の機能をより積極的に果たそうという前提に立っていると考えられる．この点において，インフォーマルな活動はオンブズマンの根幹となる機能を支えており，また同時にインフォーマルな活動の背景にはオンブズマンに与えられたフォーマルな権限があると考えられる．

　とりわけこのようなインフォーマルな活動において焦点を当てたいのは，オンブズマン事務局が主に管轄内の機関を対象に，苦情処理のガイダンスを発行するような場合である．オンブズマンによるガイダンスの発行は主にイギリスの議会コミッショナーやスコットランド，ウェールズ，北アイルランドのオンブズマン，アイルランド共和国のオンブズマン，カナダの各州のオンブズマン，オーストラリアの連邦オンブズマンや各州のオンブズマン，ニュージーランドのオンブズマンというように，英連邦諸国でよく見られるし，欧州連合におけるオンブズマンもまたガイダンスの発行を行っている．

　また一部のオンブズマンでは，このように発行されたガイダンスにもとづいた研修を管轄内の機関のスタッフを対象にして行っているところもある[5]．たとえば，ニュージーランドのオンブズマンは公的機関を対象に苦情処理の研修を実施している［Wakem 2015：16］．とくに研修については，オンブズマン制度についての周知や理解を得るためにも行われており，このような活動については何ら権限を与えられているわけではないが，「重要な付随的（adjunct）業務」と捉えられている［Wakem 2015：16］．このような活動もオンブズマンのインフォーマルな活動のひとつとして捉えることができよう．いかに早い段階で解決を提供するかという価値が要求するところにインフォーマルな解決が開発されてきたことと同様に，オンブズマンのところへ苦情申立人が来る前の段階，つまり当事者同士での紛争発生初期段階における苦情処理にあたるスタッフの能力を開発するための工夫として，言い換えれば苦情の予防的救済として，ガイダンスの発行や研修の実施もインフォーマルな活動のひとつとして捉えることができると考えられる．

　以上で見てきたように，オンブズマン研究におけるインフォーマリティの用語は，裁判所や行政審判所といった行政救済のよりフォーマルなしくみと比較したオンブズマンの価値を示すものとして捉えられていたが，その後オンブズマンの実務研究が進むにつれてADRやメディエーションといった苦情処理の手法にも焦点が当てられるようになり，手法に関してもよりインフォーマルな

志向が見られると捉えられてきた．Doyle の研究は実務上の多様な苦情処理の手法をインフォーマルという視点で見たと同時に，それが各制度によって異なる手法あるいは段階のことを指していることを確認することになった．加えてアウトリーチ，合同相談所，さらには実務上同様の苦情の再発防止として取り組まれていたガイダンスの発行や研修の実施もオンブズマンの重要な付随的業務として捉えられるようになり，オンブズマンのインフォーマルな領域における多様な活動は，オンブズマンの役割自体を事後的な苦情救済から予防的な救済を志向するようになってきたと考えられる．

このような，オンブズマン制度が管轄の機関へ研修を実施することに関しては，いくつかのオンブズマン制度でも見られる［Wakem 2014：16］．管轄となる機関が増えているいま，管轄の機関に対してオンブズマン制度についての理解を求めることと同様に，オンブズマン事務局に苦情申立人が訪れる前の段階，すなわち関係機関との間での意思疎通をする段階でより適切な救済が行えるような能力の開発を行うことも，オンブズマンの役割のひとつを構成している．このような活動が結果的にオンブズマンのところへ来る苦情の減少をもたらす［Zimmerman 2001：87］．このような活動はオンブズマンの本来の役割を達成するためにも重要な，先を見越した（proactive）付属的役割と見なすこともできるだろう［Zimmerman 2001：87］．

## 6．インフォーマリティとその意義

これまで論じてきたように，行政救済における裁判所や行政審判所との比較から指摘されてきた特徴としてのオンブズマンのインフォーマリティとは別に，その後新たに認められてきたインフォーマリティ意義を3つ確認できる．

ひとつは，正式な調査に至る前段階での苦情の解決，すなわち初期段階での解決である．これらについては個別の事案に応じて柔軟に職員が対応するが，そこで行われるのは，苦情申立人が過去に関係機関と行った応対の確認や関連する法令・制度や各機関におけるガイドラインの確認等であるが，それは苦情申立人とオンブズマン事務局のスタッフとの口頭での応対のほか，関係機関において過去に苦情申立人と応対を行った際の文書の確認，関係機関のスタッフとの口頭での応対も含まれるだろう．

正式な調査に至るかどうかには，オンブズマンによる国会の報告という背景

のもと調査権を行使する必要があるかどうか，あるいは広く同様の事例が見られ，問題の根本的解決のために正式な調査を行い，勧告を出す必要があるかどうかの判断がある．基本的に，関係機関が十分に応答的である場合や徹底的な調査が不要である場合は検証の初期段階において解決される．オンブズマンの役割を考える上で，正式な調査と勧告が効果的な制度変更や政策改善をもたらすという点で重要と認められる一方で，より柔軟で迅速な解決の手段を志向し，解決の手段に文書ではなく電子メールのやりとりや電話によって苦情の解決を目指すような手段，そして申立人と関係機関との密な相互関係の促進が事実上の行為として求められているのである．これには一見多様な活動が含まれているが，より簡易で迅速な方法を目指しているという点で一致するし，より広く救済をもたらそうという場合に，正式な調査が用いられる可能性がある点に共通性を見出せるが，基本的には苦情申立人と関係機関との応対のなかで事実を確認し，合意を得ながら苦情の解決できるポイントを模索するのがインフォーマルな解決の柱になっていると考えられる．

　ただし忘れてはならないのは，このインフォーマルな解決を行うことのできる前提には，正式な調査とそれに続く勧告・意見表明の権限が与えられているという点である．従来から指摘されているように，正式な調査や勧告を苦情の対象となった行政が避けようとするためにできるだけ早期の解決を選好し，オンブズマン事務局に対して協力的になると推測できるだろう．さらにいえば，予算や人員の制約のためにひとつの事案に対して配分できる時間や人員をできる限り削減し，その一方では収集した苦情事案の分析やそれによる問題の発見と調査に十分な時間を確保するためにも，すなわちオンブズマンの根幹となる機能を十分に果たすためには，インフォーマルな解決が要請され得ると考えられる．この点においては，オンブズマンの機能においてもフォーマルと捉えられている部分，すなわち正式な調査とそれに続く勧告・意見表明と，インフォーマルな解決というのはどちらかが重要というわけではなく，相互に支え合っていると考えられる．

　2つは，他の機関への何らかのガイダンスの発行である．この活動は，関係機関における苦情処理能力の開発を目的としているが，結果的にオンブズマン事務局へ集まる問合せの件数を減らしその負担軽減にもつながり，さらには自律的な行政職員（あるいは公共サービス提供者）の育成の機会となるだろう．ガイダンスの具体的な内容やその意義については次章で考察する．

3つは，研修の実施もオンブズマンのインフォーマルな活動の一側面として捉えることができるだろう．オンブズマン制度が目指す成果は，オンブズマンによる苦情処理活動の発展だけではなく，グッド・アドミニストレーションの達成である．そのためには自主的に紛争の解決を達成できる行政職員が求められるし，オンブズマンの役割もその開発が含まれるようになってきたと考えられるだろう．

　とくにガイダンスの発行や研修の実施に関しては，オンブズマンの苦情処理の役割を減らし予防的救済の役割に重点が置かれるようになったことを意味する．すなわち苦情の発生を未然に防ぎ，あるいはもし発生した場合もオンブズマン事務局に申立人が訪れる前段階での解決，つまり当事者同士での解決を促進しようという役割である．

　いずれにしても，インフォーマリティが求められる今後の背景を考えると，まず，管轄の拡大によって，ますますオンブズマンのガイダンス発行の役割は重要になってくると考えられる．苦情が申立人と関係機関との間で適切に処理されるように促進するという予防的救済もオンブズマンに求められる現代の役割である．また，予算削減・人員削減に起因して，より少ない人数で多くの苦情処理に対応せざるを得ないため，より簡易で速やかに解決できる手段が選ばれるようになるからである．あるいはオンブズマン事務局へ届く苦情の件数自体を減らす方向を目指し，オンブズマン事務局に来る前の段階での解決を促進すること，すなわち当事者同士での解決の促進が志向されることも考えられる．さらには，国際的な潮流も考えておく必要がある．EUのADR指令のように，より簡易・迅速で，高いアクセシビリティが苦情処理システムの価値としていっそう求められるようになり，その普及促進についてもオンブズマンが役割の一端を担っていくはずだからである．

　これまで述べてきたように，オンブズマンはこれまで実務上，自身の役割を十分に発揮するために多様な活動を展開してきた．それはオンブズマンの根幹となる機能を支えるためにオンブズマン事務局が自ら展開してきた活動である．そしてそのなかでもガイダンスの発行やそれにもとづく研修の実施については，公共サービスを提供する主体が自ら苦情の救済を達成できるような能力の開発に携わり促進する役割も求められるようになった背景があり，そこで積極的にオンブズマンが役割を果たそうとしているのである．見方を変えれば，オンブズマンの予防的救済を志向する役割が，インフォーマルな活動として現れてい

ると認めることができると考えられる．

## 7．苦情の予防

　繰り返し述べてきたように，オンブズマンは裁判所や行政審判所といった行政救済のよりフォーマルなしくみと比較してよりインフォーマルであるところに価値があると捉えられてきた．しかしながらその後オンブズマンの内部においてもよりインフォーマルな手法が追求されていることを確認する研究が見られるようになった．本章で確認したように，オンブズマンのインフォーマリティには，予算や人員の削減によってより簡易・迅速に苦情を処理せざるを得ない状況に陥ったために行われる消極的な面と，より積極的に関係機関や苦情申立人の自律性を促進し，予防的救済を達成する積極的な面との2つの背景があると考えられる．オンブズマンがグッド・アドミニストレーションの実現に資するための装置のひとつであると考えれば，この積極的な面，すなわち予防的救済の志向はオンブズマンの役割を果たす上で効果的な手段を提供することになろう．インフォーマルな面における諸活動を追求することは，そこにオンブズマン事務局によるオンブズマン制度の役割としての多様な活動を見出すことができるし，オンブズマンにいま求められている役割を考察する上でも重要なことである．

　本章で論じてきたオンブズマンによるインフォーマルな活動のなかでも，とりわけオンブズマン事務局が発行するガイダンスについては，オンブズマンの旧来の役割である苦情を受け付け解決のために調査をし，場合によっては勧告をして行政運営の改善を要請するという枠組みを超え，オンブズマンがガバナンスのなかで積極的に果たそうとする役割を反映したものであると考えられる．その内容に関しても，オンブズマンのこれまでの経験をもとに，行政や公共サービス提供者としてのあり方の理想の記述や，苦情処理の規範的手続の記述であるガイダンスが基本的なガイダンスの内容になっていると考えられよう．またオンブズマンによっては，その国や地域特有の問題に対処するために，特殊なガイダンスを発行している場合もあると考えられる．このように，オンブズマンの発行するガイダンスを整理することは，オンブズマンの果たそうとする役割を考察する上で不可欠であろう．したがって，これらの点を確認するために，次章では各国オンブズマンが発行するガイダンスをもとに，オンブズマン

がガバナンスのなかでいかなる役割を果たそうとしているのか考察する．

注
1） さらに，OMBUDSMAN ASSOCIATION のウェブサイトにおいても同様に，非強制的な性格が強調されている［URL 64］．
2） Hertogh が発見したのは，オランダの行政裁判所よりもオンブズマンの方が長期的に行政機関へ好影響を与えたということである［Hertogh 1998：63-85］．
3） アイルランド共和国のオンブズマン事務局においても，後述するように，時の政権によって予算や人事面で問題があった．
4） たとえばアイルランド共和国の Local Government Customer Service Group ［2005：14］は苦情処理の重要原則（Key Principle）として，上述の8つの要素をあげている．
5） Gregory［2001］はいくつかのオンブズマンによって発行されたガイダンスや実施される研修についての記述をしている．

# 第4章　オンブズマンの積極的役割

　1990年代初頭より，アングロ・サクソン諸国のオンブズマン制度を中心に新たな活動が見られるようになってきた．それは，行政機関や民間の公共サービス提供者に対してオンブズマン事務局がガイダンスという文書を発行するという活動である．主な内容は公務員や公共サービス提供に携わる者が，いかなる心得をもって市民（あるいは顧客）に接し，もし市民・顧客が苦情申立をしようとするのであれば，それを喜んで受け入れるべきである，といった内容である．
　また，欧州オンブズマンの例は日本においてもしばしば紹介されるが，『良き行政の行動に関する綱領（*Code of Good Administrative Behaviour*）』[European Ombudsman 2015]のように，「良き行政とはなにか」といったテーマで公務員の姿勢や行動様式，意思決定の際の手続について基準を提示するような活動も，いくつかのオンブズマン制度においては見られるのである．
　このような活動は，苦情を受け付け，必要があれば調査を行い，さらに必要があれば勧告や意見表明を行うというオンブズマンの根幹たる役割［Gwyn 1983：81-90］が拡大された結果であり，現代のオンブズマンの役割を考える上でのひとつの新しい活動であると考えられる．
　これらのガイダンスに関する研究については，諸外国ではたとえばGregory［2002］やGill［2011］, Gill［2012］, Kirkham and Wells［2014］, Wakem［2015］において言及が見られ，オンブズマンの「先を見越した（proactive）」［Gregory 2001：115；Gill 2012：205］活動であるというような指摘がされてはいるが，その内容や効果についての考察は見られないのである．日本における研究については，今川［1996；1997］における連合王国の地方政府オンブズマンの研究と地方自治体の苦情処理機関との関係に関する研究において言及されたものがある．そこでは，オンブズマンがメージャー政権による市民憲章（the Citizens Charter）の影響を受け，ガイダンスの発行をし始め，地方自治体もその影響を受け

たと分析されている．しかしながらこの研究においても，ガイダンスの内容は明らかにならず，その意義についてまでは踏み込まれていないのである．さらに今川が当該研究を行った90年代後半より，20年ほど経ったこんにちまでの間にさらに多数のガイダンスが発行されてきた．

したがって本章では，アングロ・サクソン諸国のオンブズマン事務局が発行するガイダンスの内容を分析し，形式的にではあるが6つの分類を行う．この分類を手がかりにオンブズマンが果たそうとする役割の検討をすることが本章の目的である．

## 1. オンブズマンの役割とインフォーマルな活動

オンブズマンに関する研究ではしばしばインフォーマル（informal）という用語が登場する．第1にそれは，裁判所や行政審判所といったいわゆるフォーマルな行政救済の手段と比較した際に，簡易・迅速・低廉である点，さらにはオンブズマンの非権力性や説得と協力といった任意性にもとづいた紛争解決を図るという性格を有している点を強調するためであった［Gellhorn 1966：433；小島・外間 1978：8］．

第2に，上記のインフォーマリティとはまた別の軸において，紛争解決の際のインフォーマリティが強調されてきた．それは，オンブズマンの苦情解決を行うにあたっての姿勢に焦点を当てている．元来オンブズマンによる正式な調査と勧告はオンブズマンの根幹であると捉えられてきた一方で，紛争解決の際，あるいは正式な調査に至る前の段階（「事前検証（preliminary examination）」や「初期段階の解決（early stage resolution）」と表現される）において多くの苦情が解決されるという実態への注目があった［Gwyn 1983：81］．このような関心は，オンブズマンに実質的な代替的紛争解決手段（Alternative Dispute Resolution: ADR）の機能を見出し，オンブズマンが紛争解決において事実にもとづいた判断を下すというより，紛争の両当事者の合意を尊重しながら落とし所を探るという調停の性格を持っていると指摘するのである［Rowe 1991：353-62；Marshall and Reif 1995：215-39］．Doyle はオンブズマンのこのような性格の紛争解決方法を「インフォーマルな解決（informal resolution）」という概念で整理し，連合王国とアイルランド共和国における48のオンブズマン制度ならびに苦情処理制度に焦点を当て，その実態を整理した［Doyle, Bondy and Hirst 2014］．

このインフォーマルな解決は，オンブズマンへの苦情申立であっても実際の業務を担当する公務員と苦情申立人を含んだメンバーにおいて，オンブズマンは調整役としてはたらくと捉えるのである．オンブズマン研究においてオンブズマンのインフォーマルな紛争解決への志向が見られるようになった契機として考えられるのは，1990年代初頭より主に連合王国において苦情処理のあり方に対する意識改革があった点もあろう．今川［1997］における，オンブズマンが地方自治体の行政自らによる苦情処理を促進しようとしているという指摘，また Buck et al.［2011］において，第一線職員による苦情の解決が優先されるべく主体性の強化をオンブズマンが行っているという指摘は，まさにオンブズマンが行政職員による自律的な苦情処理を促進しようとしている実態を示している．

## 2．オンブズマンの多様な活動

　上述したように，行政機関（あるいは公務員個人）や民間の公共サービス提供者の主体性を強化する視点がオンブズマンの役割として重要であると認識されるようになってきている方向があるだろう．この文脈で注目すべきオンブズマンの役割は，過去の苦情対応の経験にもとづいて，同様の苦情の再発を防ぐためにも先を見越した（proactive）志向が求められるという指摘である［Gregory 2001：115］．また，Gill らは将来のオンブズマンの展望について，オンラインでの申立やいっそう迅速で低廉な手続といった，よりインフォーマルな手続的価値が志向されるだけでなく，将来的にオンブズマンが自身のもとへ集まる苦情を減らすため，そして同様に管轄下の機関への苦情も減らすためにより戦略的で先を見越した役割が求められると指摘する［Gill et al. 2013：62-63］．すなわち，オンブズマンは根本的には苦情に応じた組織である一方で，「火消し」の役割から「火事の発生を見張る」役割へのシフトが求められるようになってきている［Gill et al. 2013：62-63］．個別事案における紛争解決にとどまらず，いかに質の高い行政の実現という目標に対してオンブズマンがいかなる貢献ができるのかという観点が重要視されるようになってきているのである．
　より積極的な苦情の発掘を行うためのアウトリーチ活動は多くのオンブズマンが行い始めている活動であり，オンブズマンの苦情に対応する活動を支えるひとつの大きな活動である一方で，ガイダンスの発行やそれにもとづく研修の

実施は，上述した「火事の発生を見張る」役割を体現したものであろう．Wakem は「重要な付随的（important adjunct）」業務を通じてオンブズマンはグッド・ガバナンスの実現者（enabler）になると述べるが，上記の点から考えれば，この重要な付随的業務が指すのはまさにオンブズマンによるガイダンスの発行であろう．

まさにこんにちのオンブズマンの課題として挙げられるのは，公共サービスの提供者が多元化するガバナンス状況において，オンブズマンはどのようにその環境に対応していくことができるのかという点である．[1] 日本においても，民営化，民間委託が進行した結果として，政策や施策の目的を達成するために，とりわけ福祉のサービスを提供する民間事業者をいかにコントロールするかに課題があるという問題意識から，福祉オンブズマンが民間事業者をその管轄対象とする例が多摩市や目黒区などで見られる．サービスの利用者，顧客，市民の権利をいかに擁護し，そしてサービスの質を改善するかという観点から，オンブズマンはグッド・ガバナンスをいかに実現できるかという関心を持つ．この関心のもと行われている活動であるガイダンスの発行について，以下で詳しく見てみることとしたい．

## 3．各国オンブズマンの発行するガイダンス

本節では，世界のいくつかのオンブズマン事務局にて発行されウェブサイト上で公開されているガイダンスを取り上げ，そのタイトルと概要，記載があれば発行日を表で整理した．

（1）イギリスにおけるオンブズマン
1）議会コミッショナー
イギリスの議会コミッショナー（Parliamentary Commissioner for Administration）は，1967年に議会コミッショナー法によって設置され，首相の推薦にもとづいて国王が任命する．その調査対象は議会コミッショナー法における附則で明記されている省庁・団体に限定されている．調査対象となる内容は，過誤行政の結果として不正を被った公衆が，[2] 庶民院議員に苦情を申し立てるという方式をとっており，議会コミッショナーへの直接的なアクセスを制限しているために間接アクセス制（あるいは MP〔Members of Parliament〕フィルター）と呼ば

表 4 - 1　イギリスの議会コミッショナーによるガイダンス

| タイトル | 発行日 | 概　要 |
| --- | --- | --- |
| グッド・アドミニストレーションの原則 | 2007年3月初版，2009年2月10日改訂． | より良いサービス提供の観点から，① 良き理解，② 顧客志向，③ オープンでアカウンタブル，④ 公正で相応な活動，⑤ 正しい改善，⑥ 継続した改善の追求の6つの原則に関して，オンブズマンの管轄の公的機関の理解を促進し，ファーストクラスのサービスを提供できるようにするためのガイダンス．オンブズマンの40年の調査と報告の経験をもとに作成され，その枠組みを公的機関に提案する． |
| 良き苦情処理の原則 | 2008年11月28日，2009年2月10日改訂． | より良い苦情処理の観点から，良き理解，顧客志向，オープンでアカウンタブル，公正で相応な活動，正しい改善，継続した改善の追求の6つの原則に関して，オンブズマンの管轄の公的機関の理解を促進し，「ファーストクラス」のサービスの提供に資するよう作成された． |
| 救済の原則 | 2007年10月11日初版，2009年2月10日改訂． | オンブズマンの機能の重要な側面である救済の観点から，上記6つの原則に関して説明し，公的機関のサービス改善と公正な救済の手助けとなることを目的としたガイダンスである． |

出典：Parliamentary and Health Service Ombudsman ［2009b；2009d；2009f］をもとに筆者作成．

れている．イギリスの議会コミッショナーは，行政救済において裁判所や行政審判所と同様行政的正義（administrative justice）のひとつとして捉えられている［園部 2007：1］．他方で，議会コミッショナーもまた ADR との関係について注目されつつある［Sueur 2011：276］．このような議会コミッショナーについて，表4‑1でその発行するガイダンスの概要を見てみたい．

## 2）　地方政府オンブズマン（イングランド）

地方政府オンブズマン（Local Government Ombudsman）は1974年の地方自治法の改正にともなって設置され，国務長官の助言にもとづいて女王が任命する．また，議会コミッショナーと同様に，過誤行政の結果不当を被った公衆の苦情を対象としている．ただし，地方政府オンブズマンはその苦情の調査を開始する前に，関連する地方自治体等にすでに苦情が申し立てられており，これに対して地方自治体が自ら調査し，苦情申立人に回答する機会を持ったことを確認しなければならない点に特徴がある［Stacey 1978：邦訳 297］．

ウェブサイトにおいてもトップの紹介の欄には，地方の公共サービスを提供

表4-2　イギリス地方政府オンブズマンのガイダンス

| タイトル | 発行年 | 概要 |
|---|---|---|
| 苦情や心配ごとの声を上げることに対する期待 | 2014年11月 | 保健や社会的ケアにおける良い苦情処理に関しての患者やサービス利用者の期待に対して，利用者の視点にたって，第一線職員がどのように対応すべきかのガイダンスである．地方政府オンブズマン（LGO），Healthwatch，議会・保健サービス・オンブズマンの共同発行による． |
| 苦情処理システムの運用に関するガイダンス：グッド・プラクティスに関するガイダンス | 2009年3月．2002年に発行したものの改訂版． | 効果的な苦情処理の原則：アクセシビリティ，コミュニケーション，即時性，公正，信頼性，アカウンタビリティに関するガイダンスである． |
| 不合理な苦情申立人の行動をマネージすることに関するガイダンス | 記載なし | LGOの苦情申立人に対処するグッド・プラクティスの見方をもとにして，地方自治体や管轄内の機関が不合理な苦情申立人の行動に対しての適切なアプローチを開発できるよう手助けとなることを目的としている． |
| 救済に関するガイダンス | 第4版2016年1月．第1版は2011年7月．2013年12月，2014年5月，2015年6月改訂． | オンブズマンの役割，救済に対するLGOのアプローチ，一般的ガイダンスに加えて，テーマ別ガイダンス（成人の社会ケア，利子と負債の返済，子どものサービス，教育，環境サービス，住宅，計画），救済事例（成人の社会ケア，利子と負債の返済，子どものサービス，教育，環境サービス，住宅，その他，計画）も含む． |
| 複数の機関がある環境下での地方のアカウンタビリティ | 2014年10月 | LGOが主催した円卓会議の結果をもとにまとめた，市民と国家との新しい契約関係，ふさわしく適切なアカウンタビリティの必要，顧客民主主義：地方のリーダーシップの困難に関するガイダンスである． |
| 苦情から得た教訓を用いて公共サービスを改善する | 2011年7月 | 個々の市民によるサービスや決定の経験が，いかにサービスが計画され提供される方法の改善となる情報提供になるかについて理解を促進する手助けとなる． |
| グッド・アドミニストレーションの実務：グッド・プラクティスのガイダンス2 | 2001年5月（第2版の再版）．初版1993年8月，第2版1995年2月． | 法律，政策，決定，意思決定に先んじる活動，行政過程，顧客関係，偏りなく公正であること，苦情といったテーマに関して，42のグッド・アドミニストレーションの原則について記述する． |

出典：Local Government Ombudsman［2001；2009；2011；2014a；2014b；2014c；2016］ならびに（URL 49）をもとに筆者作成．

する自治体やその他の組織に対する苦情の最終ステージであることが最初に明記されている点が，このオンブズマンの特徴をよく表していると捉えられよう．地方政府オンブズマンのこの特徴が，他のオンブズマン制度と比較して早期にガイダンスの発行を開始することにつながったと考えられる[3]．地方政府オンブズマンの管轄は地方自治体のほか，たとえば学校入退学申立パネル（School Admission and Exclusion Appeal Panels），地方自治体合同委員会（Joint Boads of Local Authorities），国立公園局（National Park Authorities），内陸河川委員会（Internal Drainage Boards），警察・犯罪コミッショナーおよび警察・犯罪に関する市長部局（Police and Crime Commissioners and the Mayor's Office for Policing and Crime），消防救急局（Fire and Rescue Authorities）が含まれる．表4-2では，地方政府オンブズマンが発行するガイダンスの概要を見る．

3）スコットランドの公共サービス・オンブズマン

スコットランドの公共サービス・オンブズマン（Scottish Public Services Ombudsman）は2002年のスコットランド公共サービス・オンブズマン法によって，それまでのスコットランド議会オンブズマン（Scottish Parliamentary Ombudsman），保健サービス・オンブズマン（Health Service Ombudsman），スコットランド地方政府オンブズマン（Local Government Ombudsman for Scotland）の権限を引き継ぐ形で設置され，スコットランド議会の推薦にもとづき女王が任命する．その管轄は，スコットランド政府の省庁や機関，スコットランド内の地方自治体や保健サービス，住宅組合や大学，水道，刑務所等である．

スコットランドの公共サービス・オンブズマンについてもそのウェブサイトにおいて，地方政府オンブズマンと同様に苦情の最終段階であることが強調されている．後述するようにガイダンスのなかにも規範的な苦情処理プロセスが提示されており，その最後の砦としてのオンブズマンが強調されているのである．また，スコットランド公共サービス・オンブズマンのもうひとつの特徴は，2010年に制定された公共サービス改革法（Public Service Reform Act 2010）119条の16(A)において，苦情処理の単純化と標準化を促進する権限が与えられており，その根拠のもとガイダンスを発行している点である．表4-3ではスコットランド公共サービス・オンブズマンの発行するガイダンスの概要を見る．

表4-3 スコットランドの公共サービス・オンブズマンのガイダンス

| タイトル | 発行年 | 概　要 |
|---|---|---|
| 謝罪に関するガイダンス | 2011年3月 | オンブズマンはしばしば組織に謝罪を推奨するが，本ガイダンスは謝罪とは何か，意義ある謝罪のために何が必要かを記述する． |
| 苦情，学習，改善 | 2010年〜2011年頃 | SPSOの役割について，苦情処理の標準化，良き苦情処理の促進，そし研修の紹介を目的としたガイダンスである．早期解決（Early Resolution）にも言及する． |
| SPSO苦情申立フォーム | 記載なし | 公衆を対象にした，苦情申立のためのフォームである．苦情申立方法についてわかりやすく，かつ申立人のなかでも整理できるようになっている． |
| 容認できない行為へのポリシー | 記載なし | 苦情申立人による容認できない行為（攻撃的・虐待的行為，合理的でない要望，合理的でない頻度の連絡，非協力的，苦情申立手続の合理的でない利用）への対処方法について記載している． |
| スコットランド議会議員と国会議員，議会職員のためのガイド | 2016年5月17日 | オンブズマンの役割や苦情処理の標準についてのガイダンスのほか，苦情を持つ有権者の手助けの方法についても記述する． |
| モデル苦情処理手続のガイダンス | 2011年2月 | 第一線職員の苦情処理からオンブズマンやその他の苦情処理までの一連の手続や役割についてのほか，調査や紛争解決の方法，その後の公表，記録，学習，改善についてまで網羅したガイダンスである． |
| SPSO法2002年の第2条(2)にもとづいて行われた申請に関するガイダンス | 2006年10月 | オンブズマンの管轄にある機関の求めに応じて，その機関に対する苦情をオンブズマンが調査できると定めた条項に関するガイダンスである． |
| 救済のポリシーとガイダンス | 2006年10月 | 機関にとって苦情とは何であるのか，救済とは具体的に何を意味するのか，オンブズマンがどの段階で勧告を行うのかについてのガイダンスである． |

出典：Scottish Public Services Ombudsman ［2006a；2006b；2011a；2011b；2013；2015；2016a；2016b］をもとに筆者作成．

4) ウェールズの公共サービス・オンブズマン

ウェールズの公共サービス・オンブズマン（Public Services Ombudsman for Wales）は2005年に公共サービス・オンブズマン（ウェールズ）法によって，ウェールズ地方政府オンブズマン（Local Government Ombudsman for Wales），ウェールズ保健サービス・オンブズマン（Health Service Ombudsman for Wales），ウ

ェールズ行政オンブズマン（Wlesh Administration Ombudsman），ウェールズ社会住宅オンブズマン（Social Housing Ombudsman for Wales）を統合する形で設置され，議会の推薦にもとづいて女王が任命する．その管轄は関係する行政機関のリスト（listed authorities）に定められており，地方自治体や消防，警察，国立公園庁（The National Park Agency），地方保健委員会（The Local Health Board），ウェールズ保健センター（The Wales Centre for Health），ウェールズ芸術委員会（The Arts Council of Wales），ウェールズ・スポーツ（The Sport Wales），ウェールズ開発庁（The Welsh Development Agency），ウェールズ語委員会（The Welsh Language Board）と多様である．

ウェールズの公共サービス・オンブズマンについては，オンブズマン法の制定時から第31条にガイダンスの発行の権限が明記されており，その権限のもとガイダンスを発行してきた点である．表4-4はウェールズの公共サービス・オンブズマンが発行するガイダンスについてその概要を見る．

5）北アイルランドの公共サービス・オンブズマン

北アイルランドの公共サービス・オンブズマン（Nothern Ireland Public Services Ombudsman）もウェールズの公共サービス・オンブズマンと同様に，従前から設置されていた議会オンブズマン（Assembly Ombudsman）と苦情コミッショナー（Commissioner for Complaints）を統合する形で2016年4月に設置され，北アイルランド議会の推薦にもとづいて女王が任命する．その管轄は，中央省庁を含む政府機関のほか，地方自治体，教育・図書館委員会（Education and library boards），港湾局（Haubour authorities），保健・社会ケア委員会（The Health and Social Care Board）である．表4-5に提示しているガイダンスは，議会コミッショナーで発行されたガイダンスか，あるいは統合以前のオンブズマンが発行したものが用いられている．

（2）アイルランド共和国のオンブズマン

アイルランド共和国のオンブズマン制度（Office of the Ombudsman）は1980年にその法律が制定され，1984年から事務局の運用が開始され，下院（Dáil Éireann）と上院（Seanad Éireann）の両院による推薦の共同決議をもとに，大統領が任命する．運用開始当初は中央省庁のほか保健サービス機関や地方自治体，電話通信公社，郵便に限定されていた管轄は，その後保健法（Health Act）や障

表4-4 ウェールズの公共サービス・オンブズマンのガイダンス

| タイトル | 発行日 | 概要 |
| --- | --- | --- |
| モデルとなる心配事・苦情のポリシーとガイダンス | 2011年7月29日 | ポリシーやガイダンスを公共サービス提供者に採用し実施するよう求めるガイダンスである。インフォーマルな解決も含めて、苦情救済の態勢や手続についても言及する。苦情ウェールズ・グループが作成した。 |
| グッド・アドミニストレーションと良き記録管理の原則 | 2016年2月 | 正しい理解、顧客志向、オープンでアカウンタブル、公正で相応な活動、正しい改善、改善の追求の6つの原則に加えて、記録の管理に関して質の良い記録の作成、記録の効果的な管理という2つの原則を合わせて、グッド・プラクティスの実現のためにケーススタディつきで説明する。内容は北アイルランドのものとほぼ同様である。オンブズマンと情報コミッショナーとの合作。2008年発行の「グッド・アドミニストレーションの原則」の6つの原則に2つを加えたガイダンスである。 |
| 救済の原則 | 2008年3月 | 正しい理解、顧客志向、オープンでアカウンタブル、公正で相応な活動、正しい改善、改善の継続的追求の6つの原則について説明する。 |
| 介護施設、在宅ケア、苦痛緩和治療サービスの独立提供者のための情報リーフレット | 記載なし | 介護施設、在宅ケア、苦痛緩和治療サービスの独立提供者が対象である。2014年社会サービス福祉法によってオンブズマンの管轄が拡大されたことが契機となり発行されたガイダンスである。 |
| カウンティとカウンティ・バラ・カウンシル、消防組織、公立公園のための行動綱領 | 2008年の「行動綱領のモデル」をもとに初版が2010年4月発行、その第3版、2015年3月。 | 無私無欲、正直、誠実と礼儀正しさ、法令遵守義務、受託責任、意思決定の目的、平等と尊敬、オープン性、アカウンタビリティ、リーダーシップといった原則、その他権限の適切な運用や情報の公開についても説明したガイダンスである。苦情処理における現場の解決（Local Resolution）にも言及。地方自治体、消防組織、公立公園を対象。イングランド行動綱領をもとにして作成された。 |
| コミュニティ・カウンシルのための行動綱領 | 同上 | 同上 |
| ウェールズ語ポリシー | 2015年10月改訂 | サービス提供において、会話、アクセシビリティ、時間に関して、英語と同じ質をウェールズ語にも求めている。 |

出典：Complaints Wales Group [2011], Public Services Ombudsman for Wales [2008；2014；2015a；2015b；2015c；2016] をもとに筆者作成。

第4章　オンブズマンの積極的役割　77

表4-5　北アイルランドの公共サービス・オンブズマンのガイダンス

| タイトル | 発行日 | 概要 |
| --- | --- | --- |
| グッド・アドミニストレーションの原則 | 2009年2月10日 | 良き理解，顧客志向，オープンでアカウンタブル，公正で相応な行動，正しい改善，継続した改善の追求の6点についてのガイダンス．40年にわたる苦情の調査と報告の経験をもとに作成されたもので，公的機関が目指すべきものとしてのガイダンスである．その顧客にファーストクラスの公共サービスを提供できるよう求めている．イギリス議会コミッショナーのものからの引用している． |
| 良き苦情処理の原則 | 2009年2月10日 | 同上の6点の観点から苦情処理について．効果的な苦情処理は，不要な苦情を防ぎ，公的機関が時間やお金を浪費するのを防ぐ．苦情から学ぶことで，将来における多くの苦情を減らし得る．イギリス議会コミッショナーのものからの引用である． |
| 救済の原則 | 2009年2月10日 | 同上の6点の観点から救済について．不正やハードシップを救済するのは，オンブズマンの鍵となる局面である．その考え方を公的機関に理解してもらうためのガイダンスである．イギリス議会コミッショナーのものからの引用である． |
| グッド・アドミニストレーションと財・記録のマネジメント：8つの原則 | 2014年 | 正しい理解，顧客志向，オープンでアカウンタブル，公正で相応な活動，正しい改善，改善の追求の6つの原則に加えて，記録の管理に関して質の良い記録の作成，記録の効果的な管理という2つの原則を合わせて，グッド・プラクティスの実現のためにケーススタディつきで説明する．オンブズマンと情報コミッショナーとの合作である．記録の管理に関する問題が多発していたことを受けて発行された． |
| 謝罪に関するガイダンス | 2011年3月 | 謝罪とは何なのか，なぜ謝罪が求められるのか，どのように謝罪すべきか，意義ある謝罪のためには何が求められるのかについて説明する． |
| 情報の約束 | 記載なし | 公開すべきでない情報と，また公開された情報によって得られる学習との間のバランスをどう取るかについて，オンブズマンの経験をもとに説明する． |
| リーフレット | 記載なし | オンブズマンがどのように苦情に対応するかについて記したリーフレットで，オンブズマンの役割について説明している．オンブズマンの管轄下のすべての機関が対象である． |

出典：Parliamentary and Health Service Ombudsman [2009a；2009c；2009e]，Northern Ireland Ombudsman [2011；2016a；2016b]，Northern Ireland Ombudsman and Information Commissioner's Office [2014] をもとに筆者作成．

表4-6 アイルランド共和国のオンブズマンのガイダンス

| タイトル | 発行日 | 概要 |
| --- | --- | --- |
| モデルとなる苦情処理システムとポリシー：苦情処理システムを開発するためのオンブズマンのガイド | 記載なし | モデル苦情処理システム，モデル苦情処理ポリシー，モデル苦情処理フォームを含んだガイダンスで，組織が効果的な方法で苦情処理を行うことによって当該組織に利益をもたらし，また生じた問題の迅速で低廉な解決が，サービスの改善をもたらし，組織の評判や信用度を高めると記述する． |
| 良き苦情処理のためのオンブズマンのチェックリスト | 2013年4月 | 苦情処理システムの意義，特徴，設置・運営の方法を説明し，そして自己評価チェックリスト・苦情処理報告書のテンプレートを含む． |
| 聞く，応答する，学習する，改善する | 2013年4月 | 内部苦情処理システムの意義，特徴，設置・運営の方法，その利点の獲得に必要なことを説明する． |
| 良き理解のための6つのルール：良き行政のためのオンブズマンのガイド | 2013年2月 | 「良き行政とは何か」について以下の6つの観点から説明する．①正しい理解，②顧客志向，③オープンでアカウンタブル，④公正で相応な活動，⑤誤りへの効果的な対処，⑥持続的な改善の追求． |
| 救済の提供のためのオンブズマンのガイド─救済：誤りを理解し是正する | 記載なし | 誤りを理解し是正すること，救済の意義，説明と謝罪の方法，補償の支払方法，正しい状態を維持する方法，オンブズマンの役割について説明する． |
| 公務員のベスト・プラクティスの標準のためのオンブズマンのガイド | 2003年3月 | 人びとに対応する際の「適切」，「公正」，「オープン」，「公平」の4つの観点から高い標準の獲得の重要さについて説明する． |
| 意義ある謝罪をするためのオンブズマンのガイド | 記載なし | 謝罪とは何か，なぜ謝罪をするのか，謝罪から人びとが何を求めるのか，意義ある謝罪とは，どのように謝罪すべきか，誰が謝罪すべきか，謝罪することによって組織が受ける利益について説明する． |
| 内部苦情処理システムのためのガイド | 1999年 | 内部苦情処理システムを持つ利益，システム設置の準備，設置と運用，特徴について説明する． |
| オンブズマンのガイド：介護施設のための苦情処理システムのモデル | 2015年8月 | 民営の介護施設のために，「苦情」の定義，苦情処理システムへのアクセス，迅速な救済の方法，調査，記録，スタッフの訓練について説明する． |
| 救済─誤りを理解し是正する：誤りがあった場合の救済の提供に向けた介護施設への案内 | 2015年8月 | 救済とサービスの質の関係，謝罪・説明・その他救済の方法，適切な時間内での救済の重要さについて説明する． |

出典：Office of the Ombudsman［1999a；2003；2013c；2013d；2013e；2013f；2015b；2015c；2015d；2016］をもとに筆者作成．

表4-7　コモンウェルス・オンブズマンのガイダンス

| タイトル | 発行日 | 概要 |
| --- | --- | --- |
| 苦情処理に関するより良い実務のガイド | 2009年4月 | 効果的な苦情処理に関する本質的原則について，文化・原則・人びと・プロセス・分析の観点から各機関が既存の苦情処理機関を評価し，また新たに設置する際に参照できるようつくられたガイダンスである． |
| 不合理な苦情申立人の行為に対処するためのより良い実務のガイド | 2012年5月第2版 | 組織やそのスタッフが苦情申立人との応対に対処するための体系的で一貫したアプローチを取れるようにするためのガイダンスである．第一線職員だけでなくすべての職員を対象にし，苦情申立人，とりわけ不合理な行動をする者にいかに対処するかを案内する．ニュー・サウス・ウェールズのオンブズマンの発行したガイダンスを使用している． |
| 行政の意思決定における自動化支援 | 2007年2月 | 自動化されたシステムというのは，意思決定過程における精確さや一貫性，透明性，アカウンタビリティの改善につながる．本ガイダンスでは各機関がコンピューターを利用し，自動化されたシステム運用の援助となるようつくられた．チェックリストつきである．財務・行政省オーストラリア政府情報管理局とコモンウェルス・オンブズマン，会計検査院，プライバシー・コミッショナーと共に作成したガイダンスである． |

出典：Department of Finance and Administration Australian Government Information Management Office, Commonwealth Ombudsman, Australian National Audit Office, and Office of the Privacy Commissioner [2007], Commonwealth Ombudsman [2009], NSW Ombudsman [2012a] をもとに筆者作成．

がい者法（Disability Act）によって拡大され，さらに2012年の改正オンブズマン法によって200近い公共サービス提供者が管轄へと組み入れられた．

そのようななかで現職のオンブズマンも，オンブズマンとして果たす役割が単なる個別の苦情への対応だけではなく，公共サービス提供者全体を相手にした苦情処理の標準化の促進や，公衆にとって利用のしやすい苦情処理手続の整備にも任務があると考えており，近年はガイダンスの発行にも熱心である．表4-6ではアイルランド共和国のオンブズマン事務局が発行するガイダンスの概要を見る．

（3）オーストラリアにおけるオンブズマン
1）コモンウェルス・オンブズマン（連邦政府オンブズマン）
連邦政府オンブズマン（The Office of the Commonwealth Ombudsman）は，

1971年の連邦行政再検討委員会（the Commonwealth Administrative Review Committee）によるオンブズマン制度設置の報告により，1976年にオンブズマン法にもとづいて設置され，総督によって任命される．その管轄は1980年代から徐々に拡大されていき，連邦警察（Australian Federal Police）や情報公開（Freedom of Information），国防軍（Defence Force），移民（immigration），郵便事業（Postal Industry），公益通報者保護（Public Interest Disclosure）等も管轄に加えられてきた．表4-7ではコモンウェルス・オンブズマンの発行するガイダンスの概要を見る．

2）西オーストラリア州のオンブズマン

西オーストラリア州のオンブズマン（Ombudsman Western Australia）はオーストラリアにおいて最初に設置されたオンブズマン制度であり，1971年の議会コミッショナー法（Parliamentary Commissioner Act）にて定められ，総督によって任命される．その管轄は州政府機関，刑務所，病院，学校，地方自治体や公立大学である．表4-8は西オーストラリア州のオンブズマンが発行するガイダンスの概要である．

3）南オーストラリア州のオンブズマン

南オーストラリア州のオンブズマン（Ombudsman South Australia）は1972年のオンブズマン法によって設置された，オーストラリアでは2番目のオンブズマンである．オンブズマンは議会の両院の勧告にもとづき，総督（Governor in Council）によって任命される．その後1992年の情報公開法（Freedom of Information Act）や1993年の公益通報者保護法（Whistleblowers Protection Act）によって権限は拡大されてきた．現在の管轄は州政府機関，地方自治体，情報公開法のレビューのほか，内部告発者の保護に関する情報も受け取っている．表4-9は南オーストラリア州のオンブズマンが発行するガイダンスの概要である．

4）ビクトリア州のオンブズマン

ビクトリア州のオンブズマン（Victorian Ombudsman）は1973年に設置された，オーストラリアのなかで3番目のオンブズマン制度であり，総督によって任命される．その管轄はビクトリア政府機関やその他法で定める機関（Statutory Authorities），地方自治体である．表4-10はビクトリア州のオンブズマンが発

表4-8　西オーストラリア州のオンブズマンのガイダンス

| タイトル | 発行日 | 概要 |
| --- | --- | --- |
| 苦情解決プロセスの概要：公的機関への情報 | 2010年11月改訂 | 西オーストラリアのオンブズマンの苦情マネジメント・プロセスにおけるキー・ステップを示したフローチャートである． |
| オンブズマンはどのように苦情を査定するのか | 2009年5月改訂 | 法制に従って，苦情が調査されるものかどうかを考慮しなければならないことを説明する． |
| 苦情査定チェックリスト | 2009年5月改訂 | 苦情を査定する際に考慮する要素を説明する． |
| オンブズマン事務局からインタビューされる | 2012年9月改訂 | 苦情の調査の一環としてオンブズマン事務局からインタビューされる際の目的とプロセスについて説明する． |
| 委員会と審判所のための情報 | 2009年5月改訂 | 本ガイダンスは，委員会や審判所についての苦情を受け付けた際にオンブズマンがどのように応答するかを説明する．委員会や審判所が対象である． |
| 意思決定のガイドライン | 2009年10月改訂ほか | 行政の意思決定における裁量の行使について，決定の理由づけについて，手続的公正について，記録の保持についてのガイダンスである（各項目については以下のガイダンスから構成される）． |
| 行政の意思決定における裁量の行使 | 2009年10月改訂 | 裁量の行使とは何か，裁量を行使する権限について，裁量を行使する上でポリシーや要綱を組織が作る重要さについて，意思決定者はどのように裁量を行使するべきか，裁量を行使する上で考えるべき要素等について記述したガイダンスである． |
| 決定の理由付け | 2009年7月改訂 | なぜ決定に理由が必要なのか，どう説明するのかについて，透明性，アカウンタビリティ，クオリティの観点から解説する． |
| 手続的公正（自然的正義） | 2009年5月 | 手続的公正とは何か，すべての政府の決定に手続的公正が適用されるのかどうか，個々の意思決定者の心構え等について記述したガイダンスである． |
| 良き記録の保持 | 2009年5月 | 記録の重要さ，記録を保持することのメリット，責任の所在，記録の保持の仕方・ヒントについて記述したガイダンスである． |
| 苦情処理のガイドライン | 2016年3月改訂ほか | あなたの組織への苦情の効果的な処理，苦情処理システムを利用しやすいものへ，苦情処理システムチェックリスト，効果的な苦情処理の原則，苦情処理担当者のためのガイダンス，不合理な苦情申立人の行動への対処，苦情の調査，手続的公正（自然的正義），救済と是正，記録の保持についての包括的ガイダンス（各項目個別のガイダンスもあり，内容は同一）である． |
| 調査の実施に関するガイドライン | 2009年5月改訂ほか | 行政の調査の実施，苦情の調査，手続的公正（自然的正義），決定の理由付け，記録の保持についてのガイダンス（各項目個別のガイダンスもあり，内容は同一）である． |
| 個人情報の管理に関するガイドライン | 2013年5月改訂ほか | 機関のためのガイドライン：個人情報の管理，チェックリスト：個人情報の管理，ガイドライン：個人情報の管理のためのグッド・プラクティスの原則，をまとめたガイダンス（各項目個別のガイダンスもあり，内容は同一）である． |
| 不合理な苦情申立人の行動への対処：実務マニュアル | 2009年6月 | 苦情申立人への対応方法，とりわけ不合理な行動をする者に対して，どのように対処するか，それをどのように予防するか，組織や職員はどこまで責任があるのか，謝罪の方法について記述したマニュアル．第一線職員やその上司を対象とする． |

出典：Ombudsman Western Australia ［2009a；2009b；2009c；2009e；2009f；2009g；2009h；2009i；2009j；2009k；2010；2012；2013；2016］をもとに筆者作成．

表4-9 南オーストラリア州のオンブズマンのガイダンス

| タイトル | 発行日 | 概要 |
| --- | --- | --- |
| 大学での苦情処理：オーストラリアのベスト・プラクティスのガイドライン | 2015年1月 | 苦情の価値や苦情処理の必要，苦情の申立方法や苦情の査定方法，苦情の調査方法やフォローアップ，苦情申立人を保護し支援する方法や留学生と共に活動することについて記載したガイダンスである．大学職員が対象である． |
| 不合理な苦情申立人の行動をマネージする | 2012年5月第2版．初版は2009年 | なぜ苦情申立人が不合理な行動をするのかについて，不合理な行動を早期発見するためのポイントについて，そのような事案を予防するために必要なことについて，そのような申立人への対処の仕方，上司ができることについて記述したマニュアルである．第一線職員とその上司を対象としている． |
| 不合理な苦情申立人の行動に対するモデル・ポリシー | 2012年5月 | 苦情申立人の不合理な行動について，組織が標準化され一貫したモデル・ポリシーと手続を開発する手助けとなることを目的としたガイダンスである．ポリシーの内容だけでなく使用方法にも言及．2006年にオーストラリアの議会オンブズマンが不合理な苦情申立人の行動（Unreasonable Conplainant Conduct）に焦点を当てたのが契機である． |

出典：Ombudsman Southern Australia [2012a；2012b；2015] をもとに筆者作成．

行するガイダンスの概要である．

5） クイーンズランド州のオンブズマン

クイーンズランド州のオンブズマン（Queensland Ombudsman）は1974年に議会コミッショナー法（Parliamentary Commissioner Act 1974）にもとづき設置され，クイーンズランド州における公的機関とそのスタッフについて，不法，非合理，不正，不適切，差別的な行為や決定，その他の過誤についての苦情を調査する．オンブズマンの任命は，総督によって行われる．2001年には当該法律が改正され，オンブズマン法（Ombudsman Act 2001）となった．加えて，2010年の公益通報者保護法（Public Interest Disclosure Act 2010）にもとづいて公益通報のマネジメントについてモニターやレビューをし，さらに公益通報についての教育や助言を提供している．

さらにクイーンズランド州のオンブズマンのウェブサイトにおいては，研修の案内がある．たとえばオンブズマン事務局が提供する研修の内容紹介や案内

表4-10　ビクトリア州のオンブズマンのガイダンス

| タイトル | 発行日 | 概　要 |
|---|---|---|
| 苦情：公的部門の機関のためのグッド・プラクティスのガイド | 2016年9月1日 | 苦情申立を簡易にし，その苦情の解決のために行動し，そして苦情の分析から得られた情報によってサービスの改善を達成するという一連の苦情処理の過程について記述したガイダンスである． |
| ガイド：不正行為の内部調査の実施 | 2016年6月30日 | 組織の日常的な運営において，効果的な内部調査を行うのは不適切な行為を是正する上で重要なことである．申立を受け，査定し，調査を実施するために必要なことを記述したガイダンスである． |
| 自治体と苦情：グッド・プラクティスのガイド | 2015年2月25日 | 本ガイダンスは苦情処理に関して自治体職員に実務的かつ有用な助言を提供するものである．苦情とは何かについて，苦情処理の原則，苦情への対応の仕方，苦情処理の効果としての学習と改善について記述したガイダンスである． |
| 大学での苦情処理：オーストラリアのベスト・プラクティスのガイドライン | 2015年1月1日 | 南オーストラリア州の発行するガイダンスとほぼ同じ内容である．『苦情処理に関する新しいオーストラリアの標準』参照． |
| 信頼性（Integrity）を守る：ビクトリアの信頼性システムのガイド | 2014年11月 | 反汚職コミッションやオンブズマン，会計検査官といった信頼性を保つための機関のほかに，情報公開コミッショナーや監察官，公共部門コミッション，人権擁護委員会，議会の委員会，公益モニターといった職の役割を紹介し，また公益通報の方法を案内するガイダンスである． |
| 公共の場に有線テレビ（CCTV）を設置するためのガイドライン | 2012年11月 | 犯罪の防止や公衆の身体の保護のために，有線テレビを公共部門の団体が設置する際に必要な考慮事項（市民からの要求，警察との連携，記録，データの保護，プライバシー，評価等）について記載したガイダンスである． |
| 公益通報者保護法2001年　オンブズマンのガイドライン | 2012年9月 | 公益通報者保護法の内容，報告のシステムの紹介，守秘義務，報復から通報者を守るために必要なこと，通報を査定し調査し，決定するために必要なことについて，そしてオンブズマンの役割について記載したガイダンスである． |
| 不合理な苦情申立人の行為へのマニュアル | 2012年8月 | 不合理な苦情申立人の行為とは何なのか，どういう予兆が見られ，どのように予防できるのか，どのように対応し，どのように謝罪すべきかについて記載されたガイダンスである． |
| 苦情処理とグッド・プラクティスのガイド | 2007年11月初版，2014年8月改訂 | 公共部門の団体において，既存の苦情処理システムを評価し改善する，あるいは新しいシステムを作る際に参照されるためにつくられたガイダンスである．効果的な苦情処理の重要な特徴や苦情処理のポリシー，苦情の調査の手順などについて記載している． |
| 性的いやがらせ，性的攻撃・性的に不当な行為に関する申立への対応の改善 | 2005年2月 | 相談窓口や機関同士の連絡の手段，メディアの役割，性的嫌がらせで告発された職員への処分，子どもの保護，警察の捜査について記述された会議資料である．性的嫌がらせが発生しそれを報告する必要がある場合に争点となる事項をまとめた資料である． |

出典：Victorian Ombudsman［2005；2012a；2012b；2012c；2014a；2014b；2015a；2015b；2016a；2016b］をもとに筆者作成．

表4-11 クイーンズランド州のオンブズマンのガイダンス

| タイトル | 発行日 | 概要 |
|---|---|---|
| 効果的な苦情マネジメント・システムを開発するための10のステップ | 記載なし | 苦情マネジメント・システムとは何か,なぜそれが価値あるものとなるのかについて説明し,既存のシステムを見直し,ポリシーを作り,手続を準備することの必要を記述したガイダンスである. |
| 苦情マネジメント・プロセスのポリシーと手続 | 記載なし | 苦情処理過程に必要なポリシーをつくり手続を準備する手助けとなるガイダンスで,苦情処理の意義や苦情の受付方法,査定方法や記録といった運用方法についても記述する. |
| 苦情マネジメント・システムにおけるデータベースの項目 | 記載なし | 申立人の情報,苦情の類型,対象の機関の種類,争点といった苦情処理において必要とされる項目について一例を紹介したシートである. |
| 効果的な苦情マネジメントのポリシーと手続を開発するためのガイド | 2006年12月 | 認知度やアクセス,対応,査定,フィードバック,モニタリング,研修,救済といった観点からポリシーと手続の開発について記述したガイダンスである. |
| 効果的な苦情マネジメントについてのファクト・シート | 2006年 | 苦情マネジメント・システムを設置する意味の説明から,苦情マネジメントのモデル,認知度やアクセス,対応の仕方,査定の仕方,フィードバック,モニタリング,救済,改善といった観点から既存の苦情マネジメント・システムの見直しに利用できるように作成されたファクト・シートである. |
| 効果的な苦情マネジメント:自己検査チェックリスト | 2006年12月 | 認知度やアクセス,対応の仕方,査定の仕方,フィードバック,モニタリング,救済,改善といった観点のチェックリストである. |
| 良き意思決定のガイド | 2013年 | 決定の際に用意する必要のある事項について,決定を作り上げる際の手続について,決定をする際に必要な法制や記録の用意について,そしてコミュニケーションと決定の理由付けについて記述したガイダンスである. |
| 不合理な苦情申立人の行為をマネージする:実用マニュアル | 2012年5月第2版 | 不合理な苦情申立人の行為とは何なのか,どういう予兆が見られ,どのように予防できるのか,どのように対応し,どのように謝罪すべきかについて記載されたガイダンスである. |
| オンブズマンの調査の手続:公的機関への情報提供 | 2007年 | オンブズマンの役割,とりわけ問合せや調査について協力や理解を求めるためのリーフレットである. |
| 規制者のためのヒントと落とし穴 | 2009年10月第2版 | 規制の実務に携わるものに対して,より良い実務の原則について,リスクマネジメントについて,効果的な規制のためのシステムについて,公衆とのコミュニーションの必要について多数の提案を記述したガイダンスである. |
| より良い決定のプロジェクト:効果的な行政意思決定システムのための枠組み | 2005年11月 | 公共部門の機関が,標準化された枠組みをつくり,意思決定システムにベンチマークを導入できるよう手助けするためのガイダンスである.観光・公正貿易・ワイン産業省とともに作成された. |

出典:Department of Tourism, Fair Trading and Wine Industry Development, and Queensland Ombudsman [2005], Queensland Ombudsman [2006a;2006b;2007;2009;2012;2013a;2013b;2013c;2014a;2014b] をもとに筆者作成.

表 4-12　ニュー・サウス・ウェールズ州のオンブズマンのガイダンス

| タイトル | 発行年月 | 概要 |
| --- | --- | --- |
| 若者の苦情の取り扱いに関するガイドライン | 2008年4月10日 | 若者は耳を傾けるべき声を持っており，考慮すべき意見を持っている．本ガイダンスは機関にとってのより効果的な若者との関わり方の手助けとなる． |
| 大学での苦情処理：ベスト・プラクティスのガイドライン | 2015年1月1日 | 本ガイダンスは大学とその職員，学生組織と協議しながら作成されたもので，自身の保護と向上のために大学が苦情処理システムをより頑強にする援助となる． |
| カウンシルのための施行ガイドライン | 2015年12月21日 | このグッド・プラクティスの施行のガイダンスは，違法行為の申立に対応する際にカウンシルが迅速，一貫して，効果的に活動できる手助けとなるよう開発された． |
| 苦情管理枠組みとモデル・ポリシー | 2015年6月30日 | 本枠組みとモデル・ポリシーは，組織が苦情管理システムを運用する上での援助をし，効率的で効果的な苦情の処理を確立しようとするガイダンスである． |
| モデル・ガイドライン：公衆からの脅し，攻撃的な行動，暴力に応答し管理する | 2014年6月30日 | 公衆にいかに適切かつ安全に対処するかについて実用的なガイダンスをスタッフに提供するためにオンブズマン事務局が発行したガイダンス．脅しや攻撃的・暴力的な行動を示す人びとに対処する手続と同様に，スタッフやスタッフと応対する人びとに何が期待されるかを提示している． |
| 不合理な苦情申立人の行動をマネージする：モデルとなるポリシーと手続 | 2013年3月12日 | 本モデル・ポリシーは不合理な苦情申立人の行動の管理に関するオンブズマンのポリシー勧告を明らかにするために開発されたガイダンス．頑強で，標準化され，一貫したモデル・ポリシーと手続の提供を試みている．このモデル・ポリシーによって各組織が既存のマニュアルを見直し，改善することが期待されている． |
| 不合理な苦情申立人の行動をマネージする：焦点グループ：2010年 | 2012年7月27日 | 本報告書は，「不合理な苦情申立人の行動のマネージ・プロジェクト」の第2段階での25の焦点グループ議論に参加した197名の公務員によって確認された不合理な苦情申立人の行動から出てきた重要な争点についてまとめている．参加者と機関が不合理な苦情申立人の行動をマネージするのに関係を持つと認められた問題を定義し，そのような行動に対処するための解決策を記述する． |
| 不合理な苦情申立人の行動をマネージするマニュアル：2012 | 2012年5月7日 | 本マニュアルは2009年に発行された実用的マニュアルを改訂したものである．不合理な苦情申立人の行動に対処するための戦略を拡張したもので，苦情申立人へのサービスの終了が可能でない状況を含む．念頭にある公共部門の組織とともに開発されてきたものであるが，顧客や民間部門の状況にも同じように適用可能であると明記される． |
| 調査の進展と結果の報告 | 2012年2月26日 | 公益通報者保護法や情報公開法の機関への申請のもとで行われた苦情や告発の調査のなかでしばしば生じる争点は，調査の進展や結果についてどのような情報が利益団体に与えられ得るかということである．すべての状況下で適用するこの問題への決定的な答えが与えられえない一方で，いくらかの一般的なガイダンスは提供可能である． |
| ライト・スタッフ（不可欠な資質）：苦情を申し立て，問題を解決するためのヒント | 2011年6月23日 | コミュニティ・サービスを利用する人びと，その家族，ケアをする人，相談員のためにデザインされたツールキット．本ツールキットは，個人がコミュニティ・サービスを利用する際に権利を促進し守る手助けとなるようデザインされている．また，サービス提供者とのよい関係を築けるようにもデザインされている．市民を対象にしている． |

| | | |
|---|---|---|
| 効果的な苦情処理のガイドライン：第2版 | 2010年12月15日 | 本ガイダンスは苦情処理に対応し，苦情処理システム，人びとが苦情を申し立てる理由，苦情申立人の取り扱いについての本質的特徴についてまとめている． |
| 調査から生じた情報のマネージ：開示性と内密性のバランス | 2009年5月14日 | 本ガイダンスは，幅広い「行政的」類型調査から生じた情報を組織がマネージするために開発された．これは申立に関する子どもの保護，腐敗行為，不満，職場の問題，過誤行政，公益通報者保護等に関する調査も含まれる． |
| 謝罪：実用的ガイド（第2版） | 2009年3月16日 | 謝罪は日々の社会の相互活動のなかで不可欠な要素である．ある作家の有名な言葉がある：謝罪は生活の接着剤である．どんなものも直すのである．このガイダンスが目指すのは，オンブズマンの管轄内の人びとや組織が，その作為・不作為で害をなした場合に適切かつ効果的に応答できるよう援助することである． |
| よき行動と行政実務 | 2006年3月20日 | 本ガイダンスが目指すのは，ひとつの簡易なアクセスしやすいソースのなかで，行動の期待される基準に関する一般的なガイダンス，公的義務のパフォーマンスのなかでの公務員への援助，スタッフを監督し研修しマネージするガイダンス，そして行動の綱領の開発と見直しにおける機関への援助を提供することである． |
| 救済のオプション | 2004年6月15日 | 本ガイダンスは「苦情処理者のツールキット」のひとつの章である．意図するのは，公的部門の機関とスタッフが，過誤行政によって有害な影響を受けた人びとに対応する際の援助をし，公的部門の過誤行政から生じた損害に対する救済への一貫したアプローチを確立することである． |
| 苦情の調査：調査官のためのマニュアル | 2004年6月1日 | 「苦情の調査」は，行政的・規律的本質の苦情を処理する調査官のためのマニュアルである．調査のテクニックは調査のアウトカムに重大なインパクトを持つ．調査に関する本ガイダンスは，その職務のもとにおいて，公衆からの苦情，公益通報者保護からの苦情や申立，マネジメントの懸念される争点の調査を求められる者や，マネジメントや他のスタッフの懸念される問題を持つ者への手助けとなるガイダンスである． |
| カウンシルのためのより良いサービスとコミュニケーション | 2000年6月1日 | 本ガイダンスはカウンシルが適切に持つべきポリシー，手続，基準等を提示する．カウンシルとそのコミュニティとの間のより良いサービスとコミュニケーションは，2つの核心的テーマにもとづいている：オープンで透明な意思決定と顧客サービスの焦点である．本ガイダンスは，その行為と行政実務に関して地域のコミュニティに対してすべてのカウンシルがしなければならないコミットメントについて言及する． |
| モデル内部報告ポリシー | 2013年8月1日 | 公益通報者保護法1994年の第6条Dのもと，公的機関は公益通報を受け，評価し，対処するポリシーと手続を定めることが求められる．公的機関はこのモデル・ポリシーとニュー・サウス・ウェールズ州のオンブズマンのガイダンスにもとづく必要がある． |
| 組織のコミットメント：ガイドラインA1からA4 | 2013年7月1日 | A1：内部報告へのマネジメント・コミットメント，A2：内部報告のポリシーと手続，A3：認知と研修，A4：ポリシーの評価について記述している． |
| 報告の促進：ガイドラインB1からB6 | 2013年6月1日 | B1：誰が不正行為の報告をできるのか，B2：どのようなものが報告されるのか，B3：公益ではないもの，B4：報告の経路，B5：議員とジャーナリストへの報告，B6：匿名の報告について記述している． |

| 告発の評価と調査：C1からC7 | 2013年3月1日 | C1：不正行為を報告する人びとの取り扱い，C2：NSWオンブズマンへ報告する，C3：内部告発の報告をいかに評価するか，C4：報復や対立のリスクのマネージ，C5：公益通報の調査，C6：調査機関とのやりとりのマネージ，C7：守秘義務について記述している． |
|---|---|---|
| 報告者の支援と保護：D1からD5 | 2013年4月1日 | D1：内部報告者の支援戦略，D2：内部報告者への情報，助言，フィードバック，D3：不正行為に巻き込まれた内部報告者，D4：報復と対立を防ぎ抑制する，D5：終了とフォローアップについて記述している． |
| 実施：ガイドラインE1からE2 | 2013年3月1日 | E1：内部報告者支援のモデル，E2：公的機関の役割と責任について記述している． |
| テンプレート | 2013年2月1日 | テンプレート集：内部報告フォーム，内部報告受領者のためのチェックリスト，内部報告の初期評価，公益通報確認通知書，内部報告の公益通報評価，関係機関への通知書，公益通報年次報告書について記述している． |
| オンライン報告ツール：公益通報者ユーザーマニュアル | 2013年1月1日 | 「公益通報者オンライン報告ツール」は，公益通報者保護法1994年の第6条CAで定められているように，公的機関が迅速・簡易に統計情報をNSWオンブズマンに6カ月ごとに提出するよう開発された． |

出典：NSW Ombudsman [2000；2004a；2004b；2006；2008；2009a；2009b；2010；2011；2012b；2012c；2012d；2013a；2013b；2013c；2013d；2013e；2013f；2013g；2013h；2013i；2014；2015a；2015b；2015c] をもとに筆者作成．

に関して，良い決定，苦情のマネジメント（窓口・内部レビュー），不合理な苦情申立人の行為のマネジメント，個々の職員の倫理観についての研修が，オンブズマン事務局のスタッフによって実施可能であることが記述されている．表4-11はクイーンズランド州のオンブズマンが発行するガイダンスの概要である．

6）ニュー・サウス・ウェールズ州のオンブズマン

ニュー・サウス・ウェールズ州のオンブズマン（Ombudsman New South Wales）は1974年に設置され，ニュー・サウス・ウェールズ州の政府機関，法で定める機関，地方自治体の行為についての苦情に対応している．オンブズマンの任命に際しては，議会の両院の代表から構成される合同委員会（Joint Committee）の意見にもとづき首相（the Minister）が推薦し，それにもとづいて総督が任命する．その他公益通報者保護法（Public Interest Disclosures Act 1994）にもとづいた周知や理解の促進のための活動も行っている．表4-12はニュー・サウス・ウェールズ州のオンブズマンが発行するガイダンスの概要である．

表4-13 タスマニア州のオンブズマンのガイダンス

| タイトル | 発行日 | 概要 |
|---|---|---|
| 苦情申立人による不合理な行為をマネージするためのガイドライン | 2013年1月 | 苦情申立人による不合理な行為へどのように対応するかを記述したガイダンスで，組織の責任，スタッフ個人の責任，不合理な行為の予兆，苦情申立人とのコミュニケーションの取り方等について記述している．ニュー・サウス・ウェールズ州のオンブズマン，西オーストラリア州のオンブズマンから参考にした． |
| 苦情処理のガイド | 2013年1月 | 効果的な苦情処理システムの重要な特徴，苦情申立人とのコミュニケーションの取り方，謝罪方法，不合理な行為への対処等について記述したガイダンス．ニュー・サウス・ウェールズ州のオンブズマンと西オーストラリア州のオンブズマンのガイダンスを参考にした． |
| 2002年公益通報者保護法：公的機関がフォローすべきモデル手続 | 2011年3月，2014年改訂 | 法律の目的，法律の運用についての説明に加えて，通報する権利や不適切な行為，汚職行為についての説明，通報システム，通報者の保護，内容の調査，調査後のアクションについての説明である． |
| 不適切な行為が深刻なのかあるいは意味のあるものなのかを判断することを目的としたガイドライン・標準 | 2010年 | 2002年公益通報者保護法に関して，当該法律の目的の説明，深刻であるのか意味のあるものなのかを判断する方法についてのガイダンスである． |
| 2009年情報公開法：オンブズマンによる決定のレビューに関するガイドライン | 2011年11月第2版（初版は2010年） | 情報公開法のもとで，オンブズマンによる行政の決定へのレビューの適用について，理解と協力を促進するためのガイダンスである． |
| 2009年情報公開法と2004年個人情報保護法のもとでの情報のアクセスに関して機関と申請者を援助するためのガイドライン | 2013年8月 | 法律の下，「情報」がどう定義され得るのかの説明，機関の義務，申請者の期待と責任，個人情報の定義についてのガイダンスである． |
| 情報公開に係る費用に関するガイドライン | 2012年4月21日 | 公開請求の受付，料金の請求と料金徴収の取りやめ，返金についてのガイダンスである． |
| 情報を探し出すことに関するガイドライン | 2013年1月24日 | 公的機関や大臣が情報公開の申請時に求められている情報を探すことを援助するガイダンスである．情報の定義や探す方法，探し方の記録の方法についても記述している． |
| 2009年情報公開法のもとでの公開請求の拒否に関するガイドライン | 2010年 | 情報公開の申請時にどのような根拠でその申請を拒否することができるのかを記述したガイダンスである． |
| 各種類の情報公開の下，情報を公開するプロセスに関するガイドライン | 2010年 | 情報公開法の下，情報公開には4つの類型があるとし，情報公開の際のプロセスについて記述したガイダンスである． |

出典：Ombudsman Tasmania [2010a；2010b；2010c；2011；2013a；2013b；2013c；2013d；2013e；2014]をもとに筆者作成．

7) タスマニア州のオンブズマン

　タスマニア州のオンブズマン（Ombudsman Tasmania）は1978年のオンブズマン法（Ombudsman Act 1978）にもとづいて1979年に設置され，総督によって任命される．政府機関，地方自治体，上下水道の組合，刑務所，州有（state-owned）企業や政府系企業（Government Business Enterprise）がその管轄である．また，他のオンブズマンと同様にその他の法律によって情報公開や公益通報者保護に関する権限も与えられている．表4-13はタスマニア州のオンブズマンが発行するガイダンスの概要である．

8) 北部準州のオンブズマン

　北部準州のオンブズマン（Ombudsman Northern Territory）は1978年に設置され，行政官（Administrator）によって任命される．その管轄は北部準州政府部局，法で定める機関，地方自治体，北部準州警察，更正サービス（Correctional Services）である．北部準州のオンブズマンのウェブサイトでは，ほとんどの苦情が事前問合せやADRの手続によって迅速に解決されており，主要な調査へと持ち込まれる事案はごく少数であると明記されている．表4-14では北部準州のオンブズマンが発行するガイダンスの概要を見る．

（4）ニュージーランドのオンブズマン

　ニュージーランドのオンブズマン（Parliamentary Commissioner）は1962年に議会コミッショナー法の制定によって，北欧諸国に次いで設置されたオンブズマンである．オンブズマンは議会の推薦にもとづき，総督によって任命される．その管轄は中央省庁やこれに付随する機関，教育委員会や病医院委員会，地方自治体であり，さらに他のオンブズマンと同様，情報公開法や公益通報者保護法によっても権限の拡大が認められているほか，刑務所や移民収容施設，児童養護施設，青少年の更正施設へも人権擁護の観点から権限が拡大されている．表4-15はニュージーランドのオンブズマンが発行するガイダンスの概要である．

（5）カナダにおけるオンブズマン

1）マニトバ州のオンブズマン

　マニトバ州のオンブズマン（Manitoba Ombudsman）は1969年のオンブズマン

表 4-14 北部準州のオンブズマンのガイダンス

| タイトル | 発行日 | 概要 |
|---|---|---|
| 謝罪：実用的ガイド | 2009年3月第2版 | なぜ謝罪する必要があるのかについてや，謝罪の意義等を含めた，場面に即した謝罪の方法についてのガイダンスである．チェックリスト付き． |
| 自己検査チェックリスト | 記載なし | クイーンズランド州のオンブズマンによって発行されたのガイダンスを公開である． |
| 効果的な苦情のマネジメントのファクト・シート | 記載なし | 14種の資料（状況設定，コミットメント，苦情マネジメントのモデル，コミュニケーション，認知度とアクセス，応答性と公正，資源，人事と研修，査定と調査，救済，運営改善，内部のシステムの見直し，外部レビュー，さらなる情報）で構成される． |
| 機関のためのオンブズマンの問合せと調査の情報 | 2014年5月 | 本ガイダンスはオンブズマンの役割の理解を促進し，苦情のインフォーマルな救済を促進するためにオンブズマンのフォーマル・インフォーマルな問合せや苦情の処理のプロセスを明らかにする． |
| 不合理な苦情申立人の行為をマネージする：モデルとなるポリシーと手続 | 記載なし | ニュー・サウス・ウェールズ州のオンブズマンのガイダンスへのリンクである． |
| 不合理な苦情申立人の行為をマネージするためのマニュアル | 記載なし | ニュー・サウス・ウェールズ州のオンブズマンのガイダンスへのリンクである． |
| 大学での苦情処理：雄トラリアのベスト・プラクティスのガイドライン | 2016年5月 | 苦情そのものの価値や苦情処理の必要，苦情の申立方法や苦情の査定方法，苦情の調査方法やフォローアップ，苦情申立人を保護し支援する方法や留学生と共に活動することについて記載したガイダンスである．他の州のオンブズマンと同様である． |
| 苦情マネジメントのモデル・ポリシー | 2016年 | 苦情処理の原則から，システムの整備（受付，受理，査定，決定への理由付け，救済や記録の保持，代替手続の整備），アカウンタビリティと学習の意義について記述したガイダンスである． |
| 苦情マネジメントの枠組み | 2016年 | 各機関が，既存の苦情処理システムを見直し，あるいは新設する際に参考にできるようつくられたガイダンスである． |
| 贈答品，利益，接待を受け入れる：ポリシーの枠組み | 2016年 | 公共部門雇用管理法の紹介，利益の供与，設定された基準，特別な状況下での贈答品，自覚の促進，利益供与の拒否の方法について記述した枠組みである． |
| 苦情と問合せのガイド | 2015年6月 | 苦情や問合せがあった際に，それがどの分野になり，そしてどの機関の管轄なのかを確かめるための目録である．ABC順に整理されている． |
| より良い政府 | 記載なし | 市民を対象にした，オンブズマンがどのような役割を果たすのかについてのガイダンスである． |
| 決定の理由付け | 記載なし | なぜ決定に理由が必要なのか，なぜ説明する必要があるのかを，透明性，アカウンタビリティ，クオリティの観点から説明．西オーストラリア州のオンブズマンのガイダンスである． |

出典：Ombudsman Western Australia [2009d], Ombudsman Northern Territory [2009；2014；2015a；2015b；2016a；2016b；2016c；2016d；2016e], NSW Ombudsman [2012b；2013d] ならびに Queensland Ombudsman *Self Audit Checklist*, Ombudsman Northern Territory, (Retrieved on September 20, 2016, http://www.ombudsman.nt.gov.au/node/77/attachment). をもとに筆者作成．

表4-15 ニュージーランドのオンブズマンのガイダンス

| タイトル | 発行日 | 概　要 |
|---|---|---|
| オンブズマンに関するガイド | | |
| 障がい者に焦点を当てた合理的適応 | 記載なし | 障がいをもつ個人の権利を保護するための合理的適応とは何かについての組織のためのガイダンス，障がいをもつ人のためのガイダンスである． |
| 良き意思決定 | 2012年10月1日 | 国の機関を対象とした，苦情を逓減させ得る意思決定について焦点を当てたガイダンスである．意思決定者の役割や意思決定に関するポリシー，記録の保持方法について記す． |
| 効果的な苦情処理 | 2012年10月2日 | 国の機関を対象とした，効果的な苦情処理の開発と運用についてのガイダンスである．オンブズマンの役割についての情報や，苦情処理のデザイン・運用についての，「顧客志向」「認知度」「アクセシビリティ」等のチェックリストも含む． |
| 不合理な苦情申立人のふるまいへの対処（完全版） | 2012年10月 | 第一線職員，監督者，上司のためのマニュアルである．苦情申立人，とくに感情的になっている申立人への対応の仕方（いかに説明し，コミュニケーションするか）について記す． |
| 不合理な苦情申立人のふるまいへの対処（簡易版） | 2012年10月5日 | 同上． |
| 保護開示—「内部告発」 | 2012年10月3日 | 組織内の誤った行為について懸念している者を対象にしたガイダンスである．保護開示法にもとづいた公益通報者保護についての説明をする． |
| オンブズマン法と情報公開法制への変化 | 2015年3月 | オンブズマン法と情報公開法の改正法が2015年3月26日に施行されたことを受け，その変更点についての簡単なガイダンスである． |
| 学校理事会による良き苦情処理 | 2012年8月6日 | 学校行政における苦情処理に関する情報についてのガイダンスであり，またその領域におけるオンブズマンの役割についても説明している． |
| 情報公開制度に関するガイド | | |
| 料金請求 | 2016年6月 | 本ガイダンスは，情報公開法（Official Information Act: OIA）と地方政府情報・会議公開法（Local Government Official Information and Meetings Act: LGOIMA）の下，情報公開に係る料金請求に関して，いつ合理的な請求をするか，何に請求できるか，合理的な請求とはなにか，どのように請求するかについて説明する． |
| 大臣と機関のための情報公開法 | 2016年6月 | 本ガイダンスは，情報公開法の下，どのように情報公開請求を認め応答するかについて，大臣や政府機関を手助けすることを目的としている．とくに請求の処理について焦点を当てている． |
| 地方政府機関のための地方政府情報・会議公開法 | 2016年6月 | 地方政府情報・会議公開法のもと，情報公開請求をどのように認識し応答するかについて，地方政府機関の手助けを目的としたガイダンス．請求の処理に焦点を当てる． |

| | | |
|---|---|---|
| 公的情報の請求をする | 2016年6月 | OIAとLGOIMAのもとで，大臣や中央・地方政府機関の情報についてどの機関にどのように請求できるかを説明するガイダンスである． |
| オンラインでする請求 | 2016年6月 | OIAやLGOIMAのもとで，www.fyi.org.nz（for your information：FYI）やTwitter, Facebookといったソーシャルメディアを通じた請求についてのガイダンスである． |
| 請求を拒否する決定的な理由 | 記載なし | OIAやLGOIMAの下，情報公開を保留できる理由について定めた条項の紹介をするガイダンスである． |
| 公共の利益 | 2016年5月 | OIA第9条やLGOIMA第7条のもとの情報公開における公益性基準に関するガイダンスである． |
| プライバシー | 記載なし | 個人情報について，個別の請求に対して適用される法律について，公開の原則について，プライバシーに関わる条項についてのガイダンスである． |
| 商業情報 | 記載なし | 企業秘密や商業活動に関する情報に対して適用される法律についてのガイダンスである． |
| 守秘義務 | 記載なし | OIAの第9条2項，LGOIMAの第7条2項の適用についてのガイダンスである． |
| 制度的慣習 | 記載なし | OIA第9条2項のfに関して，主権者と代表者の間のコミュニケーションの守秘義務や，大臣の責任，公務員の政治的中立性，大臣と公務員による助言の守秘義務を保護する制度的慣習を当面の間維持するために，請求された情報を開示しない必要があることを記したガイダンスである． |
| 自由（free）で率直な（frank）意見 | 記載なし | OIAの第9条2項のgのiが定める，情報非開示の良い理由についてのガイダンスである．大臣と公務員との間の自由で率直な意見の説明を通じた効果的な公務執行を維持するための情報非開示について記述する． |
| 不適切なプレッシャーとハラスメント | 記載なし | 大臣や公務員が不適切なプレッシャーやハラスメントから守られ，効果的な公務執行を行うためには，情報の非開示が認められる場合もあることを定めたOIAの第9条2項gのiiについてのガイダンスである． |
| 法律専門職特権 | 記載なし | 弁護士依頼者間秘匿特権と訴訟秘匿特権に関して，法律専門職特権を擁護するための情報の非開示を認めるOIA第9条2項hについてのガイダンスである． |
| 交渉 | 記載なし | 情報の非公開によって大臣や公務員が偏見，不都合や交渉なく実行するための情報を保持できるようにして，この利益が情報の公開によって得られるものよりも大きい際には情報の非公開が認められることを定めたOIA第9条2項のjについてのガイダンスである． |
| 不適切な利益や優位性 | 記載なし | 不適切な利益や優位性のために公的情報が公開され，あるいは利用されることのないように情報を非公開にすることが認められるOIA第9条2項のkについてのガイダンスである． |
| 請求を拒否する行政的理由 | 記載なし | 当該情報がまもなく公開される，またはその情報が存在しない，その情報を公開するには大変な照合作業や調査が必要といった，行政の実務上の理由から情報公開請求を拒否できることを定めたOIA第18条についてのガイダンスである． |

| 内部意思決定のルールに関する請求 | 2016年2月 | 個人に影響する決定をする際に政府機関が利用する規定や要綱といった情報の請求の際に適用されるOIA第22条に関するガイダンスである。内部のマニュアルやルールにアクセスする権利について定めている。 |
|---|---|---|
| 決定や勧告の理由に関する請求 | 2016年2月 | 請求者に個人的に影響のある決定の理由に関する情報を請求する際に適用されるOIA第23条についてのガイダンスである。 |
| 個人情報に関する法人団体による請求 | 2016年2月 | 企業が自身の情報について請求できることを定めたOIA第4章についてのガイダンスである。 |
| 共通の思い違い | 記載なし | OIAやLGOIMAに関する思い違いの事例の紹介も含めた、適切な情報公開法の適用方法についてのガイダンスである。 |
| OIAやLGOIMAのもとでのオンブズマンの調査やレビュー | 記載なし | オンブズマンとは何か、OIAのもとでのオンブズマンの機能、調査が行われるしくみ、調査のプロセス等について説明するガイダンスである。 |
| オンブズマンの調査を受ける機関のためのガイダンス | 記載なし | オンブズマンが苦情を受け付けた際どうなるのか、オンブズマンの報告にどのように対応するか、オンブズマンが情報の非開示に合意した場合、オンブズマンが暫定的に情報開示の見解を示した場合、オンブズマンが情報開示を勧告した場合、機関のとるべき対応を説明したガイダンスである。 |
| 公的情報の各テーマに関するガイド | | |
| 最高責任者の費用 | 2012年3月1日 | 国家部門の長官の必要経費に関する情報請求に対するオンブズマンのアプローチについて記述したガイダンスである。必要経費の言葉が意味する範囲、プライバシーとの兼ね合い、個人の支出について記載する。 |
| 市民裁判手続の目的のための住所情報 | 2012年3月21日 | 本ガイダンスは、裁判所命令の執行のために住所情報が求められた場合の、OIAとLGOIMAのもとでの、国家部門の機関が非開示の決定をした住所情報に対するオンブズマンの調査、アプローチについて記述している。 |
| 地方自治体の事業の基金 | 記載なし | 事業の基金に関して地方自治体が非開示の決定をした情報に対する請求をオンブズマンが近年複数受けたことでこのガイダンスを作成した。情報公開請求の示唆すること、非開示の理由、公益の拮抗等について説明する。 |
| OIAと学校役員理事 | 2012年8月6日 | 学校役員理事の持つ情報もOIAの対象となることを確認し、その上でオンブズマンの役割を説明するガイダンスである。OIAのもとの法的義務を説明し、さらにはOIAが適用されない場合においても学校役員理事は常に合理的な回答をしなければならないことを説明する。 |

出典：Ombudsman ［2012a；2012b；2012c；2012d；2012e；2012f；2012g；2012h；2012i；2012j；2015a；2015b；2015c；2015d；2015e；2015f；2015g；2015h；2015i；2015j；2015k；2015l；2015m；2015n；2016a；2016b；2016c；2016d；2016e；2016f；2016g；2016h；2016i；2016j］をもとに筆者作成．

法の制定によって1970年に設置され，州政府や地方自治体に対する苦情を受け付けている．オンブズマンは，常任委員会の議決にもとづく州議会の推薦により，副総督によって任命される［外山 2005：9］．表4-16はマニトバ州のオンブズマンが発行するガイダンスの概要である．

2) ユーコン準州のオンブズマン

ユーコン準州のオンブズマン（Yukon Ombudsman）は1995年にオンブズマン法が制定され，同年に事務局が設置され，ユーコン準州政府の不正についての苦情を取り扱う．オンブズマンは，議員の3分の2以上の賛成で準州議会が推薦し，コミッショナーによって任命される［外山 2005：8］．表4-17はユーコン準州のオンブズマンが発行するガイダンスの概要である．

3) アルバータ州のオンブズマン

アルバータ州のオンブズマン（Alberta Ombudsman）はカナダで最初のオンブズマンであり，1967年に設置され，州政府機関による不正な行為に対する苦情に対応している．オンブズマンは州議会の推薦により副総督によって任命される［外山 2005：8］．表4-18はアルバータ州のオンブズマンが発行するガイダンスの概要である．なお，アルバータ州のオンブズマンのウェブサイトでは，ガイダンスとして発行はされていないものの，「行政の公正さのガイダンス」，「苦情処理メカニズムの基本」や「内部苦情処理メカニズムのチェックリスト」が公開されている．

4) サスカチュワン州のオンブズマン

サスカチュワン州のオンブズマン（Ombudsman Saskatchewan）は1972年にオンブズマン法が制定され，1973年に最初のオンブズマンが任命され州政府機関と地方自治体の決定や行為，不作為，サービスの遅れ等についての苦情を受け付ける．オンブズマンは州議会の推薦により，副総督によって任命される［外山 2005：8］．表4-19はサスカチュワン州のオンブズマンが発行するガイダンスの概要である．

5) ニューファンドランド・ラブラドール州の市民代理人

ニューファンドランド・ラブラドール州のオンブズマン（Parliamentary Com-

第4章　オンブズマンの積極的役割　95

表4-16　マニトバ州のオンブズマンのガイダンス

| タイトル | 発行日 | 概　要 |
| --- | --- | --- |
| 自治体争点シリーズ：概況報告書1：利害の対立 | 2014年11月 | 利害の対立とは何か、なぜ利害の対立が問題となるのか、手続的公正について、自治体利害対立法について、利害対立チェックリストについて記述する. |
| 自治体争点シリーズ：概況報告書2：自治体のための広聴 | 2014年11月 | 広聴の視点、公正な広聴を行うヒント、広聴を行う際の手順ややり方について、広聴後は自治体の決定について説明をすることや議事録を作成すること等が記されている. |
| 公益通報者保護法に関して知るべき10のこと | 記載なし | 公益通報の意義、いつ公益通報ができるのか、公益通報の手順、オンブズマンに公益通報をする方法についてのガイダンスである. |
| 公正を理解する：マニトバの自治体リーダーのための公正に関するハンドブック | 2013年改訂版 | 公正の定義、意思決定過程でいかに公正を実現させるか、不公正な決定とは何かについてのガイダンスである. 公正さや意思決定の際のチェックリストつき. |
| 公正の実現：政府に対応するあなたのガイド | 2012年11月 | 公正とは何か、政府の意思決定、自身の問題解決、オンブズマンの役割についてのガイダンスである. |
| オンブズマン法の冊子 | 記載なし | オンブズマンの役割についての冊子である. |
| 公益通報者保護法の冊子 | 記載なし | 公益通報について、いつ誰がどのように行うことができるか、その際のオンブズマンの役割について記述する. |

出典：Manitoba Ombudsman [2012；2013；2014a；2014b；2014c；2014d；2014e] をもとに筆者作成.

表4-17　ユーコン準州のオンブズマンのガイダンス

| タイトル | 発行日 | 概　要 |
| --- | --- | --- |
| 自己解決 | 記載なし | オンブズマンが介入する前の段階において、問題を回避あるいは苦情を解決するいくつかのアイディアを提供する. 市民対象である. |
| 効果的な苦情申立方法 | 記載なし | 冷静さ、論点の整理等について言及する. オンタリオのコミュニティ教育プログラムのワークショップにて作成された. |

出典：Yukon Ombudsman [2015a；2015b] をもとに筆者作成.

missioner) は1975年に設置されたが、その後1991年に一度廃止され、2002年に市民代理人（Citizens' Representative）という名称で復活している［外山 2005：118］. 市民代理人は州議会の決議により、副総督によって任命される［外山 2005：9］. また市民代理人は州政府機関の公務員による不正な行為や決定につ

表4-18 アルバータ州のオンブズマンのガイダンス

| タイトル | 発行日 | 概要 |
|---|---|---|
| アルバータ・オンブズマン | 記載なし | ミッション，価値，目的，管轄，苦情の申立方法，苦情の処理方法について記載．9カ国語の冊子がある．主に市民対象である． |

出典：Alberta [2015] をもとに筆者作成．

表4-19 サスカチュワン州のオンブズマンのガイダンス

| タイトル | 発行日 | 概要 |
|---|---|---|
| 政府サービスにおける公正の促進と保護 | 記載なし | オンブズマン制度についての概要である．市民へのガイダンスである． |
| 州立更正施設での公正の促進と保護 | 記載なし | 収監者のオンブズマンへの苦情申立の方法についてのガイダンスである．申立のフォーマットつき． |
| 行政審判所に関する実務的要点 | 記載なし | 行政審判所とカナダの法体系，行政審判所の役割と管理，公正なヒアリング，良い決定についてのマニュアル．参照用として，あるいは研修の材料としての利用を前提にしている． |
| ワークブック「公正の美術」：公正な実務のためのガイド | 2007年2月改訂 | 公正の理解，個人間の対立の解決，コミュニケーションスキル，オンブズマンへの理解の促進のためのガイダンスである．事例や絵・写真つきでわかりやすく，ノートする欄やチェックリストもある． |
| 「公正とは何か？」シート | 記載なし | 実質的・手続的・相関的の3つの視点から公正を説明する． |
| 自己解決 | 記載なし | ユーコン準州のオンブズマンが発行したガイダンスと同一内容である． |

出典：Ombudsman Saskatchewan [2007；2009；2013；2015；2016a；2016b] をもとに筆者作成．

いての苦情を調査できる．加えて，他のオンブズマン制度でもしばしば見られるように，公益通報に関して周知徹底や理解促進のための活動も行っている．表4-20はニューファンドランド・ラブラドール州の市民代理人が発行するガイダンスの概要である．

第4章　オンブズマンの積極的役割

表4-20　ニューファンドランド・ラブラドール州の市民代理人のガイダンス

| タイトル | 発行日 | 概　要 |
|---|---|---|
| 総合資料 | 記載なし | 市民代理人制度について説明．市民へのガイダンスである． |
| 新しい州の公共サービス雇用者のためのオリエンテーション資料 | 記載なし | 市民代理人の概念，「悪いサービス」とは何か，公正のヒントについて．新規雇用者のためのガイダンスである． |
| 申立フォームを埋める | 記載なし | 苦情申立する際に必要な論点の整理，担当部局・担当者等の確認事項を記載．市民へのガイダンスである． |
| 公益通報FAQ | 記載なし | 公益通報とは何か，何のために行うのか，匿名性はあるのか，苦情申立ができるのか，等について記載する． |
| 効果的な自己主張へのステップ | 記載なし | 自己主張の目的と意義，アクションプランの開発，その手法等について記載する． |
| 学生へのガイド | 記載なし | 学生を対象にした，公共サービスに対する苦情申立の方法，あるいはオンブズマンの役割の説明についてのガイダンスである． |
| 収監者のためのガイド | 記載なし | 収監者のための市民代理人制度の紹介をするガイダンスである． |

出典：Office of the Citizens' Representative [2012a；2012b；2012c；2012d；2012e；2012f；2012g] をもとに筆者作成．

6）ブリティッシュコロンビア州のオンブズパーソン

ブリティッシュコロンビア州のオンブズパーソン（The Office of the Ombudsperson）は，1979年に設置され，州の政府機関，地方自治体のほか，学校，教育委員会，病院もその管轄に含まれている．オンブズマンは常任委員会の議決にもとづく州議会の推薦により，副総督によって任命される［外山 2005：8］．表4-21はブリティッシュコロンビア州のオンブズパーソンが発行するガイダンスの概要である．

（6）欧州オンブズマン

欧州オンブズマンは1992年に締結されたマーストリヒト条約によって初めて設けられ，1994年に欧州議会によってオンブズマン法が制定された．任期は議員と同じく5年であり，欧州議会の選挙の後ごとに任命される［平松 2012：191］．その管轄は欧州共同体の機関および組織にかかわる過誤行政である．欧州オンブズマンで特徴的なのが，『よき行政活動に関する欧州綱領（*European Code of Good Administrative Behavior*）』である．これはオンブズマンが，EUの

表4-21　ブリティッシュコロンビア州のオンブズパーソンのガイダンス

| タイトル | 発行年月 | 概要 |
|---|---|---|
| 条例執行：地方政府のためのベスト・プラクティスのガイド | 2016年3月8日 | ベスト・プラクティスを実行することはサービスの質を改善するだけでなく，コストを削減し公的信頼を得る．そして苦情を減らし得るのである．条例の設立，苦情への応答，調査の実行，強制力のある意思決定，申立の処理についてのガイダンスである． |
| 開かれた会議：地方政府のためのベスト・プラクティスのガイド | 2012年9月20日 | 多くの地方政府の会議は公衆に開かれているべきである．本ガイダンスは，地方議会や委員会が会議の標準や実務がオープンで，透明で，公衆にアカウンタブルであることを保証する手助けとなる．このガイダンスはチェックリストも含む． |
| 謝罪の力：法的障害の除去 | 2006年2月8日 | 時にオンブズマンへの苦情は単純な謝罪によって解決される．過去に公的機関は，謝罪が法的信用につながるとは思わず謝罪には前向きではなかった．「謝罪の力」のおかげで，州条例である謝罪法2006が可決され，公務員は恐れなく謝罪の言葉を言うことができるようになった． |
| 行政的正義の綱領 | 2003年3月27日 | 公正の概念についてのより良い理解は申立人と公的機関の手助けとなり得る．「行政的正義の綱領」が提示するのは，オンブズマン事務局がオンブズマン法の条項を，当該問題が行政的に公正かどうかを決定する際にどのように適用するかについてである． |
| 内部苦情メカニズムの開発 | 2001年10月25日 | 多くの州の公的機関には苦情処理のシステムがある．「内部苦情処理メカニズムの開発」は6つの鍵となる要素を記述し，公的組織が効果的で合理的な苦情処理手続を行えるようにする． |

出典：The Office of the Ombudsperson [2001；2003；2006；2012；2016] をもとに筆者作成．

さまざまな機関の公務員に対してその行動の綱領を定めたものであり，オンブズマンのこの提案にもとづいて欧州議会が2001年に決議を採択した．表4-22は欧州オンブズマンが発行するガイダンスの概要である．

## 4．オンブズマンの発行するガイダンスの類型化

本書において対象とするオンブズマン制度は，連合王国の議会・保健サービス・オンブズマン，同じく地方政府オンブズマン，スコットランドの公共サービス・オンブズマン，ウェールズの公共サービス・オンブズマン，北アイルラ

表4-22 欧州オンブズマンのガイダンス

| タイトル | 発行年 | 概　要 |
|---|---|---|
| 苦情処理のための欧州オンブズマンのガイド：EUの組織，団体，事務局，機関のスタッフのための出版物 | 2011年 | オンブズマンの苦情処理や行政の問題に対するアプローチについて記述し，苦情にどのように対応するか，そもそも苦情を発生させないためにどのようにするか説明する．共通のゴールはグッド・アドミニストレーションの基本的権利を現実のものにすることであり，過誤行政や体系的問題と闘う手助けとなる． |
| グッド・アドミニストレーションの行為に関するヨーロッパの綱領 | 2001年，欧州議会発行．2015年改訂版 | 27のグッド・アドミニストレーションの行為に関する条項を定めている．オープンで，効率的で，独立した欧州行政の公共の利益を促進する．これらのグッド・アドミニストレーションの権利は欧州市民が持つものである．公共サービスの原則（欧州連合とその市民へのコミットメント，正直，客観性，他者への尊敬，透明性）についても記載する．<br>→オンブズマンが提案，2001年に欧州議会が採択した．informal adviceとオンブズマン（エミリー）は表現している． |
| EUの市民サービスのための公共サービス原則 | 記載なし | 5つの原則（欧州連合とその市民のためのコミットメント，正直，客観性，他者への尊敬，透明性）の観点から，公務員がルールを正しく適用し，正しい決定を状況に応じて判断できる手助けとなるガイダンスである． |

出典：European Ombudsman［2011；2015；2016］をもとに筆者作成．

ンドの公共サービス・オンブズマン，アイルランド共和国のオンブズマン，オーストラリアの連邦オンブズマンならびに各州のオンブズマン，ニュージーランドのオンブズマン，カナダの各州のオンブズマン，そして欧州オンブズマンである．これらのオンブズマン事務局が発行するガイダンスを，6つに類型化し，その内容を考察する（表4-23参照）．ただし，必ずしもすべてのガイダンスが下記の分類にひとつずつ当てはまるのではなく，複数の分類に跨るガイダンスもあることに留意したい．

（1）グッド・アドミニストレーション／ベストプラクティスの説明

たとえばイギリスの議会・保健サービス・オンブズマンによる『グッド・アドミニストレーションの原則（*Principle of Good Administration*）』［Parliamentary

表4-23 オンブズマンによるガイダンスの分類

| 分 類 | 概 要 |
|---|---|
| ①グッド・アドミニストレーション／ベストプラクティスの説 | ・原則の提示<br>・意思決定のための標準化された枠組みや行動の基準の提示<br>・良き意思決定のために必要なこと |
| ②苦情に対応する際のノウハウの提供 | (A) 苦情処理モデルの提示<br>　・モデルの提示<br>　・苦情処理の標準化<br>　・効果的な苦情処理とはなにか<br>(B) 謝罪の方法，不合理な行為をする申立人への対応<br>　・謝罪が必要な理由，その効果や方法について<br>　・申立人による暴言や暴力への対応 |
| ③苦情に対する公務員としての姿勢，救済に対する理解を要請 | ・苦情を受け入れるべき理由<br>　→苦情からの学習，サービスの質の改善・向上のための苦情<br>・救済の意義についての説明<br>　→救済による顧客満足度の向上 |
| ④オンブズマンの役割についての理解を要請 | ・苦情処理システムの規範的手続<br>・オンブズマンはどの段階で介入すべきなのか<br>　→苦情処理のあり方やオンブズマン制度への理解と協力を要請 |
| ⑤個別具体的な争点（情報公開，介護福祉等）に関するもの | ・情報公開法制，光栄記通報者保護法制，介護福祉，バリアフリー，大学，言語，若者への配慮，監視カメラ，セクシャル・ハラスメントなどに関する争点について，課題や解決策についての議論<br>　→政策的判断を求めるものもある． |
| ⑥チェックリストやテンプレートなど，そのまま業務に使用できるもの | ・ガイダンスに添付され，簡条書きや要点といった簡易版にチェックボックスを付したもの<br>・苦情申立用紙，苦情受付時の要点整理用紙のテンプレート |

出典：筆者作成．

and Health Service Ombudsman 2009a]では，6つの原則（良き理解（getting it right），顧客志向（being customer focused），オープンでアカウンタブル（being open and accountable），公正で相応な活動（acting fairly and proportionately），正しい改善（putting it right），継続した改善の追求（seeking continuous improvement））を示しながらより良いサービス提供者のあり方を提示している．同様に地方政府オンブズマンも42の原則を提示している．議会・保健サービス・オンブズマンの6つの原則に関しては，ウェールズや北アイルランドでも同様の原則が用いられており，

普遍的な価値を共有しようという意図がある．

　また，より良い意思決定を要請するガイダンスが発行するオンブズマンも見られる．たとえばクイーンズランド州のオンブズマンは『良き意思決定のガイド（*The Good Decision-Making Guide*）』［Queensland Ombudsman 2013b］や『より良い決定のプロジェクト：効果的な行政意思決定システムのための枠組み（*Better Decision Project Report — A framework for effective administrative decision making systems*）』［Department of Tourism, Fair Trading and Wine Industry Development, and Queensland Ombudsman 2005］を発行し，意思決定のための標準化された枠組みやベンチマークの導入を推奨し，あるいは決定の根拠となる法制度の参照や記録について説明している．これについては，西オーストラリア州のオンブズマンも同様であり，またニュー・サウス・ウェールズ州のオンブズマンも『よき行動と行政実務（*Good Conduct and Administrative Practice*）』［NSW Ombudsman 2006］というガイダンスによって行動の基準を示し，また職員の監督・研修のガイダンスを発行している．このような良き意思決定についてのガイダンスは，多くのオンブズマンによって発行されている．そこでは，たとえばコンプライアンスや誠実さ，公共の利益，アカウンタビリティ，公正，プロフェッショナリズムといった用語について，各用語がどのような意味であり，実際の手続や運用のなかでどのように求められるかが書かれているのが共通して見られる点であろう．

　他方で，ブリティッシュコロンビア州のオンブズマンのように，苦情に適切に応答することこそがベスト・プラクティスであると説明するガイダンスもある．

### （2）苦情に対応する際のノウハウの提供

　本類型のガイダンスについては次の2つの種類があると考えられる．ひとつはモデルとなる苦情処理態勢を提示することによって，行政あるいは公共サービス提供者にその機関内部に新たに苦情処理態勢の確立を求めるガイダンス，または既存の苦情処理態勢の強化・改善を求めるガイダンスである．もうひとつは苦情申立人への個別具体的な対応について，たとえば謝罪の方法や，暴言や暴力といった申立人による不合理な行為への対処方法について説明しているガイダンスがある．

1) 苦情処理モデルの提示

前者に関しては,たとえばイギリスの地方政府オンブズマンの『苦情処理システムの運用に関するガイダンス:グッド・プラクティスに関するガイダンス (*Guidance on running a complaints system — Guidance on Good Practice*)』[Local Government Ombudsman 2009] やウェールズの公共サービス・オンブズマンの『モデルとなる心配ごと・苦情のポリシーとガイダンス (*The Model Concerns and Complaints Policy and Guidance*)』[Complaints Wales Group 2011] というように,「苦情処理のモデル」の形で発行されている.他にはスコットランドの公共サービス・オンブズマンの『苦情,学習,改善 (*The SPSO — complaints, learning and improvement*)』[Scottish Public Services Ombudsman 2013] やアイルランド共和国オンブズマンの『聞く,応答する,学習する,改善する (*Listen, Respond, Learn, Improve*)』[Office of the Ombudsman 2013a] は苦情処理の標準化を目指したものである.

クイーンズランド州のオンブズマンが発行する『効果的な苦情マネジメント・システムを開発するための10のステップ (*10 Steps to Developing an Effective Complaints Management System*)』[Queensland Ombudsman 2014] をはじめとする苦情マネジメントに関するいくつかのガイダンスは,苦情マネジメント・システムがなぜ要請されるのかだけでなく,既存のシステムの見直しや,ポリシーや手続の準備について,さらには個々の職員の倫理観,研修についても記している.

ニュー・サウス・ウェールズ州のオンブズマンの『救済のオプション (*Options for Redress*)』[NSW Ombudsman 2004b] は,過誤行政から生じた損害に対する救済への一貫したアプローチを確立することを目的に発行されている.さらにニュー・サウス・ウェールズ州のオンブズマンで興味深いのは『苦情の調査:調査官のためのマニュアル (*Investigating Complaints — A manual for Investigators*)』[NSW Ombudsman 2004a] で,組織のなかで苦情を受け付け調査をする職員に対し,調査のテクニックを提供するガイダンスである点である.またブリティッシュコロンビア州のオンブズマンの『内部苦情メカニズムの開発 (*Developing an Internal Complaint Mechanism*)』[The Office of the Ombudsperson 2001] では6つの鍵となる要素が提示されている.このように「効果的な苦情処理」に関するガイダンスは多くのオンブズマンにおいて発行されているのである.

スコットランドの公共サービス・オンブズマンにおいてとりわけ注目すべきは，2010年公共サービス改革法（Public Service Reform Act 2010）119条の16A(1)によって，公共部門における苦情処理手続の単純化と標準化を促進する権限が与えられている点である．この16A(1)は「オンブズマンは，リストにある機関の苦情処理手続に関する原則の提示をしなければならない」と定めている．それによって苦情処理の原則と手続のモデルに関して，ガイダンス『モデル苦情処理手続のガイダンス（*Guidance on a Model Complaints Handling Procedure*）』[Scottish Public Services Ombudsman 2011a] を発行したのである．このモデルは3つの段階に分けられている．① フロントラインの解決，② 調査，③ 独立した外部レビューである．

① フロントラインでの解決は，調査がほとんどあるいはまったく不要で，その場の謝罪や説明のみによって簡易・迅速に解決できるあるいは5営業日以内に解決できるような段階である．改善に利用すべく苦情の詳細や対応について記録されなければならない旨が記載されている．② 調査は，調査を行い20営業日以内に解決できる段階である．複雑なケースの場合，内部のレビューシステムによって対応され得る．③ オンブズマンが関わる段階で，徹底的な調査が行われる段階である．サービス提供者が判断できなかったサービスの失敗や過誤行政があるかどうかをオンブズマンが判断する．

2）謝罪の方法，不合理な行為をする申立人への対応

苦情申立人への個別具体的な対応についてのガイダンスに関してはスコットランドの公共サービス・オンブズマンの『謝罪に関するガイダンス（*SPSO Guidance on Apology*）』[Scottish Public Services Ombudsman 2011b] やアイルランド共和国のオンブズマンの『意義ある謝罪をするためのオンブズマンのガイド（*The Ombudsman's Guide to Making a Meaningful Apology*）』[Office of the Ombudsman (Ireland) 2016] がある．謝罪に対する共通の認識を行政や公共サービス提供者の間で共有するために，なぜ謝罪をしなければならないのか，どのように謝罪すべきなのか，誰が謝罪すべきなのか，謝罪することによって得られる利益は何なのかといった点についての説明が整理されている．

またオーストラリアの各オンブズマンやニュージーランドのオンブズマンは不合理な苦情申立人の行為をいかにうまく処理するかという観点でガイダンスを発行し，申立人による暴力や暴言といった行為に対してどのように対処すべ

きかについて，第一線の職員だけでなく組織全体に認識の共有を求めている．とくにニュー・サウス・ウェールズ州のオンブズマンはこの課題への取り組みに熱心であり，この課題に関する複数のガイダンスを作成するだけでなく行政職員も含めたグループで「不合理な苦情申立人の行動のマネージ・プロジェクト」を開催しそこで提示された争点を整理した上でまたガイダンスを作成している．ニュー・サウス・ウェールズ州のオンブズマンではまた対処方法を記述したマニュアルも発行しており，不合理な行為の定義や予防・応答の方法，上司として何ができるかについて書かれている．

（3）苦情に対する公務員としての姿勢，救済に対する理解を要請

この類型のガイダンスは，苦情や救済とは何なのかという認識について説明し，苦情に対する認識を改め，さらに救済を通じて苦情をより良いサービス提供に活用するためにどのような努力ができるのかを説明するガイダンスである．言い換えれば，組織にとって苦情が，サービスや運営の改善のための情報提供となり，いかに有用なものであるかを説明し理解を求めるのである．

たとえばスコットランドの公共サービス・オンブズマンの『救済のポリシーとガイダンス（*Redress Policy and Guidance*）』[Scottish Public Services Ombudsman 2006] やウェールズの公共サービス・オンブズマンの『救済の原則（*Principle for Remedy*）』[Public Services Ombudsman for Wales 2008]，アイルランド共和国のオンブズマンの『救済の提供のためのオンブズマンのガイド―救済：誤りを理解し是正する（*Ombudsman's Guide to the provision of redress — redress: Getting it wrong and putting it right*）』[Office of the Ombudsman (Ireland) 2015b] がこのような意図で発行されている．その一方でまた，たとえばイギリスの議会・保健サービス・オンブズマンのガイダンス『良き苦情処理の原則（*Principles of Good Complaint Handling*）』[Parliamentary and Health Service Ombudsman 2009b] において，「役割と責任を明示しそして苦情から教訓を学習するガバナンスの態勢を確立すること」と書かれているように，あるいはクイーンズランド州のオンブズマンのガイダンス『効果的な苦情マネジメントについてのファクト・シート（*Effective Complaints Management Fact Sheet Series*）』[Queensland Ombudsman 2006] のなかに「適切に処理されるのならば，苦情は信頼性の改善において経済的かつ効果的な方法となり，顧客満足度を増加させ欠陥あるプロセスを確認し是正できる」と記載されているように，苦情に対する姿勢の変化を要請する内容は

多様なガイダンスのなかに散見されるのである．

（4）オンブズマンの役割についての理解を要請

オンブズマンについて法制度上の役割を説明するだけでなく，オンブズマンの理念について理解を求めるものもある．たとえばスコットランドの公共サービス・オンブズマンのガイダンス『モデル苦情処理手続のガイダンス（Guidance on a Model Complaints Handling Procedure）』[Scottish Public Services Ombudsman 2011a]では，苦情処理の規範的手続が提示されている．同じく『救済のポリシーとガイダンス（Redress Policy and Guidance）』[Scottish Public Services Ombudsman 2006]では，苦情についての基本的認識に加えて，苦情処理プロセスにおいてオンブズマンがどの段階で関与し，調査・勧告を行うのかについて説明をしている．

西オーストラリア州のオンブズマンは，『苦情解決プロセスの概要：公的機関への情報（Overview of the complaint resolution process — Information for public authorities）』[Ombudsman Western Australia 2010]や『オンブズマンはどのように苦情を査定するのか（How we assess complaint）』[Ombudsman Western Australia 2009]，『オンブズマン事務局からインタビューされる（Being interviewed by the office of the Ombudsman）』[Ombudsman Western Australia 2012]といったガイダンス発行し，苦情の調査中に行われるオンブズマン事務局からの聴き取りについて，その目的やプロセスについて説明し，管轄下の機関の理解と協力を得られるよう努めている．クイーンズランド州のオンブズマンも同様に『オンブズマンの調査の手続：公的機関への情報提供（Handling an Ombudsman Investigation）』[Queensland Ombudsman 2007]を発行している．

（5）個別具体的な争点（情報公開，介護福祉等）に関するもの

たとえばタスマニア州のオンブズマンは，情報公開制度に関するガイダンスを多数発行しており，情報公開法のもとでのオンブズマンの権限，「情報」の定義，情報公開請求や料金等の手続に関する内容まで詳細に説明している．情報公開制度に関しては，ほかにニュージーランドのオンブズマンやマニトバ州のオンブズマンが多くのガイダンスを発行している．これらのオンブズマンに関しては，その国や州の情報公開法によって行政機関の決定に対するレビューの権限を与えられているため，ガイダンスを発行している．

ビクトリア州やニュー・サウス・ウェールズ州のオンブズマンは，公益通報とその後の調査，守秘義務や報復から通報者をいかに保護するか等について説明をするガイダンスをいくつか提供している．とくにニュー・サウス・ウェールズ州のオンブズマンは内部通報に関して，その対象から調査，通報者の支援まで詳細なガイダンスを作成しているだけでなく，モデル・ポリシーを作成し，公的機関はそのモデルにしたがって公益通報に関するポリシーと手続とを定めるよう求めている．タスマニア州のオンブズマンもモデルとなる手続は作成している．情報公開の場合と同様に公益通報に関しても，公益通報者保護法等によってオンブズマンに権限が与えられているためにガイダンスを発行している．

　介護に関しては，たとえば介護サービスを提供する事業者が法改正によってオンブズマンの管轄に入った結果として，予めオンブズマンがその事業者を対象に公共サービスを提供する上での配慮すべきこと，あるいは苦情処理の対処方法について情報提供するガイダンスを発行している．たとえばウェールズの公共サービス・オンブズマンの『介護施設，在宅ケア，苦痛緩和治療サービスの独立提供者のための情報リーフレット（*Information leaflet for Independent Providers of Care Homes, Domiciliary Care and Palliative Care Services*）』［Public Services Ombudsman for Wales 2014］やアイルランド共和国オンブズマンの『オンブズマンのガイド：介護施設のための苦情処理システムのモデル（*Model Complaints System for Nursing Homes*）』［Office of the Ombudsman (lreland) 2015a］がその例である．

　ニュージーランドのオンブズマンは障がい者に焦点を当てたガイダンスも発行している．そこでは国連の障がい者の権利条約にもとづき，建造物やインフォメーション，態度のほかに政策や運用上の点について，社会における平等の確保とバリアの克服のために組織ができることについて記述されている．

　南オーストラリア州のオンブズマンは大学職員を対象に『大学での苦情処理：オーストラリアのベスト・プラクティスのガイダンス（*Complaint Handling at Universities: Australasian Best Practice Guidelines*）』［Ombudsman Southern Australia 2015］を発行し，大学での苦情処理態勢の整備を求めている．ほぼ同様の内容のガイダンスをビクトリア州やニュー・サウス・ウェールズ州のオンブズマンも発行している．また，ニュージーランドでは学校理事会に関してオンブズマンの役割を説明し，また苦情の処理について説明する簡易なガイダンスを発行している．

その他公共サービス提供に際して言語的配慮を求めるための，言語的マイノリティであるウェールズ語話者に対する配慮を求めるガイダンスや，コモンウェルス・オンブズマンが他の政府機関と共に発行した『行政の意思決定における自動化支援（*Automated Assistance in Administrative Decision-Making*）』[Department of Finance and Administration Australian Government Information Management Office, Commonwealth Ombudsman, Australian National Audit Office, and Office of the Privacy Commissioner 2007] のように各機関がコンピューターを利用し，意思決定における正確さや一貫性，透明性，アカウンタビリティを確保できる自動化されたシステムの運用を求めるガイダンスもある．さらにニュー・サウス・ウェールズ州のオンブズマンが発行したガイダンスで興味深いのが，若者の苦情の取り扱いについて記したガイダンスであり，とりわけ12歳から17歳の年齢の者も公共サービスの利用者でありまたその声を聞くことは重要であるという認識のもと，公共サービス提供者に若者の声に耳を傾けることを求めている．さらに細かい領域においては，たとえばビクトリア州のオンブズマンが発行した，プライバシーやデータの保護といった監視カメラの設置に際して考慮すべき事項を記述したガイダンスや性的嫌がらせへの対処方法についてのガイダンスもある．

　このようなガイダンスに関しては，政策的判断を求めるものもあり，オンブズマンによる政治的介入と捉えることのできる内容でもある．このようなオンブズマンによる社会的課題へのコミットメントに関しては，風間［2015：165］がスペインの護民官において，権利侵害を行う主体が公権力に限らず，そのようなガバナンス状況において社会的課題を解決し得る立場をとっていると指摘している．

（6）チェックリストやテンプレートなど，そのまま業務に使用できるもの
　これまで上述してきたガイダンスに加えて，各機関の職員が行動に移す際の基準を提示するためにガイダンスとは別に，より簡易に箇条書きで要点を並べ，チェックボックスを加えることで，あるいはそのガイダンスに附属してチェックリストやテンプレートを発行しているオンブズマン事務局もある．たとえばクイーンズランド州のオンブズマンの『効果的な苦情マネジメント：自己検査チェックリスト（*Effective Complaints Management Self-Audit Checklist*）』[Queensland Ombudsman 2013a] では，認知度やアクセス，対応の仕方，査定の仕方，

フィードバック，モニタリング，救済，改善といった観点でチェックリストが配布されている．ニュージーランドのオンブズマンの『効果的な苦情処理 (*Effective complaint handling*)』[Ombudsman 2012] では苦情処理の開発と運用の説明について，「顧客志向」，「認知度」，「アクセス」といった観点からチェックリストが付け加えられている．

また，たとえばアイルランド共和国のオンブズマン事務局が発行した『良き苦情処理のためのオンブズマンのチェックリスト (*The Ombudsman's Checklist for Good Complaint Handling*)』[Office of the Ombudsman (Ireland) 2013b] には苦情を取り扱う際の文書のテンプレートが含まれている．このようなテンプレートは行政機関や公共サービス提供者が苦情を取り扱う際，行政機関や公共サービス提供者がそのまま利用できるように，あるいは参考にできる文書として提示されている．

## 5．オンブズマンが発行するガイダンスの意義

以上のように，多様なガイダンスが各オンブズマンの経験や関心にもとづいて発行されていることがわかるが，そのガイダンスが発行されるに至った背景や意義について考えてみたい．

### (1) 苦情処理の充実・標準化のためのガイダンスの発行

とりわけ苦情に対する認識を改めようとするガイダンスや，行政あるいは公共サービス提供者の組織内部における苦情処理手続の充実を求めるガイダンスについては，NPM (New Public Management) の影響にあると考えられる[4]．これらは苦情に対する認識を改め，すなわち苦情を喜んで受け入れる文化の涵養を図り，そして顧客志向や顧客満足度の上昇，さらにはサービス提供・運営改善のための苦情の利用ができる態勢を行政や公共サービス提供者に求めているのである．これらは行政や公共サービス提供者の行動に対する認識を改めようとするものも含まれ，グッド・アドミニストレーションやベスト・プラクティスに関するガイダンスは苦情の発生を予防し，もし発生した場合もすぐに解決できるような自律的な職員の育成を要請しているのである．

これに関してはオンブズマンのあり方そのもの，すなわち苦情処理の段階的あり方や，オンブズマンの覆審的役割への理解を求めるガイダンスにも同様の

側面が見られる．それは当事者同士，つまりサービスの提供者と利用者との間での紛争解決が自律的に行われるよう最善の努力を行うべきという前提のもと，その場で解決が達成できないのであれば内部の苦情処理担当部署，そして内部の苦情処理担当機関で解決が達成できない場合に最終的に外在的な判断者としてオンブズマンが登場するという考え方である．したがってもっとも重要なのは第一線に立つ職員の苦情に対する意識であり，そして組織内部における苦情処理態勢の整備もまた求められるのである．覆審的なオンブズマンあり方に関する理念の理解については，たとえば西オーストラリア州のオンブズマンの発行した『オンブズマン事務局からインタビューされる (*Being Interviened by the Office of the Ombudsman*)』[Ombudsman Western Australia 2012] は，オンブズマン事務局からの各機関への調査・問合せについて理解と協力を求めるガイダンスで，まさにこれは小島・外間 [1979：8] が指摘したオンブズマンの活動の任意性を強化しようとするものであろう．

　これらは見方を変えれば，こんにちのガバナンス状況において苦情処理の標準化を目指す意図を持つと考えられる．スコットランド公共サービス・オンブズマンの『苦情，学習，改善 (*The SPSO-complaints, learning and improvement*)』[Scottish Public Services Ombudsman 2013] やアイルランド共和国の『聞く，応答する，学習する，改善する (*Listen, Respond Learn, Improve*)』[Office of the Ombudsman (lreland) 2013a] といったガイダンスは内部苦情処理システムの意義や特徴，設置・運営の方法について記述したものであり，行政や公共サービス提供者における苦情処理システムの標準を示し，顧客にとってアクセシビリティの高い態勢を求めるのである．

　苦情処理の標準化に関して積極的な姿勢を示しているのがアイルランド共和国のオンブズマンである．アイルランド共和国の現職のオンブズマンである Tyndall は，苦情の「単一の入口 (Single Portal)」の開発を目指し，また苦情処理に関する標準的アプローチの開発をも試みている [Tyndall 2015：12]．「単一の入口」に関しては，多様な公共サービス提供者の存在が，苦情申立人に無用な混乱を招くことを防ぐために，電話やオンラインのサービスを介して市民に標識を提示し，申立人が適切な機関に案内されるようサポートするのである．苦情処理の標準的アプローチのアイディアは，すべての公共部門にわたって明白なタイムスケール，応答の標準，救済の共通アプローチを設定し，また各機関のスタッフに有効な研修を実施することを可能とする [Tyndall 2015：12-14]．

実際にオンブズマン事務局はすでに多様な苦情を適切な機関に案内することで標識としての機能を果たしていると考えられる．

苦情処理の標準化に関しては，たとえば『内部苦情処理システムへのガイド (*Guide to Internal Complaint System*)』〔Office of the Ombudsman (Ireland) 1999a〕は1997年に作成され，明白なタイムスケールや応答の標準，救済への共通のアプローチが苦情処理において必要な価値として認められている．アイルランド共和国のすべての公共サービスで用いられる共通した苦情ポリシーが必要であるとオンブズマン事務局では考え，そのために公共サービス提供者におけるスタッフの苦情処理に関する研修や，たらい回しや遅れの原因となるマルチ・ステージ・プロセスの除外が必要であり，とくに公共サービス提供のパターンは複雑で混乱を招き，適切な機関へと案内できる標識が求められるため，Tyndallは先述した「単一の入口」の開発に積極的な姿勢をとっているのである．

（2）ガイダンス発行の背景と意義

オンブズマン事務局が経験的にもった関心による自主的なガイダンス発行がある一方で，法律がガイダンス発行を求める例も見られる．たとえば先述したように，スコットランド公共サービス・オンブズマンでは，2010年公共サービス改革法119条の16A(1)によって，公共部門における苦情処理手続の単純化と標準化を促進する権限が与えられ，苦情処理手続に関する原則の提示がその任務として加わり，その条文を根拠に『モデル苦情処理手続のガイダンス (*Guidance on a Model Complaints Handling Procedure*)』〔Scottish Public Services Ombudsman 2011a〕を発行している．

ウェールズの公共サービス・オンブズマンにおいても，公共サービス・オンブズマン（ウェールズ）法の第31条においてガイダンスを発行する権限について明記されており，その(1)では「オンブズマンは，彼が適切と考えるところで，ひとつかそれ以上のリスト化された機関 (listed authorities) に対してグッド・アドミニストレーションの実務についてのガイダンスを発行できる」と定められている．第31条は8項目あり，ガイダンス発行に際して対象となる機関と相談する必要があることや，調査にガイダンスを参照できること等が定められている．ただしこれらの2つのオンブズマンについては，上記法律の制定以前の段階でガイダンスの発行が多数行われており，先んじてガイダンスの発行をしていた実態を後押しするために，法律による根拠付けが行われたと考えられる．

さらに，公共サービスを提供する民間団体についてもいくつかのオンブズマン事務局は対応に取りかかり始めている．とりわけ介護施設に対してはオンブズマン法の改正やその他の個別の法改正によってオンブズマンの管轄へと組み入れられたことにより，苦情処理の手順やオンブズマン制度の役割を周知するためのガイダンスを発行する例が見られる．たとえばウェールズの公共サービス・オンブズマンの『介護施設，在宅ケア，苦痛緩和治療サービスの独立提供者のための情報リーフレット（*Information Leaflet for Independent Providers of Care Homes, Domiciliary Care and Palliative Care Services*）』[Public Services Ombudsman for Wales 2014]やアイルランド共和国のオンブズマンの『オンブズマンのガイド：介護施設のための苦情処理システムのモデル（*The Ombudsman's Guide―Model Complaints System for Nursing Home*）』[Office of the Ombudsman (Ireland) 2015a]が挙げられる．その他，特定の民間事業者を対象としたものではないが，ニュー・サウス・ウェールズ州のオンブズマンの『不合理な苦情申立人の行動をマネージする（*Managing Unreasonable Complainant Conduct*）』[NSW Ombudsman 2012]のように「本ガイドラインは民間部門でも適用可能である」と記述するガイダンスもある．

　加えて，市民や公共サービス提供者との関わり合いにより積極的に介入しようという動きもガイダンスの発行を通じて見られる．たとえばイギリスの地方政府オンブズマンのガイダンス『複数の機関がある環境下での地方のアカウンタビリティ（*Local Accountability in a Multi-Agency Environment*）』[Local Government Ombudsman 2014]は地方政府オンブズマンが主催したラウンドテーブルでの議論をまとめたものであり，オンブズマンがいっそう積極的に公共サービス提供者との関わりを強めながら全体としてより良い公共サービス提供を図っている．

　ひとつ重要な点は，なぜこれらのオンブズマン制度においてとりわけガイダンス発行の普及が観察されるのかという点である．それは第1に，これらのオンブズマンの射程が公共サービスの質の改善にあり，汚職防止や人権擁護を主たる機能とするアジアや東欧のオンブズマンと性格が異なる点にあろう．第2には，BIOA（British and Irish Ombudsman Association）やANZOA（Australian and New Zealand Ombudsman Association）といった一定の地域におけるオンブズマン制度同士の情報共有の場の存在があげられる．とりわけオセアニア地域におけるオンブズマンにおいては，不合理な行為をする苦情申立人に関する課題

や対応策をめぐって情報共有が行われ，それにもとづいたガイダンスが発行されている．たとえば BIOA では6つの原則（独立，オープンと透明性，アカウンタビリティ，誠実，明確な目的，有効性）を提示する『グッド・ガバナンスの原則のガイド（Guide to principle of good governance）』[British and Irish Ombudsman Association 2009] を発行し，いかなる組織にも実務上適用されるべき原則があり，その達成がオンブズマンの目的のひとつであると確認している．

いずれにしても，このようにオンブズマンはガイダンスの発行を通じて公共サービス提供者と市民の両方向から苦情処理の態勢の改善，そしてこんにちのガバナンス状況のなかで，より良いサービス提供の旗振り役も担っているのである．それはオンブズマンの過去の苦情処理の経験をもとにして，過去に発生した苦情と類似した苦情の再発防止を目的としており，同時に，自律的な苦情処理態勢を行政や公共サービス提供者の組織のなかに確立させ，苦情の発生を予防しようという役割でもある．

そしてこのようなオンブズマンの役割において重要な観点であるのが，これらのガイダンスに沿った態勢の整備や運営の改善を実際に実施するかどうかは，そのガイダンスを受け取った行政機関や公共サービス提供者の主体性に委ねられているところにあるという点である．オンブズマン研究で長年議論が行われてきたように，オンブズマンのこのような強制力の欠如が，行政の主体性の強化という点で効果的であると認められてきた一方で，ガイダンスの発行のように，一部のオンブズマン制度を除いて法制度上の根拠がない活動が，どこまで行政や公共サービス提供者に影響を与えることができるのか，あるいはオンブズマンが行うこのような介入はどこまで許容されるのかは議論が必要なところであろう．いずれにしても実態として，オンブズマンはこのような活動を通じて，強制力は伴わずとも行政や民間の公共サービス提供者のアカウンタビリティ確保を促進させようと試みているのである．

## 6．苦情処理の標準化・争点の提示

オンブズマンの根幹たる役割は，すなわち苦情を受け付け，必要があれば調査を行い勧告・意見表明をするという活動である．これに対して，本章で論じたように，オンブズマンによるガイダンスの発行は，行政機関や公務員個人，民間の公共サービス提供者による自律的な苦情処理を促進するという点，加え

て顧客志向の行政や民間の公共サービス提供者をつくり，苦情の発生を未然に防ぐという点において，より予防的であると考えられる．

　これは，スコットランドの公共サービス・オンブズマンの発行するガイダンス『モデル苦情処理のガイダンス（*Guidance on a Model Complaints Handling Procedure*）』［Scottish Public Services Ombudsman 2011a］や今川［2011：50-52］で示されるように，オンブズマンのあり方に関わる次のような規範的な理念にもとづいている．それは，紛争が当事者同士で解決され，もし当事者同士で解決不可能な場合も同じ組織内の苦情申立のための部局において解決が達成され，オンブズマンが紛争解決のために介入するのは最終的手段であるという理念である．

　ここに現代におけるオンブズマン制度の存在意義を見出すことができる．この背景には NPM 改革を端緒とした苦情文化の受容があり，またその結果として各行政機関や公共サービス提供者の内部やあるいは外部における苦情プロセスの整備が進んだことがあろう．統治機構における行政機関や公共サービス提供者といった多様な主体における内部苦情処理システムの確立・強化もまた，苦情処理システムとしての経験をもつオンブズマンの役割となってきたのである．

　ガイダンスの発行によって，やや抽象的とは言えグッド・アドミニストレーションの原則や苦情処理の標準が明文化され，また他方では具体的な苦情処理プロセスが確立され，強制力はなくともガイダンスにもとづく研修の実施によって行政機関や公共サービス提供者の態勢の変化を望むことができるだろう．加えてこのように当該行政機関や公共サービス提供者の主体性を尊重しながら自律性を涵養している点に，オンブズマンによる行政のレスポンシビリティへの貢献を見ることができるだろう．

　ただし，多様なガイダンスを観察していると，オンブズマンの果たそうとする役割にもいくつか種類が見られる．それは，オンブズマンがガバナンスのなかにおける苦情処理システムにおいて，あくまで覆審的な役割に徹しようとしているのか，それとも「単一の入口」に見られるように，苦情の窓口になろうとしているのか，あるいは公共サービス提供全体における苦情処理の標準をオンブズマンが確立しようとしているのか，である．

　また，オンブズマンがこのようなガイダンスを発行しているのは，あくまでオンブズマンの根幹となる機能，すなわち苦情を受け付け，必要があれば正式な調査を行い，さらに必要があれば勧告や意見表明を行うという機能が制度的

に保証されているためであり，ガイダンスの発行はその制度的保証にもとづいている．したがって，本質的に強制力がなく任意性で特徴付けられるオンブズマンが，さらに制度的保証のない領域にまでその活動を展開した場合，行政や民間の公共サービス提供者にどれほど影響力を与えることができるのだろうかが問われる．

　さらに，このようなガイダンスの発行，とりわけ個別具体的な争点に関するガイダンスにおいては，オンブズマンによる争点や意見の提示は過度な政治的介入と捉えられる場合もあるだろう．社会的課題として争点を提示すること自体は重要である一方で，オンブズマンとしての役割が過度に政治化され，オンブズマンのあるべき議会や行政からの独立性が損なわれるおそれもある．

　いずれにしても，オンブズマンのこのような新しい活動がこんにちのガバナンス状況においてどれほどの意義があることなのか，個別事例を検討しながらオンブズマンの役割自体を問い直さなければならない．

　注
1）　アウトソーシングされた公共サービスの提供者のアカウンタビリティをいかに確保するかについて，オンブズマンが有効であるという研究はしばしば見られる．たとえば，Carmona and Waseem eds.［2011］，今川・上村・川野・外山編［2012］．
2）　過誤行政の概念やその拡大については第 2 章参照．
3）　地方政府オンブズマンの発行するガイダンスに言及する研究は，今川［1996］や Kirkham［2004］が挙げられる．
4）　今川「1997」はイギリスの地方政府オンブズマンに関して，NPM の影響によって苦情を受け入れる文化の涵養を，オンブズマンがガイダンスの発行を通じて貢献してきたと指摘する．

# 第5章　アイルランド共和国のオンブズマン

　アイルランド共和国のオンブズマン制度は1980年に法律が制定された．運用の開始は1984年で，それ以来30年にわたってアイルランド共和国の行政と公共サービス提供者に対して，苦情救済を通じてそのサービス提供の改善を求め続ける立場にあり続けてきた．

　とりわけ注目したいのは，1990年代以降において，イギリスの地方政府オンブズマン，スコットランドやウェールズの公共サービス・オンブズマン，ニュージーランド，オーストラリアやカナダの各州のオンブズマン等で見られるようなガイダンスの発行である．これらのオンブズマンは過去の経験をもとにしたガイダンスを作成し，それを管轄下の行政機関や公共サービス提供者等に周知し，また研修材料として使用することでグッド・アドミニストレーションの実現を図っている．またサービス提供者と個人との間に紛争が発生しないよう努めるすなわち苦情の予防をする行政や公共サービス提供者の態勢を整えるよう促し，そしてもし何らかの紛争が発生した場合でも迅速に当事者同士あるいは当該機関内部で解決が可能となる苦情処理態勢の確立を図っている．

　アイルランド共和国においても上記オンブズマンと同様90年代以降ガイダンスの発行が見られるようになってきた．それは管轄の拡大や国際的な潮流，オンブズマンに任命された者の意識に大きく依拠している．本章ではアイルランド共和国のオンブズマン制度がその活動の展開によって，公共サービス提供の多元化のなかにおいてどのような役割を果たそうとしているのかを確認する．

## 1．設置の背景

　アイルランド共和国では1960年代より，拡大する公共サービスに対する苦情救済のメカニズムに注目が集まっていた〔Zimmerman 2001：80；Public Service

Organisation Review Group 1969：451］．しかしながら，他のヨーロッパ諸国が次々にオンブズマンのアイディアを導入していくなかで，制度導入の議論は進まなかった．その理由のひとつとして考えられるのは，アイルランド共和国では，イギリスでもしばしば見られるように，伝統的に公衆の苦情はその土地から選出された議員が直接受け付け，解決を図る政治文化があったためである．すなわち有権者である公衆については日常的な生活の困り事や公共サービスへの苦情も含めてその地域出身の議員が面倒を見て，それがまた議員の次回選挙時の得票へとつながるのである．実際にオンブズマン制度の導入が国会において議論になっていた際，議員の職務を奪う可能性があるため導入すべきではないという主張が，アイルランド共和国におけるオンブズマン制度導入の抵抗となっていた［Zimmerman 2001：80-81］．

　その一方で，議員では有権者すなわち苦情申立人の話を十分に聴くことができない点，その後の解決方法が議会質問に限られる点，また公衆の視点から見て行政官とは明らかに異なる立場にあることによって官僚制に対する市民の疑念を取り払う必要がある点をオンブズマンの利点として，超党派委員会によってオンブズマン制度導入が推進され，1980年にオンブズマン法が可決された[1]．しかしながら，当時の Fianna Fáil 党（リベラル保守）政権はこの制度に熱心ではなく，1984年の Fine Gael 党（キリスト教民主主義）と労働党の連立政権までその運用開始は待たなければならなかった［Donson and O'Donovan 2014：474］．後述するように Fianna Fáil 党政権はその後もしばしばオンブズマン制度に反対する姿勢をとってきた．

## 2．権限と機能

　アイルランド共和国のオンブズマンは，下院（Dáil Éireann）と上院（Seanad Éireann）の両院による推薦の共同決議をもとに，大統領が任命する議会型オンブズマンである．任期は6年で再任も可能である．報酬や手当は高等裁判所の判事と同じであり，本人の要求によって大統領から解任されるか，失墜（bankruptcy），不能（incapacity），不正行為（misbehaviour）があった際に国会の両院の要求により解任され得る．また，67歳が定年としてオンブズマン法に定められている．

　オンブズマンの管轄は，中央省庁，保健サービス機関，地方自治体の他，

2013年より200近い公共サービス提供者がオンブズマンの調査の対象として定められている．調査の対象となるのは，1980年のオンブズマン法によると適切な権限のもと行われた活動や怠慢，誤った情報や差別，公正や健全な行政と反対する活動というように，広く定められている．他方で権限外となるのは諸外国のオンブズマン制度でも見られるように，裁判で係争中の場合，申立人が裁判所へ控訴する権利を持っている場合，他の独立した申立機関へ申し立てできる場合，その他雇用の採用・期間・条件について，国籍取得について，判決・赦免・減刑について，刑務所行政，警察行政，国防軍，銀行等についてである．ただしこれらの範囲の苦情の申し立ても毎年オンブズマン事務局へ一定件数あり，その際は適切な場所への案内をしている．たとえば2011年にあった相談のうち管轄外のものは，公共サービス提供者476件，銀行・保険250件，民間企業201件，裁判所・警察140件，雇用関係132件，その他277件の計1476件である［Office of the Ombudsman 2012a：104］．

さらに，アイルランド共和国のオンブズマンはオンブズマンの職以外にも情報コミッショナー（Information Commissioner）を兼任している．情報コミッショナーは1997年の情報自由法（the Freedom of Information Act 1997）にもとづいて1998年に設置された［O'Toole and Dooney 2009 375-77］．その職務は，情報公開請求を受けた機関の決定についての不服申立を取り扱い，法的拘束力のある決定を行うことである．オンブズマンと情報コミッショナーの兼任は，法律で定められているわけではないが，慣習的にオンブズマンに任命されたものが情報コミッショナーにも任命されている．この意義については稿をあらためて論じたい．

## 3．オンブズマン事務局の組織

オンブズマン事務局の組織におけるトップはオンブズマンであり，そのもとに事務局長が配置され，事務局長は46名のスタッフを指揮している（2015年現在）．46名のなかには2名の上級調査官（Senior Investigator）がおり，彼らはまた他のメンバーを束ねる管理職でもある．加えて，特定の専門領域をもった17名の調査官（Investigator）と，27名の他のスタッフがいる．27名には高等執行官（Higher Executive Officer: HEO），執行官（Executive Officer: EO），事務官（Staff Officer: SO），書記官（Clerical Officer: CO）が含まれる（図5-1参照）．一般的な

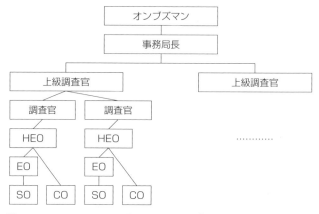

図 5‐1　アイルランド共和国のオンブズマン事務局組織略図
（注）　2015年11月20日に筆者がオンブズマン事務局にて行った，オンブズマン事務局の調査官 Geraldine McCormack 氏への聴き取り調査をもとに筆者作成．

行政組織においてこれらの4つの職は役割の分担があり，たとえば書記官に関しては，伝統的に文書のコピーや FAX の送受信，書記やファイルの整理等の雑務を担当する職務に当たっており，また事務官は伝統的に管理職であり20名から30名ほどの書記官への仕事の分配や業績のモニタリングを行う職務を担っている．しかしながらオンブズマン事務局においては，4つの職は皆同じくケースワーカーであり，特定の専門領域を持たず，苦情を受け付け，その検証を開始する．またスタッフは一般行政職員であり，オンブズマン事務局に専属で雇用されているのではなく，したがって他の行政組織で雇用されていた者もいれば，今後別の部局へと異動になる者もいる[2]．

## 4．苦情処理過程

オンブズマン事務局では，苦情を受け付けるとまず事前検証（Preliminary Examination）[3]が開始される（図5‐2参照）．その目的は，①フォーマルでより詳細な調査の必要が認められる事案であろうとも，迅速でインフォーマルな方法を確立するため，②とりわけ複雑でない事案に関しては最小限の手続で苦情が解決されるようにするためである[4]．各プロセスでは円のなかのスタッフが中心となって活動するが，必要に応じて調査官やオンブズマン，他のスタッフの

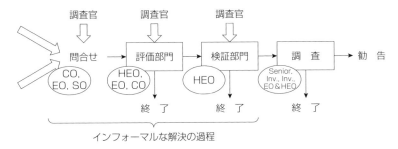

**図5-2 アイルランド共和国におけるオンブズマン事務局の苦情処理過程**
(注) 2015年11月20日に筆者がオンブズマン事務局にて行った，オンブズマン事務局の調査官 Geraldine McCormack 氏への聴き取り調査をもとに筆者作成．

助言を受けることもある．先述したように苦情はオンブズマン事務局のいずれのスタッフも受け付けることができ，申立人の話を聴き，オンブズマン事務局の管轄かどうか，苦情申立人は先に当該機関に苦情を申して立てているかどうかを確認し，そして関係機関の処分について問い合わせる．

評価（Assessment）の段階では，苦情の原因となった事実の確認を行う．オンブズマン事務局では当事者同士での解決を促進するために，苦情申立人には関係機関へ先に苦情申立を行っているか確認をしている．したがって，この段階では主に書面あるいは電話で関係機関に問い合わせ，先の両者の応対を確認するのであり，また苦情申立人には関係機関の決定について，どの部分に不満があるのかを尋ねることとなる．

検証（Examination）の段階ではより詳細に，関連の法制度の確認を行い，関係機関にいくつかの質問を行うこととなる．この段階では基本的に苦情申立人と，オンブズマン事務局のスタッフ，そして関係機関のスタッフとの間の相互作用によって問題の特定と解決に向けた落とし所の模索が行われ，オンブズマン事務局から解決のための何らかの提案を行うこともあり，関係機関はそれを受け入れて解決に至る場合もある．スタッフは事務局の他のスタッフと相談し，過去の事案も見ながら各事案の処理を進めていく．

ここまでが，アイルランド共和国のオンブズマン制度における事前検証，すなわち「インフォーマルな解決」の段階であり，年次報告書においても，ほとんどの苦情がこの意味においてインフォーマルに解決されていることを認めている．実際に2013年の年次報告書では「実際のところ，ほとんどの苦情は，オ

ンブズマン事務局から関係機関に通知した後にインフォーマルに解決されている」と書かれている［Office of the Ombudsman 2014b：15］．検証の段階で解決された事案として，たとえば以下のような事案が見られる．

【事案１】 障がい年金申請を誤って２度も拒否された女性
　障がい年金は長期間の疾病や傷害によって恒久的に働くことのできない人びとへ給付されるが，資格要件として受給者は所得に応じた社会保障（pay related social insurance）の積み立てをしていなければならず，また12カ月以上にわたって働いていないあるいは今後12カ月は働くことができないといった健康上の条件も満たさなければならない．これらの資格要件については，社会保障省に所属する医師が判断する．
　女性がオンブズマン事務局に苦情を申し立てたのは，積み立てが不十分であったことを理由に申請を拒否されたことについてであった．
　オンブズマン事務局は社会保障省の文書を検証し，2003年の間に提出された診断書に女性の積み立ての記録が抜け落ちていたことを発見した．社会保障省にこの事実を確認し，2003年分の積み立てがあったことが確認された．2003年の積み立てが満たされたので，社会保障省には女性の障がい年金に関する要求を再度確認するように求めた．
　社会保障省は女性に対し，2004年から働くことのできなかった根拠を提示するよう求め，女性の弁護士が詳細な診断書を提示した．しかしながら社会保障省の医療査察官（Medical Assessor）は，女性は働くことができないわけではないと判断し，女性の申請を拒否した．女性はその決定について社会福祉申立局に申立を行い，2013年１月に社会福祉申立局は女性の障がい年金に関する要求を2011年10月に遡及して承認したが，女性の最初の申請があった2004年５月まで遡及して認められなかった．
　オンブズマン事務局は女性の当初の申請の日付を社会保障省に指摘し，その日付に遡及して女性の要求を見直すように求めた．社会保障省はそれに合意し，当該女性はその後総計９万1496ユーロの未払い金を受け取った［Office of the Ombudsman 2014b：37-38］．

【事案２】 友人と同居していた女性への誤った決定
　一時的に男性の友人と同居し，その後別居することになったある女性は，社

会保障省がその同居をもとに女性と男性が夫婦の関係にあると認めたために，求職者手当の申請を拒否されていた．社会保障省が，女性の適格性を査定する際に男性の資産を考慮に入れたためである．

女性の元夫との離婚後に生活の場を提供してくれたその男性と，友人以上の関係があることを女性は強く否定した．実際，社会福祉査察官（Social Welfare Inspector）は彼女が自身の寝室を所有していることを証言している．それにもかかわらず社会保障省は，当該男性と同居していたことを理由に，女性の要求を拒否したのである．

オンブズマン事務局は女性の申請に関する文書を検証し，また同居するカップルの定義についても検証した．

市民パートナーシップおよび同居に関する一定の権利と義務に関する法律（The Civil Partnership and Certain Rights and Obligation of Cohabitants Act 2010）は以下のように定めている．「同居は2人のうち1人の成人（同性もしくは異性）が，カップルとして親しくまた相互に信頼し合ってともに生活することである」．

社会福祉整備法（The Social Welfare Consolidation Act 2005）は以下のように定めている．「親の資格要件については，その親ともう1人の個人が夫婦として同居している場合，その親はその権利は与えられず，ひとり親家庭手当の受給には不適格であるものとする」．

社会保障省の運用指針には以下のように書かれている．「同居の事実があるかどうかの決定を行う職員を納得させるのは社会保障省の責任である．カップルが同じ住居に居住する事実はそれ自体が，夫婦あるいは単なるパートナーとして生活を共にしていると決めるものではない」．

これらのことから，① 社会保障省は当該女性を，当局の運用指針に反して住居の持ち主と同居していなかったということを証明しなければならない立場に置いていたこと，② 社会保障省は，女性がアパートの持ち主と同居していたという，法的な証拠を何ら示してこなかったこと，が明らかになった．

オンブズマン事務局は，女性の友人の資産は女性の資産として査定されるべきではないと結論づけた．オンブズマン事務局は社会保障省に当初の決定の見直しと，ならびに求職者手当を申請のあった日に遡及して認めることを考慮するよう求めた．社会保障省は当初の決定を変更し，また女性への手当も12カ月分に相当する2万5796ユーロが認められた［Office of the Ombudsman 2014b：38-39］．

## 5．苦情件数と正式な調査

次にオンブズマン事務局への全体の問合せ数を確認し，また「インフォーマルな解決」として捉えられていない正式な調査が何を契機に行われているか確認する．表5-1は1998年から2014年までのオンブズマン事務局への苦情件数の内訳である．

以下の表5-2は表5-1における処理完了（太字・網掛け部分）の内訳を示したものである．申立の趣旨に沿って解決，一部趣旨に沿って解決，助言は，各年のばらつきがあり，また趣旨沿いに関しては2014年が過去最大となっているが，全体的に見れば減少傾向にある．他方で，趣旨に沿えず，取り下げ，中止もばらつきはあるが，増加傾向にある．先述したようにオンブズマン事務局は断続的なスタッフの削減に苦しめられている一方で，表5-1や表5-2で示されているように問合せの件数や処理する苦情の件数は大きな変化は見られない．すなわち，スタッフ1人あたりの負担が増えているとともに，より簡易・

表5-1　アイルランド共和国のオンブズマン事務局における苦情件数内訳

| 西暦 | 前年からの持越 | 当該年受付 | 検査可能苦情 | 時期尚早 | 年内検査 | 処理完了 | 次年への持越 | 管轄外苦情 | 総問合せ数 |
|---|---|---|---|---|---|---|---|---|---|
| 1998 | 1,093 | 3,779 | 2,876 | | 3,969 | **3,052** | 917 | 903 | |
| 1999 | 917 | 3,986 | 2,685 | | 3,602 | **2,603** | 999 | 1,301 | |
| 2000 | 999 | 5,102 | 2,136 | | 3,135 | **2,075** | 1,060 | 2,966 | 4,441 |
| 2001 | 1,060 | 3,451 | 2,539 | | 3,599 | **2,085** | 1,514 | 912 | 15,459 |
| 2002 | 1,514 | 3,209 | 2,326 | | 3,840 | **2,880** | 960 | 883 | 8,501 |
| 2003 | 960 | 3,075 | 2,213 | | 3,173 | **2,359** | 814 | 862 | 9,496 |
| 2004 | 814 | 2,983 | 2,064 | | 2,878 | **2,090** | 788 | 919 | 8,774 |
| 2005 | 788 | 3,227 | 2,243 | | 3,031 | **2,193** | 838 | 984 | 9,704 |
| 2006 | 838 | 3,281 | 2,245 | | 3,083 | **2,187** | 896 | 1,036 | 8,103 |
| 2007 | 896 | 3,650 | 2,578 | | 3,474 | **2,520** | 954 | 1,072 | 9,334 |
| 2008 | 954 | 2,787 | | | 3,741 | **2,701** | 1,040 | 1,154 | 9,498 |
| 2009 | 1,040 | 2,873 | | | 3,913 | **2,784** | 1,129 | 1,077 | 9,913 |
| 2010 | 1,112 | 3,727 | | | 4,839 | **3,207** | 1,632 | 1,317 | 9,390 |
| 2011 | 1,630 | 3,602 | | | 5,232 | **4,420** | 812 | 1,476 | 11,541 |
| 2012 | 833 | 3,412 | 1,959 | 1,453 | 2,792 | **2,116** | 676 | 1,480 | 11,178 |
| 2013 | 676 | 3,190 | 1,800 | 1,390 | 2,476 | **1,859** | 617 | 1,445 | 11,591 |
| 2014 | 695 | 3,535 | | | | **3,649** | 581 | 1,806 | |

（注）　各年次報告書より筆者作成．空欄箇所はデータ無し．

表5-2　年別処理方法内訳

| 処理 | 申立の趣旨に沿って解決 | 一部趣旨沿い | 助言 | 趣旨に沿えず | 取り下げ | 中止 | 総計 |
|---|---|---|---|---|---|---|---|
| 1998 | 503 | 0 | 1,066 | 939 | 43 | 501 | 3,052 |
| 1999 | | | | | | | 2,603 |
| 2000 | 460 | 84 | 488 | 770 | 38 | 235 | 2,075 |
| 2001 | 424 | 62 | 602 | 698 | 26 | 273 | 2,085 |
| 2002 | 499 | 58 | 814 | 991 | 27 | 491 | 2,880 |
| 2003 | 383 | 43 | 543 | 816 | 20 | 554 | 2,359 |
| 2004 | 311 | 35 | 417 | 715 | 33 | 579 | 2,090 |
| 2005 | 343 | 17 | 422 | 685 | 31 | 695 | 2,193 |
| 2006 | 351 | 19 | 526 | 634 | 35 | 622 | 2,187 |
| 2007 | 447 | 33 | 622 | 739 | 85 | 594 | 2,520 |
| 2008 | 442 | 37 | 708 | 821 | 71 | 622 | 2,701 |
| 2009 | 400 | 33 | 860 | 781 | 112 | 589 | 2,775 |
| 2010 | 447 | 21 | 875 | 946 | 89 | 829 | 3,207 |
| 2011 | 395 | 58 | 758 | 1,416 | 66 | 1,727 | 4,420 |
| 2012 | 240 | 35 | 600 | 929 | 41 | 271 | 2,116 |
| 2013 | 282 | 23 | 460 | 839 | 193 | 62 | 1,859 |
| 2014 | 513 | 38 | 460 | 943 | 288 | 1,407 | 3,649 |

(注)　各年次報告書より筆者作成．空欄箇所はデータ無し．

迅速に苦情を処理する必要が出てきていると考えられるだろう．

　検証の段階を経てもなお苦情申立人が強く不満を持っている場合，あるいは苦情の処理に携わるスタッフあるいはオンブズマン自身が調査を行うべきだと考えるのであれば，正式な調査へと移行することになる．表5-3では1998年から2014年までの間にオンブズマンが行った正式な調査の報告書題目と正式な調査に着手した理由を整理した．

　表5-1，表5-2，表5-3を見てわかるように，アイルランド共和国のオンブズマン事務局の報告書によると，問合せの件数は概ね各年8500～1万1500件ほどで前後している．そのうち検証が開始される事案は概ね2000～3000件程度である．さらにそのうち，300～500件ほどが申立の趣旨に沿って解決されるが，さらにそのなかで正式な調査が実施されるのは年に1～3件，多くとも10件程度であり，いかに事前検証以前の段階で多くの申立が処理されているかがわかる．たとえば2013年に注目してみると，オンブズマン事務局が受け付けた1年間の総問合せ件数は1万1591件，そのうちオンブズマン制度の管轄で処理された件数は1859件，そしてそのうち申立人の意向に沿って解決されたものが

表 5-3 調査の年月別内訳

| 年　月 | 調査報告書のタイトル | 調査に至った理由 |
|---|---|---|
| 2014年7月 | 非欧州経済地域の両親のもとアイルランドで生まれた子どものための旅券 | 職業・企業・イノベーション省と司法公平省，外務貿易省の3つの機関の連携不足が手続的遅延を招いていたため． |
| 2014年6月 | 良い死―アイルランドの病院における終末期医療 | 長年にわたって，少ないながらも多様な終末期医療に関する苦情を受け付け，終末期医療の国民的議論が必要であると判断したため． |
| 2014年2月 | 拒否された在宅ケア補助金 | 保健サービス機関が申請をどのように扱い，申請者とどのような応対をし，鍵となるステークホルダーとどのような相互関係を築きながら廃止に至ったのかを明らかにするため． |
| 2014年1月 | 国のスキームのための局所的ルール―長期疾病カードスキームの行政の不公正 | 各地域によって，疾病の分類に使っているシステムが異なったこと．昔の保健委員会（現保健サービス機関）の地域差が各地域によって判断の差を生んでいたため． |
| 2013年6月 | 却下された申立：保護施設を求める家族へのベーシックインカム提供の不履行 | 社会福祉申立局の決定を保健サービス機関が長期にわたって実行しないという希有な事案であったため． |
| 2013年5月 | 拒否されたケア：65歳以下の長期滞在ケア提供の不履行 | 他にも類似事案が多数見られたため． |
| 2012年12月 | 税収コミッショナーとランダムな乗用車の差し押さえ | 個別の案件は問題なく解決したが，税務手続における一貫性や記録の保存についてオンブズマンが問題ありと判断したため． |
| 2012年11月 | 自動車補助金―保健省と保健サービス機関 | 各事案における保健サービス機関の個別の対応を調査するため． |
| 2012年10月 | 平等と言うには老いすぎた？―フォローアップ | オンブズマンの勧告を受け入れない保健省に対して，再度勧告を行うため． |
| 2012年7月 | 隠された歴史？―法律・アーカイブス・戸籍本庁 | 多くの人びとに多大な影響を与えると判断したため． |
| 2011年12月 | フェニックスパークの聖メアリー病院と保健サービス機関に関する苦情 | 検証段階だけでは苦情申立人が満足しなかったため． |
| 2011年12月 | 違法な介護施設料金の返金不履行 | 保健サービス機関がその立ち位置を変えようとしなかったため． |
| 2011年4月 | 平等と言うには老いすぎた？ | 事前検証における社会保障省の回答が適切であるとは言えず，また国際的な人権意識の潮流からも懸け離れていると判断したため． |
| 2010年12月 | 患者とその家族のケアと治療 | 保健サービス機関による苦情の見直しに満足しなかったため． |
| 2010年11月 | 誰がケアするのか？―アイルランドにおける介護施設のケアの権利に対する調査 | 1985年以来この問題に関する1000を超える苦情があったため． |
| 2010年9月 | 保健サービス機関に対する介護施設助成金の支払いについての10の苦情の調査 | 多くの同様な苦情が寄せられており，保健サービス機関や保健・子ども省が不服申立局の決定に従っていなかったという事実があったため． |

第5章　アイルランド共和国のオンブズマン

| 2010年9月 | 障がい者手当の支払いの停止に関する調査 | オンブズマン事務局の事前検証にもとづく提案を社会・家庭省が受け入れない決定をしたため． |
|---|---|---|
| 2010年9月 | 西部保健サービス機関に関する苦情の調査報告 | 保健サービス機関とオンブズマン事務局との長期にわたる応対のなかで解決されなかったため． |
| 2010年7月 | ミース・カウンティ・カウンシルに対して行われた苦情申立の調査報告 | 7年間争われている，正式に許可されていない開発のこの事例において法的手続を始める必要があるが，公共の利益に関わる問題である，すべての事実を確かめる必要があるとオンブズマンが判断したため． |
| 2010年7月 | オンブズマンを黙らす？―オンブズマンによる保健サービス機関の調査の余波 | 上記調査結果とそれにもとづく勧告が保健サービス機関によって拒否されたため． |
| 2010年7月 | 訴訟後見人の料金と保健サービス機関 | 明白な過誤行政の証拠があったため． |
| 2010年4月 | 保健サービス機関（カールロー・聖ハート病院）による入院の費用の要求と徴収についての苦情に関する報告 | 保健サービス機関が行政上の過失を認めた一方でこの問題を重要であると捉えていなかったため． |
| 2010年4月 | 保健サービス機関に対するメイヨー・カウンティの Mr. Brown による苦情申立に関する報告書 | Mr. Brown の本来の苦情には含まれない部分に関しても，とくに患者の一般医へ送られた記録からの写しの重大さとその脱落の重大さはさらに注意が必要であると判断したため． |
| 2009年12月 | 海難スキーム | 事前検証にもとづく提案を農業・漁業・食糧省が拒否し，その決定の見直しをしなかったため．また調査結果にもとづく勧告も当該省が拒否したため，2つめとなる特別報告書を国会両院に提出している． |
| 2009年7月 | 計画文書のコピーに係る地方自治体の料金 | 地方自治体によってコピーの料金が異なり，またそれが不当に高いといくつかの苦情でオンブズマンが認識し，2003年以降たびたび年次報告書で記してきたが，あらためて包括的な見直しが必要と判断したため． |
| 2008年12月 | マリンガーの聖メアリーケアセンターでの患者のケアと治療 | 事前検証で明らかになったことだけでは申立人が満足せず，オンブズマンもさらなる調査が必要と判断したため． |
| 2008年10月 | 料金徴収の拒否に関する権利放棄のスキームについて，地方自治体による運用への調査 | 地方自治体ごとに異なる基準，低所得者への悪影響等，当初の苦情に含まれない事項に関しても調査を行う必要があると判断したため． |
| 2008年5月 | 保健サービス機関（西ダブリン，ダブリン保健サービス機関，中部レインスター）に対する苦情に関する報告書―在宅ケア手当の申請の拒否 | 事前検証の結果明白な過誤行政の証拠があり，保健サービス機関の決定が不当に差別的であり，公正で高潔な行政とは反対であるとオンブズマンが認識したため． |
| 2007年10月 | 戸籍本庁に対する苦情 | 多くの苦情があり，また将来にわたって大きな影響がある事案であり，さらに事前検証において戸籍本庁は非常に非協力的であったため． |

| | | |
|---|---|---|
| 2007年8月 | クレア・カウンティ・カウンシルとドンベッグゴルフコースの開発に関する計画申請の取り扱いに関する苦情 | この報告書は事前検証の手続のもとに行われた対応だけであり，正式な調査結果や勧告を含まない．報告書の目的は検証で集められた証拠とオンブズマンの見解を明確に提示することである． |
| 2007年6月 | キルデア・カウンティ・カウンシルに対する苦情対応のオンブズマンの経験に関する報告書 | 地方自治体に関する苦情の処理過程において，地方自治体の回答が長期間遅れる事案が見られ，地方自治体とオンブズマン事務局のいっそう緊密な連絡態勢を築く必要があるとオンブズマンが考えたため． |
| 2007年4月 | 3人の子どもを養育する申請について，保健サービス機関の取り扱いに関する概要報告書 | 申立人との議論と保健委員会（その後保健サービス機関へ）によって提出された詳細な報告書をもとに行った事前検証によって，保健委員会によるこの争点の扱いに明白な過誤行政の証拠があったとオンブズマンが考えたため． |
| 2006年3月 | 公的保健サービスに対する苦情に関する保健サービス機関への報告書 | 保健サービスに関してオンブズマンのこれまでの経験をもとにした，オンブズマン制度の理解とグッド・プラクティス実現のための保健サービス機関への報告書． |
| 2006年2月 | 以前のサービスに関して2名の公的保健看護師によって支払われる老齢退職年金の滞りを計算するなかでの，中西部保健委員会による遅れに関する報告書 | 事前検証におけるオンブズマンの要請を委員会が受け入れず，また同様のケースが他にも非常に多く見られたため． |
| 2005年7月 | スライゴ一般病院での患者のケアに関する調査報告書 | 申立人が苦情申立において求めた謝罪と苦情申立によっていかに手続の改善がなされたかの報告について，事前検証の段階では得られなかったとオンブズマンが判断したため． |
| 2002年11月 | 納税者の救済（特別報告書） | 税務委員会による見直しが申立人の十分な救済にはならなかったとオンブズマンが判断したため． |
| 2001年8月 | 障がいを持った乗客 | 他にも同じ苦情があり，制度の運用上の問題があるとオンブズマンが判断したため． |
| 2001年1月 | 介護施設助成金に関する報告書 | 保健サービス機関の活動が不公正かつ好ましくない行政実務であり，また事前検証におけるオンブズマンによる見直し要求に保健サービス機関が従わなかったため． |
| 2000年6月 | 地方自治体の住宅ローン | 他の地方自治体においても類似した過払いの事案があったかどうかを調査するため． |
| 1999年6月 | 年金滞納金の喪失に関する報告書 | 同様の200を超える苦情があったため． |
| 1998年2月 | 障がいを持った児童の学校輸送の提供に関する調査報告書 | 事前検証での応対において，児童が被った不利益に対処するための十分な措置がとられたとは言えないとオンブズマンが判断したため． |

出典：Office of the Ombudsman [1999a; 1999b; 2000; 2001; 2002; 2008a; 2008b; 2009a; 2009b; 2010a; 2010b; 2010c; 2010d; 2010e; 2010f; 2010g; 2010h; 2010i; 2011a; 2011b; 2012a; 2012c; 2012d; 2013a; 2013b; 2014a; 2014c; 2014d] ならびに [URL 50-63] をもとに筆者作成．

282件であるが，そのなかで正式な調査が行われ解決された苦情はわずか2件なのである．オンブズマン事務局では正式な調査に至る前段階の評価や検証をすべて初期段階の解決としてインフォーマルな解決であると見なしており，これまで苦情処理の99％がインフォーマルに処理されてきたと指摘されるのはこのためであろう．

　調査に至った事案の多くは保健や社会保障，とくに保健サービス機関（Health Service Executive）に関する事案であり，苦情申立人以外にも類似の状況に陥っている事案が数多く見られる場合や，苦情申立人の趣旨と関係機関の決定が対立しており事前検証においてその解消が達成できなかった場合，オンブズマン自身が苦情から現れた問題に強く関心がある場合が確認できる．たとえば以下のような事案が見られる．

【事案3】　拒否されたケア：65歳以下の長期滞在ケア提供の不履行
　2013年5月，オンブズマン事務局は介護施設入居者に関する2つの苦情への調査を終えた．その入居者は，民間の介護施設に入居しているという理由のために，保険返済スキームにおける料金の払い戻しを拒否されていたのである．このことは，当該入居者が公立のケア施設への入居を拒否されたために民間の介護施設に入居せざるを得なかったという事実を無視しているとオンブズマンは考えた．保健サービス機関は，民間の介護施設に入居している場合その介護施設の料金については保険返済スキームのもとでは返金され得ないと判断し，保険返済スキームの申立機関の職員も同様に申立を拒否した．さらにオンブズマンは，他にも広く同様の事例が見られることを確認した．
　オンブズマンは調査を開始したが保健サービス機関は協力的でなく，むしろ情報提供に難色を示していた．オンブズマンは国会へこのことを報告し，オンブズマン法第7条の定める調査権を行使している．その後オンブズマンの調査が明らかにしたのは，入居者のうち1名は57歳のときに脳腫瘍を患い民間の介護施設に入居せざるを得なかったことである．保健委員会（保健サービス機関の前身）は当該入居者が65歳以下であったために公立の介護施設への入居申請を拒否したのである．もう1名は53歳のときに脳卒中を患い，この場合も同様に保健委員会は当該入居者の年齢を理由に公立の介護施設への入居申請を拒否し，当該入居者は民間の介護施設へ入居しなければならなかった．いずれの入居者もメディカルカードを有しているために介護施設への料金の支払義務は負って

いなかったのである.

　調査の結論として，両入居者が年齢を理由に拒否されたという不当な差別があり，地位平等法（Equal Status Act 2000）に反するとオンブズマンは確認した．オンブズマンの出した勧告は，1人目に3万8000ユーロ，2人目に13万ユーロの支払いをすることであり，保健サービス機関は勧告を受け入れたが，オンブズマンの結論は認めなかった［Office of the Ombudsman 2014b：32］．

【事案4】　非欧州経済地域（EEA）労働者の子どものパスポート
　2014年，オンブズマンは3つの個別の苦情の調査を完了した．本苦情は3件ともブラジル人男性からであり，アイルランドで生まれた彼らの子どものパスポート取得において，非欧州経済地域の労働者が直面する困難についてであった．非欧州経済地域の労働者は，アイルランドで生活し就労するにあたって，法的地位を維持するために職業・企業・イノベーション省と司法公平省の2つの政府機関へ申請しなければならない．オンブズマンがとくに関心を持ったのが，パスポート取得と雇用許可の双方に関する法律がこの3つの苦情案件において正しく適用されていた一方で，上記2つの省とパスポート発行を担当する外務貿易省を会わせた3つの機関における行政の処理が，公正でなく不要な遅れを招いていた点である．

　申立人のうち2名は2002年からアイルランドに居住し就労し，もう1名は2006年に就労し始めた．彼らはアイルランドに居住する以前の段階で雇用を手配し，雇用許可を取り付け居住していた．2002年に来た2名はドネゴール（Donegal）で生活し，同じ雇用者のもとで長年にわたって就労していた．2006年に来たもう1名はウォーターフォード（Waterford）で生活し就労していた．彼らはそれぞれアイルランド共和国で2007年から2010年の間に子どもを設けている．3名全員が子どものためにアイルランド共和国のパスポートを申請し，居住期間にもとづいてパスポートの資格があると信じていたが，実際はそうでなかった．アイルランドにおいて市民権は司法公平大臣によって決定される．関連法制が定めているのは，子どもの両親のうち1人が子どもの誕生に先んじて4年間アイルランドの合法の住居に住んでいるのであれば市民権が与えられるのである．

　アイルランド共和国はシェンゲン協定に参加していないため，アイルランド共和国で働く特定の移民は，2つの国家機関から登録と適切な許可の維持を求

められる．これらは住居と雇用許可に関する職業・企業・イノベーション省に関連したアイルランド共和国の国籍取得と移民サービスであり，常に更新しなければならない．調査にかかわる3名の男性は，永久にここで働く許可を持っていた．その雇用許可は切れ目無く更新され，一見したところ，ドネゴールの2名の男性は2002年から，ウォーターフォードの男性は2006年から合法的に雇用されていた．他方で，彼らの居住許可は常に更新されてはおらず（多様な理由で，すべてが彼ら労働者の不履行ではない），違法と判断される住居が提供されていた期間があったのである．したがって，長年の生活と就労，所得税と国の社会保険の納付を行っていてもなお，この特定の期間のために「合法な居住者」ではないという立場にあった．

オンブズマンが判断したのは，彼らはその居住許可のために長年にわたって多くの税金や保健を負担してきており，雇用許可のために雇用者によっても負担されていた．加えて，首都から遠く離れた場所において助言やサービスを十分に受けずにフルタイムの雇用に就労していた．調査が行われている間，これらの事案の2つはレビューされ，パスポートは関連する子どもたちへ支給された．

さらにオンブズマンは関連機関のより密接な協力を勧告した．職業・企業・イノベーション省と司法公平省は，2014年の職業に関するアクションプランの一部として統一的な雇用許可とビザ申請のシステムを導入する実現可能性を調査するためにワーキンググループを設置した．これは，効果的な結果を追求するのであれば，困難を乗り越えて欧州経済地域の外側からアイルランド共和国へ来る労働者にとって前向きな第一歩である．職業・企業・イノベーション省と外務貿易省はまた，将来の労働者を支援する実務における改善の導入について保証したのである［Office of the Ombudsman 2015a：31-33］．

## 6．予算や人員の削減

時の政権や政府の予算状況によるオンブズマン事務局への予算や人事の削減の圧力は，早くも1980年代から見られる．1987年に政権に返り咲いたFianna Fáil党は広く公共部門の予算削減に乗り出し，オンブズマン事務局もその例外ではなかった［Donson and O'Donovan 2014：474；Mills 2006：142-143］．1987年の時点で予算の削減に曝されたオンブズマン事務局は，たとえば以下で述べるよ

うなダブリン市外への訪問活動が低下し，また受け付けた苦情をスタッフの削減によって年内に処理することができず，多くの苦情を翌年以降に持ち越さざるを得ない状況へと追い込まれた［Zimmerman 2001：86；Tyndall 2015：6］．

　また，前オンブズマンである Emily O'Reilly の時には，上級調査官6名，調査官22名，その他のスタッフは33名がオンブズマン事務局にて各職務を担っていたが，現状においては上述したように上級調査官2名，調査員17名，そしてその他のスタッフの27名に削減されている[5]．

## 7．管轄の拡大

　オンブズマン事務局の設置を定めた法律は，1980年のオンブズマン法があるが，当初定められた管轄の範囲は中央省庁とそれに関しての行政サービスを提供している主体に限られていた．現在オンブズマン制度の調査の対象となっている主体は，オンブズマン制度導入初期においては，オンブズマン制度の調査の対象となるべきであると考えられながらもオンブズマン事務局にあまりに多くの苦情が流れ込む原因になると捉えられ，調査対象に入れられていなかった［Zimmerman 2001：82-83］．

　しかしながら1984年12月に保健委員会（the Health Board，公立病院も含む，現在は保健サービス機関）や地方自治体，電話通信公社（Telecom Éireann），郵便をも管轄へと入れる行政委任立法332号が定められた[6]．これらの範囲拡大については，公衆の生活の重要な一部分となっているために，オンブズマンの管轄へと組み込まれるべきだとの考えが根底にあったためである[7]．とくに保健サービス機関や地方自治体に関しては，公衆へ直接公共サービスを提供する主体としての認識が強く，したがってオンブズマンの調査を受けるべきであり，それが結果的に公衆の権利利益の擁護と公共サービスの質の向上へつながると捉えているのであろう．

　その後も，オンブズマン法以外においても，保健法（2004年）において保健サービスを提供する機関や，また障がい者法（2005年）において障がい者の利用する建築物やサービス，情報を提供する団体についてもオンブズマンの管轄へと加えられている．ただしこれらについては各法律によってオンブズマンの前段階において申立に対応する担当者や機関の設置を定めている．さらに，大規模な管轄の拡大を定めた改正オンブズマン法（2012年）によって2013年5月

1日より200近い公共サービス提供者がオンブズマンの管轄へ加えられた．これにより，コーク市やダブリン市といった都市・各カウンティの職業教育委員会や技術研究所，国立大学も含む第3期教育機関（primary education: 小中学校，secondary education: 高等学校以降の専門学校，大学，語学学校等），歯科医師会，鉄道安全委員会など，多様な機関がオンブズマンの調査の対象となったのである．ただし，多くの機関が管轄に加えられたからといって問合せや申立が爆発的に増えたというわけではなく，2014年においては受付件数が467件，処理が453件，2013年においては受付件数が150件で処理件数が116件である［Office of the ombudsman 2014b：61-62；2015a：67］．

　現職のオンブズマンであるPeter Tyndallはさらなる管轄拡大に意欲的である．それも，電力や水道，Telecomといった従来公共サービスの提供を担ってきた機関が民営化され，その提供するサービスに対する苦情の救済が十分とは言えない状況があると彼が考えるためである．もうひとつは，先述したように2013年4月に欧州議会が消費者ADRに関する指令を採択し，EU加盟国に消費者と企業との間の紛争解決によりアクセスしやすいしくみの整備を求めているが，公共サービスの提供主体が民営化されていくなか，Tyndallはオンブズマン制度もこれに注目するべきであると述べる［Tyndall 2015：12］．

　Tyndallはまた苦情の「単一の入口（Single Portal）」の開発を目指し，また苦情処理に関する標準的アプローチの開発をも試みている［Tyndall 2015：12］．「単一の入口」に関しては，多様な公共サービス提供者の存在が，苦情申立人に無用な混乱を招くことを防ぐために，電話やオンラインのサービスを介して市民に標識を提示し，申立人が適切な機関に案内されるようサポートするのである．苦情処理の標準的アプローチのアイディアは，すべての公共部門にわたって明白なタイムスケール，応答の標準，救済の共通アプローチを設定し，また各機関のスタッフに有効な研修を実施することを可能とする［Tyndall 2015：12-14］．実際にオンブズマン事務局はすでに多様な苦情を適切な機関に案内することで標識としての機能を果たしていると考えられる．

## 8．多様な付随的活動

　オンブズマン事務局では，効果的に役割を果たすために多様な活動を行っている．ひとつは，オンブズマン事務局が各地域を訪問する出張サービスである．

オンブズマン事務局はダブリン市に置かれている一方で，苦情申立はアイルランド共和国全国から受け付けている．ダブリン市以外の潜在的な苦情を集めるためにも各地域での活動は重要視されている．具体的な活動としては，1990年代前半から始まった主要都市にある市民情報センター（Citizens Information Centres: CIC）に1カ月間窓口を置き，苦情相談に当たっている．また，それ以外の地方においても，ホテル等の施設にオンブズマン事務局のスタッフを派遣し，苦情申立に関する情報提供や，そのスタッフと議論することもできるし，苦情申立することが可能である．

また，オンブズマン制度についての各公共サービス提供者の理解の促進や，あるいは苦情申立人と関係機関，すなわち当事者同士の自律的な紛争解決を促進するためにガイダンスの作成も行っている（表5-4参照）．

たとえば『内部苦情処理システムへのガイド（Guide to Internal Complaint System）』[Office of the Ombudsman (Ireland) 1999a]は1997年に作成され，明白なタイムスケールや応答の標準，救済への共通のアプローチが苦情処理において必要な価値として認められている．アイルランド共和国のすべての公共サービスで用いられる共通した苦情ポリシーが必要であるとオンブズマン事務局では考えられている．そのために，公共サービス提供者におけるスタッフの苦情処理に関する研修や，たらい回しや遅れの原因となるマルチ・ステージ・プロセスの除外が必要であり，とくに公共サービス提供のパターンは複雑で混乱を招き，適切な機関へと案内できる標識が求められるため，現職のオンブズマンであるTyndallは先述した「単一の入口」の開発に積極的な姿勢をとっているのである．さらにこのガイダンスをもとに，環境・遺産・地方政府省において『顧客の苦情：地方自治体のためのガイドライン（Customer Complaints: Guidelines for Local Authorities）』[Local Goverment Customer Service Group 2005]を作成し，公共サービスの提供主体である地方自治体において，より良い苦情処理のシステムの運用を促進している．

モデルとなる苦情処理態勢を提示することによって，行政あるいは公共サービス提供者にその機関内部に新たに苦情処理態勢の確立を求めるガイダンス，または既存の苦情処理態勢の強化・改善を求めようとするガイダンスとして，『聞く，応答する，学習する，改善する（Listen, Respond, Learn, Improve）』[Office of the Ombudsman (Ireland) 2013c]は苦情処理の標準化を目指したものである．『救済の提供のためのオンブズマンのガイド―救済：誤りを理解し是正

## 表5-4 アイルランド共和国のオンブズマン事務局により発行されたガイダンス
（再掲・一部修正）

| タイトル | 概　　要 |
|---|---|
| モデルとなる苦情処理システムとポリシー：苦情処理システムを開発するためのオンブズマンのガイド | モデル苦情処理システム，モデル苦情処理ポリシー，モデル苦情処理フォームを含んだガイダンスで，組織が効果的な方法で苦情処理を行うことによって当該組織に利益をもたらし，また生じた問題の迅速で低廉な解決が，サービスの改善をもたらし，組織の評判や信用度を高めると記述する． |
| 良き苦情処理のためのオンブズマンのチェックリスト | 苦情処理システムの意義，特徴，設置・運営の方法を説明し，そして自己評価チェックリスト・苦情処理報告書のテンプレートを含む． |
| 聞く，応答する，学習する，改善する | 内部苦情処理システムの意義，特徴，設置・運営の方法，その利点の獲得に必要なことを説明する． |
| 良き理解のための6つのルール：良き行政のためのオンブズマンのガイド | 「良き行政とは何か」について以下の6つの観点から説明する．①正しい理解，②顧客志向，③オープンでアカウンタブル，④公正で相応な活動，⑤誤りへの効果的な対処，⑥持続的な改善の追求． |
| 救済の提供のためのオンブズマンのガイド―救済：誤りを理解し是正する | 誤りを理解し是正すること，救済の意義，説明と謝罪の方法，補償の支払方法，正しい状態を維持する方法，オンブズマンの役割について説明する． |
| 公務員のベスト・プラクティスの標準のためのオンブズマンのガイド | 人びとに対応する際の「適切」，「公正」，「オープン」，「公平」の4つの観点から高い標準の獲得の重要さについて説明する． |
| 意義ある謝罪をするためのオンブズマンのガイド | 謝罪とは何か，なぜ謝罪をするのか，謝罪から人びとが何を求めるのか，意義ある謝罪とは，どのように謝罪すべきか，誰が謝罪すべきか，謝罪することによって組織が受ける利益について説明する． |
| 内部苦情処理システムのためのガイド | 内部苦情処理システムを持つ利益，システム設置の準備，設置と運用，特徴について説明する． |
| オンブズマンのガイド：介護施設のための苦情処理システムのモデル | 民営の介護施設のために，「苦情」の定義，苦情処理システムへのアクセス，迅速な救済の方法，調査，記録，スタッフの訓練について説明する． |
| 救済―誤りを理解し是正する：誤りがあった場合の救済の提供に向けた介護施設への案内 | 救済とサービスの質の関係，謝罪・説明・その他救済の方法，適切な時間内での救済の重要さについて説明する． |

出典：Office of the Ombudsman (Ireland) [1999a; 2003; 2013c; 2013d; 2013e; 2013f; 2015b; 2015c; 2015d; 2016] をもとに筆者作成．

する（*Ombudsman's Guide to the Provision of Redress-redress: Getting it wrong and putting it right*）』〔Office of the Ombudsman (lreland) 2015c〕は，苦情や救済とは何なのかという認識について説明し，苦情に対する認識を改め，さらに救済を通じて苦情をより良いサービス提供に活用するためにどのような努力ができるのかを説明するガイダンスである．言い換えれば，組織にとって苦情が，サービスや運営の改善のための情報提供となり，いかに有用なものであるかを説明し理解を求めるのである．

　苦情申立人への具体的な対応について，たとえば謝罪の方法や，暴言や暴力といった申立人の不合理な行為への対処方法について説明するガイダンスとして，『意義ある謝罪をするためのオンブズマンのガイド（*The Ombudsman's Guide to Making a Meaningful Apology*）』〔Office of the Ombudsman (lreland) 2016〕がある．謝罪に対する共通の認識を行政職員や公共サービス提供者の間で共有するために，なぜ謝罪をしなければならないのか，どのように謝罪すべきなのか，誰が謝罪すべきなのかといった点についての説明が整理されている．

　加えて，2012年のオンブズマン法の改正によって管轄となる公共サービス提供者が急激に増加したことにより，オンブズマン事務局では，2013年2月に一般的なガイドの冊子『正しく理解するための6つのルール——グッド・アドミニストレーションへのオンブズマンのガイド（*Six Rules for Getting it Right-The Ombudsman's Guide to Good Public Administration*）』〔Office of the Ombudsman (lreland) 2013e〕を作成し配布しており，これはオンブズマン制度のしくみや機能を説明する目的と，オンブズマン事務局での経験をもとに公共サービス提供者がどのように苦情を持つ公衆に対応すべきかを説明する目的を有している．このガイダンスにおいては苦情処理にあたって6つのルールが提示されている．6つのルールとは，①正しい理解（get it right），②顧客志向（be customer oriented），③オープンでアカウンタブル（be open and accountable），④公正・適切な行動（act fairly and proportionately），⑤過誤への効果的な対処（deal with errors effectively），⑥継続的な改善（seek continuous improvement），である．

　またこの一般的なガイドだけではなく，特定の領域においてより詳細な苦情対応のノウハウを説明するガイドも提供している．たとえば介護施設のサービス提供者向けには，2015年8月にガイド『救済——誤りを理解しそれを正す：誤りがあった場合の救済の提供に向けた介護施設への案内（*Redress-Getting it Wrong and Putting it Right: Guidance for Private Nursing Homes to the Provision of*

*Redress When Things Go Wrong*)』［Office of the Ombudsman (Ireland) 2015d］を発行しており，苦情申立への対応に関して，どのように謝罪や説明をし，解決を模索し，そしていかに改善し続けるかについて案内している．さらにはケーススタディのための問答集を掲載した冊子『介護施設のためのモデル苦情処理システム (*Model Complaints System for Nursing Homes*)』［Office of the Ombudsman (Ireland) 2015b］も配布しており，これを利用したスタッフの研修も促進している．

　オンブズマン制度が管轄の機関へ研修を実施することに関しては，他のオンブズマン制度でも見られる［Wakem 2014：16］．管轄となる機関が増えていくなかで，管轄の機関に対してオンブズマン制度についての理解を求めることと同様に，オンブズマン事務局に苦情申立人が訪れる前の段階，すなわち関係機関との間での応対の段階でより適切な救済が行えるような能力の開発を行うことも，オンブズマンの役割のひとつとして広く認められるようになってきており，またそれがガイダンスを受け取る関係機関の主体性に任せている点が重要なのである．このような活動が結果的にオンブズマンのところへ来る苦情の減少をもたらし［Zimmerman 2001：87］，またオンブズマンの本来の役割を達成するためにも重要な，先を見越した (proactive) 付属的役割と見なすこともできよう［Zimmerman 2001：87］．

## 9．アイルランド共和国のオンブズマンにおけるインフォーマリティ

　これまで論じてきたように，アイルランド共和国のオンブズマン制度で確認できるインフォーマリティに向けた努力は以下の通りである．第3章でも論じたように，ひとつは，正式な調査の前段階における苦情の解決，すなわち初期段階での解決（アイルランド共和国のオンブズマン事務局ではインフォーマルな解決と呼んでいる）を奨励している点である．これには問合せの段階，評価の段階，そして検証の段階が含まれるが，2つの事案で確認したように，個別の事案に応じて柔軟に職員が対応する．実際に行われているのは，まず苦情申立人がオンブズマン事務局へ訪れる前の段階で行った関係機関との応対の記録の確認であり，そして関連する法令や制度，さらには関係機関における要綱やマニュアルの確認作業である．

　とくにこれらの作業に関しては，苦情申立人とオンブズマン事務局のスタッ

フとの口頭での応対，関係機関において申立人と以前に応対を担当した職員とオンブズマン事務局スタッフとの口頭・電話・メール・文書での応対が基本になる．
　これらの事前検証の段階を超えて，正式な調査を実施するかどうかの判断の要素となるのは，関係機関が非協力的であるがために，オンブズマンによる国会への報告という調査権を行使する必要があるかどうかという点や，あるいは同様の苦情がそれまでに多く寄せられており，問題の根本的な解決のためには調査権を行使し，徹底的な調査とそれにもとづいた報告書の提出，あるいは勧告によっていっそう広い議論を政策形成者や実施者に求める必要があるのかどうかといった点であろう．関係機関が協力的であり応答的である場合や，徹底的な調査をせずとも問題の解決が達成できると判断される場合，上記の点において正式な調査が不要であると判断されるのであれば，そしてそれで苦情申立人が満足するのであれば，事前検証の段階のみで苦情の解決が達成されたと判断されるのは当然のことである．
　一方ではオンブズマンの役割において，正式な調査とそれにもとづく勧告が根幹となり，効果的な行政運営の改善や制度変更，さらには政策変更を達成してきている．他方ではいっそう簡易・迅速かつ柔軟な解決の手法を開発しそれを利用しようとするのは，インフォーマルな解決手法の志向という観点から重要になるであろう．なぜなら人的資源や時間の制約から見ても，また迅速な解決を提供することによって苦情申立人の高い満足度を得るという観点からも，そして苦情申立人と関係機関との応対のなかで事実確認をし，合意を得つつ苦情の解決できるポイントを模索するという点においても，さらにはオンブズマンの根幹となる役割を十分に果たすための余裕を残しておくという点においても重要だからである．
　2つめは管轄内の行政機関，公共サービス提供者へのガイダンスの発行である．先に確認したように，アイルランド共和国のオンブズマン事務局は各機関に対して一般的な苦情処理手続のガイダンスだけでなく，いくつかのケーススタディにおける問答集も提供している．ガイダンスの発行は何ら制度上根拠づけられたものではないが，管轄の拡大，そしてガバナンスのなかにおけるオンブズマンの役割を積極的に果たそうとするなかで極めて重要な一面であると考えられる．
　インフォーマリティの努力の3つめとして，このようなガイダンスを用いて

研修を実施しているという点において，オンブズマンのインフォーマルな活動が展開されている事実である．オンブズマン制度の存在意義は，オンブズマンが苦情を受け付け解決した件数やその内容で判断されるだけではなく，最終的にはグッド・アドミニストレーションの達成にある．そのためにオンブズマンは自律的に紛争解決を達成できる行政職員を育成することが要請されるのである．

　これら行政（職員）の自律性の涵養という点に関して言えば，オンブズマンはその役割を個別具体的な苦情への対応だけではなく，その苦情に対応する役割を減らしてでも，行政機関や公共サービス提供者が自律的に苦情に対応できるような態勢を確立・強化し，さらには苦情の発生が未然に防がれるような環境の整備を確立することに立脚させようとしている．

　これまで述べてきたように，公共サービスを提供する主体が自ら苦情の救済を達成できるような能力の開発に携わり促進する役割もオンブズマンには求められるようになったのであり，見方を変えれば，オンブズマンの予防的な救済を志向する役割が，インフォーマルな活動として現れていると認めることができる．アイルランド共和国の現職のオンブズマンである Tyndall がさらなる管轄の拡大が必要であると主張するように，公衆にとっていっそう利用しやすい裾野の広い苦情処理のシステムの開発への期待がオンブズマン制度に向けられている．しかしながら，管轄の拡大が直ちに苦情件数の増加に結びつくのではなく，包括的な苦情処理システムの開発を志向している．それが2012年の法改正による管轄の拡大，ガイダンスの発行や研修の実施による能力開発，「単一の入口」の開発や苦情処理への標準的アプローチといった形で現れていると考えられる．

## 10. ガバナンスのなかのオンブズマンの役割

　オンブズマンの正式な調査と勧告が効果的な制度変更や政策改善をもたらすという点でオンブズマンの役割の根幹となる一方で，より柔軟で迅速な解決の手段を志向し，解決の手段に文書ではなく電子メールのやりとりや電話によって苦情の解決を目指すような手段，そして申立人と関係機関との近密な応対の促進が事実上の行為としてオンブズマンには求められているのである．これには一見異質な活動が含まれているが，より簡易で迅速な方法を目指し柔軟な解

決を図ろうという点で一致するし，より広く救済をもたらそうという場合に正式な調査が用いられる可能性がある点に共通性を見出せる．基本的には苦情申立人と関係機関との相互関係のなかで事実の確認をし，合意を得ながら苦情の解決できるポイントを模索するのがインフォーマルな解決の柱になっていると考えられる．

　オンブズマンの活動を支えるためにもガイダンスの発行はまた重要なのである．アイルランド共和国のオンブズマン事務局は各機関に対して一般的な苦情処理の手続のガイダンスだけでなく，いくつかのケーススタディにおける問答集や，これらにもとづく研修も実施している．この活動は，オンブズマンの苦情に対応してきた経験をもとに同類苦情の再発防止として行われている面もある一方で，当事者同士の紛争解決を最優先としその後内部苦情処理において，それでも解決しない場合に外在的にオンブズマンが登場すべきという苦情処理態勢のプロセスの確立を図り，またオンブズマンの理念への理解を高め，結果的にオンブズマン事務局へ集まる問合せの件数を減らしその負担軽減にもつながるし，さらには行政や公共サービス提供者の公衆への対応能力の開発，苦情処理能力の開発によって自律性の涵養の機会となるだろう．

　ガイダンスの発行については，オンブズマンの役割が苦情の救済だけではなく，より広く苦情の発生を未然に防ぐ態勢をつくろうという公共サービス全体のなかの予防的な役割に重点が置かれるようになったことを意味する．オンブズマンはガバナンスのなかで苦情処理の任務を行いながら，ガイダンスの発行や研修の実施を通じてより積極的にグッド・ガバナンスの確立に貢献しようとしているのである．もちろんこのようなガイダンスの発行については，他のオンブズマン制度でも見られることであり，その内容や意義については稿をあらためて論じたい．

　第3章から第5章において，諸外国の事例を中心にオンブズマンのインフォーマリティについて確認してきた．インフォーマリティの概念は当初行政救済の枠組みにおいて裁判や行政審判と比較した簡易さ・迅速さ・低廉さをもってオンブズマンの特徴を提示するために用いられていたが，その後のオンブズマンの実務や研究の展開によって，正式な調査に至る前段階における早期解決を志向する傾向や，さらには苦情の再発防止を図る予防的な活動もオンブズマンのインフォーマリティとして確認できる．

　つづいて，次の2つの章では日本における行政苦情救済の現状を観察し，こ

れまで海外のオンブズマンを中心に論じてきたインフォーマリティの視点からその役割と課題について検討したい．

注
1) アイルランド共和国国会（Houses of the Oireachtas）下院（Dáil Éireann）議事録，1975年5月6日（火）"Private Members' Business-Appointment of Ombudsman: Motion",（http://oireachtasdebates.oireachtas.ie/debates%20authoring/debateswebpack.nsf/takes/dail1975050600045?opendocument 2016年2月20日閲覧）．また，Zimmerman［2001：80］，Donson and O'Donovan［2014：476-477］においても同様の記述がある．
2) 事務局のスタッフ構成とその職務内容，組織図については，オンブズマン事務局調査官のGeraldine McCormackへの2015年11月20日，オンブズマン事務局での聴き取り調査にもとづく．
3) 苦情処理過程における段階や各スタッフの役割については，筆者によるオンブズマン事務局への聴き取り調査にもとづく．聴き取り調査は2015年11月20日，オンブズマン事務局調査官のGeraldine McCormack氏に対して，オンブズマン事務局にて行った．
4) オンブズマン事務局内部資料 *Section 15 Manual*: 4 参照．2015年11月20日のGeraldine McCormack氏からの聴き取り調査時に入手．
5) オンブズマン事務局内部資料 *Section 15 Manual*: 9 参照．脚注27参照．
6) 電話通信公社はその後，1999年に郵便電話サービス法（Postal and Telecommunications Services（Amendment）Act, 1999）によって管轄から外された．また2011年には郵便に関しても通信規制法（Communications Regulation（Postal Services）Act 2011）によってオンブズマンの管轄から除外され，新たに設置された通信規制委員会（the Commission for Communications Regulation）がその苦情の対応をすることになった．
7) アイルランド共和国国会（Houses of the Oireachtas）下院（Dáil Éireann）議事録，1975年5月6日（火）"Private Members' Business.-Appointment of Ombudsman: Motion"（http://oireachtasdebates.oireachtas.ie/debates%20authoring/debateswebpack.nsf/takes/dail1975050600045?opendocument 2016年2月20日閲覧）．

# 第6章 日本の地方自治体オンブズマン

　日本の地方自治体においてオンブズマン制度が設置されて四半世紀以上が経過している．その間いくつもの自治体において制度設置が検討されてきた．制度設計がはじまった当初は政治・行政の腐敗を契機として，行政の信頼性回復のための手段として設置されてきたが，その後広聴，相談，行政不服審査といった既存の制度との比較とのなかで，簡易さや独立性，行政への調査権，強制力のない勧告や意見表明，発意調査に意義を見出し，設置を進めた地方自治体も多い．

　日本のオンブズマンは行政の長が任命し行政の附属機関や首長の諮問機関（補助機関）として設置されるいわゆる「行政型オンブズマン」のみではあるが，各地方自治体の市民・行政関係のもとで，あるいは他の制度との関係や首長，行政職員の意向のなかでそれぞれ多様な役割が期待され運用されてきた．その結果として，広聴や相談窓口の延長として認識されている制度もあれば，オンブズマンの独立性を重視する制度も見られる．

　このように地方自治体の背景や制度設計によってオンブズマン制度が多様である一方で，勧告や意見表明といったしくみがほとんど用いられていないという共通する部分も見られる．従来からオンブズマン制度の根幹と言われていた勧告や意見表明，そしてその結果としての行政監視をなくして，オンブズマン制度はどのように苦情処理を担い，そしてそこにはどのような存在意義があるのだろうか．もちろんオンブズマン制度にとって勧告や意見表明は，自治体行政が自ら改善をしようとしない際の切り札であり，単純に勧告や意見表明の多少でオンブズマン制度の成果を判断するべきではない．しかしながら，同時にその存在意義を積極的に示していかなければ，財政難や行政改革を背景に事務局の規模や報酬の縮小，さらには廃止を招くこともあり得るのである［吉田 2011：140-141］．

ただし，もう一方でオンブズマン事務局における苦情処理は簡易・迅速を志向している．それは1990年代からすでに指摘されていたことであり，関係部局との間とのやり取りで，できる限り対立を避け温和かつ柔軟な手段で解決を志向しているという点である［大橋 1995：108］．この点については，第3章で確認した苦情処理における「インフォーマルな解決」と共通する傾向であると考えられる．オンブズマン個人や事務局職員に依存したシステムでもあるオンブズマン制度は，背景や制度設計に加えて，運用に携わる人間にも着目する必要がある．言い換えれば，オンブズマン制度の存在意義は，制度設計だけでなく人による運用を踏まえて自治体行政のメカニズムのなかでどのように働いているかを明らかにしない限りはわからないのである．

　したがって本章では日本の地方自治体におけるオンブズマン制度に着目し，苦情処理の方法や運用に携わる人間の見出すオンブズマン制度の意義や庁内のオンブズマン制度に対する態勢について分析しながら，日本の地方自治体におけるオンブズマン制度の存在意義と課題を検討したい．そのために次の2つの事例を取り上げる．ひとつはオンブズマン制度を導入したがその後所期の目的は果たせたという理由で相談制度へ再編した宮城県の事例と，もうひとつは職員の倫理に関する規定も含めた条例のなかに位置づけられ，市民相談課内に設置されたオンブズマン事務局を持つ明石市の事例である．

## 十1．日本の地方自治体オンブズマン制度の目的

　日本でオンブズマン制度の導入が議論されるようになる契機となったのは，ロッキード事件やリクルート事件といった政治や行政の汚職である．国レベルでは導入に至らなかった一方で，地方自治体レベルでは行政の汚職を契機とした行政の信頼性回復のための手段として，川崎市をはじめとして，藤沢市，北海道，鴻巣市等が行政監視機能を期待させ，地方自治法の制約のもとで議会に設置はできなかったものの，行政型のオンブズマン制度を設置した．その後いくつかの地方自治体でオンブズマン制度が普及していくなか，汚職や腐敗ではなく，広聴や相談機能の強化を目的としてオンブズマン制度を導入する地方自治体も現れたが，すでにいくつかの地方自治体において当初求められた役割を終えたこと，あるいは財政難を理由に廃止されたように，必ずしも必要不可欠な制度であるとして求められてきたわけではなかった．

それはオンブズマン制度に常につきまとう「既存の広聴や相談とどう違うのか」，すなわち屋上屋を架す制度となるのではないかという疑問が存在するからであり，広聴や相談との積極的な差異を明らかにしなければオンブズマン制度は不要と判断されるのである［今川 2006：49-52］．むしろ首長の公約や行政職員らによる懇談会，あるいは市民からの要望等で設置に至った地方自治体もあるなかで，運用のなかで常にオンブズマン制度の存在意義を確認する作業が求められる．

以上のようにこれまで日本のオンブズマン制度に関しては，大きく2つの出発点からその役割が論じられてきた．ひとつは行政監視機能から，もうひとつは既存の広聴・相談の機能不足に由来する市民の声の分析・評価によるフィードバックのツールとしてである［今川 2011：79］．

前者については，日本のオンブズマン制度議論の出発点がそもそも政治・行政の汚職や腐敗を契機としていたように，また日本特有の市民オンブズマンの台頭による情報公開や公金調査に見られるように，日本においてオンブズマンとは行政を監視するしくみのひとつとして捉えられてきただけではなく，行政監視がオンブズマンの本来的な機能であると論じられることもある［林屋 2002：135］．オンブズマンが歴史的にもそうであったように，行政権の拡大に対する市民の権利・利益の擁護を目的に，市民からの苦情処理と同時に行政権に対する行政監視が求められてきたのである．そしてこの行政監視の結果として，行政改善機能が認められる．

たとえば林屋は具体的行政監視と抽象的行政監視の2つに分け，具体的行政監視は苦情申立人から申し立てられた事案との関係から行政監視を行い，抽象的行政監視は発意調査による行政監視であるとし，要綱にもとづくオンブズマン制度では抽象的行政監視を持たないものもあると述べる［林屋 2002：95］．加えて自治体オンブズマンでは，行政に設置されたオンブズマンであっても，市民の代理人として行政を監視することが可能であると指摘するが，他方で「『紛争解決』機能のみとするのは（中略），オンブズマンという外形をとった効果のともなわない制度に堕する危険性が内蔵されている」［林屋 2002：100-101］と指摘する．

これに対して，行政監視が本来的機能であるオンブズマン制度が行政内部に設置され，行政を監視するのは原理的な矛盾であり，議会型オンブズマン制度を追求する必要を述べる論者もいる．土屋［2010：44］は強大な行政権を監視

する役割をオンブズマンの存在意義であると指摘し，本来期待されていた汚職防止等を含む行政監視的な機能を有効に発揮することをオンブズマン制度に求めている．このような場合単に苦情処理を行うだけで行政監視機能を果たせていないオンブズマン制度は存在意義があるのかという批判が突きつけられている．加えてオンブズマン制度はあくまで市民の代理人であり，行政の自己正当化の認識を改める役割を果たすと述べる［土屋 2010：25］．

もうひとつの出発点では，地方分権のもと，自治体行政には多様な政策形成が求められるようになり，そのためにも市民の声を分析し，フィードバックするツールとしてもオンブズマン制度は着目されてきた[1]．この場合，自治体行政において責任能力・業績能力が問われる活動領域の拡大に伴う行政の内在的な責任確保の手段としてオンブズマンは注目された．オンブズマンには勧告や意見表明の権限が与えられ，同時に行政職員にはオンブズマンの勧告や意見表明を尊重し，フォローアップする義務が課せられているのである．したがってこの観点から見たオンブズマン制度の存在意義は，勧告や意見表明をもとにした行政運営の改善，制度改善，政策変更となる[2]．

ところが，日本のオンブズマン制度の運用においては，次節で示すように必ずしも勧告や意見表明が日常的に求められておらず，また林屋礼二が指摘するように発意調査権を持たない制度も少なからずあるだけでなく，持っていたとしても積極的に活用していない場合も多い．それでは，オンブズマン制度はどのように苦情の解決を図り，行政運営の改善を促しているのだろうか．また，運用のなかでオンブズマンの意義はどこに見出されるのだろうか．

## 2．日本のオンブズマン制度の運用

日本の地方自治体におけるオンブズマン制度は，行政全般を対象とした一般オンブズマン以外にも，福祉や介護，男女共同参画，子どもの人権等各地方自治体の要請によって多様な特殊オンブズマンが設置されている．とくに福祉や介護領域での発展は，行政だけではなく民間とのネットワークの関係で注目に値するが，本章では紙幅の関係から一般オンブズマンに限定して議論をしたい．

先述したように，地方自治体においてオンブズマン制度が注目され始めたのは政治や行政への不信感を生む原因となった不祥事が存在し，その後首長が選挙の際にその不信感を拭う手段としてオンブズマン制度を公約として掲げ，導

入されるパターンが多かった[3]．他方でこのような特定の事件がなくとも，広聴機能の充実や市民参加体制の確立等を理由に制度設置が求められたパターンもある[4]．ただし，たとえば勧告権や発意調査権の有無，あるいは任命に際しての議会の承認の要否といった制度設計に関しては，必ずしも制度導入の理由と一致するわけではない．たとえば，上尾市市政相談制度，新座市オンブズマン，新宿区区民の声委員会では広聴機能の充実や市民・区民との対話，参加体制の確立が設置背景であるが，上尾市では勧告権，発意調査権は認められておらず，議会の承認も必要ではない．他方で新座市では勧告権，発意調査権は認められており，議会の承認も必要である．新宿区では勧告権は認められているが発意調査権は認められておらず，議会の承認も必要ではない．

　このように地方自治体によって，制度設置の背景だけでなく，その後の制度設計や事務局の配置は実に多様である．加えて専門調査員の有無や，さらに言えば事務局職員や担当職員のオンブズマン制度に対する考え方，他の職員とオンブズマン事務局との関係等，制度の運用にあたっては多くの要因がオンブズマン制度の役割にかかわってくる．すなわちむしろ，オンブズマン制度の特色は，そのインフォーマルな部分にあると言えるだろう［小島・外間 1979：8］．実際に，オンブズマンのもっとも強力な措置である勧告や意見表明ですら強制力はなく，さらにこんにちの日本の自治体オンブズマンにおいては，当該部局にフォローアップの義務のある勧告や意見表明を行わずとも解決に至る事例が非常に多い（表6‐1参照）．表6‐1では2011年度から2015年度までの日本の地方自治体オンブズマンにおける苦情申立件数と，そのうち申立の趣旨に沿って処理された件数，さらにそのなかで勧告や提言，意見表明に至った件数を整理している．この苦情申立に至る前段階でさらに多くの相談が寄せられていることも鑑みると，日常的にオンブズマン事務局は苦情・相談をできる限り迅速に解決しようと志向していることがわかる．

　このことについて，第1には10年以上前の指摘にもあるように，勧告や意見表明に至る前に解決する事案が多いという評価もできる［橋本 1999：102］．つまり，オンブズマンあるいは事務局職員による調査中に，当該担当職員が自ら苦情の原因となった問題の解決を図っているのである．第2には，はからずもオンブズマンの独立性あるいは資質に問題があり，基本的に行政職員との争いを避けようという気質を有している可能性もある．その場合オンブズマン制度は機能していないと判断され得るだろう．

表 6-1　2011年度から2015年度までの5年間における苦情申立・勧告件数

| 自治体名 | 苦情申立件数 | 申立の趣旨に沿って処理 | 勧告・提言意見表明 | 備考 |
|---|---|---|---|---|
| 北海道 | 86 | 13 | 0 | |
| 秋田県 | 99 | 31 | 0 | |
| 山梨県 | | | | 報告書なし |
| 沖縄県 | 37 | 6 | 0 | |
| 札幌市 | 641 | 168 | 0 | |
| 北見市 | 26 | 1 | 1 | |
| つくば市 | 21 | 9 | 8 | |
| 川越市 | | | | 報告書なし |
| 上尾市 | | | | 報告書なし |
| 新座市 | 19 | 6 | 2 | 発意調査による意見表明が1件(2014年度) |
| 新宿区 | 33 | 3 | 0 | |
| 三鷹市 | 19 | 0 | 0 | 2013年度除く |
| 府中市 | 56 | 6 | 2 | |
| 昭島市 | 16 | 7 | 1 | |
| 調布市 | 18 | 5 | 1 | |
| 多摩市 | 51 | 11 | 6 | |
| 清瀬市 | 4 | 2 | 0 | |
| 国分寺市 | 29 | 9 | 1 | |
| 川崎市 | 585 | 170 | 0 | |
| 藤沢市 | 112 | 14 | 0 | |
| 新潟市 | 95 | 12 | 12 | 2012年度から2015年度までの4年間 |
| 上越市 | 36 | 9 | 1 | |
| 富山市 | | | | 報告書未公開 |
| 西尾市 | 95 | 8 | | 2011年度除く |
| 明石市 | 18 | 0 | 0 | |
| 三田市 | 14 | 1 | 0 | 2014年度から運用開始 |
| 熊本市 | 343 | 80 | 0 | |

出典：北海道苦情審査委員［2016：27］，秋田県民行政相談員［2012：5；2013：3；2014：3；2015：3；2016：3］，沖縄県行政オンブズマン［2012：2；2013：2；2014：2；2015：2；2016：2］，札幌市オンブズマン［2012：9；2013：9；2014：5；2015：6；2016：6］，北見市オンブズマン［2012：5；2013：5；2014：5-6；2015：5；2016：5］，つくば市オンブズマン［2012：6；2013：6；2014：6；2015：6；2016：6］，新座市オンブズマン［2012：4；2013：4；2013：4；2015：7；2016：4］，新宿区区民の声員会［2012：7；2013：7；2014：7；2015：7；2016：8］，府中市オンブズパーソン［2012：5；2013：6；2014：5；2015：6；2016：5］，調布市オンブズマン［2012：9；2013：11；2014：8；2015：7；2016：7］，多摩市総合オンブズマン［2012：10；2013：10；2014：10；2015：10；2016：10］，清瀬市オンブズパーソン［2012：1；2013：1；2014：1；2015：1；2016：1］，川崎市市民オンブズマン［2012：48］，藤沢市オンブズマン［2012：1；2013：1；2014：1；2015：1；2016：1］，新潟市行政苦情審査会［2013：3；2014：3；2015：3；2016：3］，上越市オンブズパーソン［2012：47；2013：66；2014：54；2015：58；2016：39］，西尾市行政評価委員会［2012：5；2013：5；2014：5；2015：5；2016：30］，明石市行政オンブズマン［2012：6；2013：6；2014：5；2015：5；2016：5］，三田市オンブズパーソン・三田市経営管理部行政管理室総務課［2015：5；2016：5］，熊本市オンブズマン［2012：3；2013：4；2014：4；2015：4；2016：4］，ならびに（URL 3-7, 19-23, 42-45）をもとに筆者作成。

多くの苦情申立，そしてそのなかでも申立の趣旨に沿って処理された事案が散見されながらも，ほとんど勧告や意見表明が見られないのはオンブズマン制度の役割が勧告や意見表明を通してではなく，一方で最終手段としての勧告や意見表明の役割は存在し続けるが，他方で別の手段で苦情の解決や行政運営の改善をもたらしているためであると考えられる．それが第3章で言及した「インフォーマルな解決」で見られる，早期解決の志向である．
　また，事務局の設置場所に関しても，独自の事務局を設置しているところ，相談課内に設置しているところ，広聴・広報課内に設置しているところ，その他企画部等に設置しているところがある（表6-2参照）．
　他部署からは独立したオンブズマン事務局を設置し，他部署の職員から影響を受けないようにその任務を行える環境を整えるという独立性の視点がある．たとえば川崎市では当初市庁舎の外部にオンブズマン事務局を設置するために民間のビルである砂子平沼ビル3階を借り入れて事務局を開設している［URL 12］．また，熊本市のオンブズマン事務局は市庁舎とは離れ，マスミューチュアル生命ビルの2階に設置されている［URL 16］．つくば市においても，本庁舎ではなく分庁舎である大穂庁舎に事務局を設置することによって一定程度の独立性を確保できると捉えられている[5]．
　他方で，札幌市のオンブズマン事務局についても当初は他部局から組織的に独立し，また民間のビルに事務局を開設していたが，2006年より総務局のなかに編入され，加えて事務局も2007年より市庁舎内に移転している[6]．このように事務局の独立性に価値を置く地方自治体もある一方で，必ずしも事務局の距離的・組織的独立性が重要視されるとは限らない．ただし留意しなければならないのは，オンブズマン事務局へのアクセシビリティの観点からも事務局の位置を検討しなければならない点である．
　またオンブズマン事務局においては，その事務局職員は行政職員の再任用による場合も見られる．この場合，行政機関に熟知しているという強みも見られる一方で，馴れ合いの関係のなかで苦情処理が行われ，独立性に疑問の目を向けられる原因ともなり得るだろう．加えて，その職員数も必ずしも多いとは言えない．たとえばつくば市のオンブズマン事務局では職員は1名のみであり[7]，また沖縄県行政オンブズマンの事務局においても2名の職員で業務を行っている．オンブズマンの勤務日もできる限り減らし，オンブズマン事務局に関する人件費を削減しようという傾向も見られる．

表6-2 現在設置されているオンブズマン制度の事務局

| | 自治体名 | 制度名 | 設置組織名 |
|---|---|---|---|
| 独自事務局 | つくば市 | オンブズマン | オンブズマン事務局 |
| | 新座市 | オンブズマン | オンブズマン室 |
| | 多摩市 | 総合オンブズマン | オンブズマン事務局 |
| | 川崎市 | 市民オンブズマン | 市民オンブズマン事務局 |
| | 藤沢市 | オンブズマン | オンブズマン事務局 |
| 相談課内 | 北海道 | 苦情審査委員 | 総合政策部知事室道政相談センター |
| | 北見市 | オンブズマン | 市民環境部市民の声をきく課市民相談係 |
| | 調布市 | 行政オンブズマン | 市民部市民相談課 |
| | 山梨県 | 行政苦情審査員 | 県民生活部県民生活センター県民生活相談担当 |
| | 富山市 | 行政苦情オンブズマン | 市民生活部市民生活相談課 |
| | 明石市 | 行政オンブズマン | 政策部市民相談室 |
| 広聴広報課内 | 秋田県 | 県民行政相談員 | 総務部広報広聴課 |
| | 新潟市 | 行政苦情審査会 | 市民生活部広聴相談課 |
| | 昭島市 | 総合オンブズパーソン | 企画部秘書広報課オンブズパーソン・市政相談担当 |
| | 上尾市 | 市政相談委員 | 市長政策室広報広聴課 |
| | 川越市 | オンブズマン | 市民部広聴課広聴担当 |
| | 国分寺市 | オンブズパーソン | 政策部政策法務課広聴担当 |
| | 新宿区 | 区民の声委員会 | 総合政策部区政情報課広報・広聴 |
| | 府中市 | オンブズパーソン | 政策総務部広報課市民相談室内オンブズマン事務局 |
| | 沖縄県 | 行政オンブズマン | 知事公室広報課 |
| その他 | 札幌市 | オンブズマン | 総務局オンブズマン事務局 |
| | 上越市 | オンブズパーソン | 総務管理部総務管理課オンブズマン事務局 |
| | 清瀬市 | オンブズパーソン | 総務部文書法制課文書法制係 |
| | 三鷹市 | 総合オンブズマン | 総務部相談・情報課 |
| | 西尾市 | 行政評価委員会 | 企画部企画政策課 |
| | 三田市 | オンブズパーソン | 経営管理部行政管理室総務課 |
| | 熊本市 | オンブズマン | 市民局オンブズマン事務局 |

出典：URL 1, 2, 8-12, 14-17, 18, 25, 26, 28, 29, 31-41, 46 をもとに筆者作成（2016年11月現在）．

このように多くのオンブズマン制度において，より簡易・迅速・低コストを目指す苦情処理態勢への志向が見られる．この早期解決が志向されるようになった理由については次のいくつかが考えられよう．第1には，オンブズマン事務局が設置されてから，予算や人員が削減された結果として，ひとつの苦情に多くの時間を要するような対応が困難になったという行政上の都合もあると考えられる．第2には，市民が自身の苦情についてできる限り早い解決を望み，それにオンブズマン事務局が応える形があったかもしれない．

いずれにしても，日本の地方自治体におけるオンブズマン制度については，

1990年代から勧告や意見表明を避けようとする傾向がある点が指摘されてきた［橋本 1999：102］．それは行政職員がオンブズマンによる正式な調査やそれに続く勧告・意見表明を避けるために，できる限り早期の解決を実現するために協力的になっているとも考えられる一方で，事務局と関係部局との間の潤滑な連絡態勢が実現しているとも考えられる．このように日本の地方自治体のオンブズマン制度においても，第3章で確認した苦情処理における「インフォーマルな解決」が観察できるだろう．

次節以降ではより具体的に，地方自治体のオンブズマン制度を事例として取り上げ，どのような運用が行われているかを検討したい．とりわけ本章ではインフォーマリティの観点からオンブズマンを見るべく，①当初オンブズマン制度を設置していたがその後相談制度に見直された宮城県と，②市民相談課内にオンブズマン事務局が設置され，一体的な運用が行われている明石市を取り上げる．宮城県については，県政オンブズマン制度が県民相談員制度とともに県政相談制度へと再編された点に注目したい．明石市については，市民相談課内にオンブズマン事務局がある点に注目したい．

## 3．宮城県の行政苦情救済制度の変遷

### （1）宮城県県政オンブズマン制度

　宮城県の県政オンブズマン制度は1996年11月に導入された．1994年の3月に「宮城県行政運営改善検討委員会」の中間報告において，オンブズマン制度導入の検討と必要性が報告され，同年5月に「開かれた県政に関する懇話会」が設置された［宮城県政オンブズマン 2008：19］．制度導入に際しては「開かれた県政に関する懇話会」において，既存の類似制度，すなわち議会や住民監査請求制度，行政事件訴訟制度，行政手続制度，行政不服審査制度，行政監察制度，行政相談制度の機能や特色，制約が検討され，加えて宮城県庁において実施されている広聴や相談，情報公開制度も既存制度として検討され，そのなかでオンブズマン制度の調査権や勧告・意見表明の機能が見出され，設置に至った[8]．すなわち既存制度を補完し，行政救済・苦情処理・制度改善の3つの機能を備え，県民からのアクセシビリティが高く，第三者性を有する点に導入の理由があったのである．

　県政オンブズマン制度は宮城県総務部広報課に設置され，オンブズマンは2

人であった．オンブズマンへの報酬については，制度導入時は月額38万円であったが，2000年度より日額3万8000円に変更されている．同様に勤務日についても，制度導入時には月に10日（週2日＋2日）であったのが，2000年度より月6日に減らされることとなった．このような報酬や勤務日の削減は他のオンブズマン制度でも見られる．たとえば沖縄県行政オンブズマンにおいてもその出勤日については，当初は月に16日以内の勤務と定められていたが（実態は週に1日であったが），2006年より月に3日となった．したがって事務室における職員と調査員のみでほとんどの業務を行うことになっていたのである．これらの根底にあるは，行政改革によるコスト削減や運営経費削減であった[9]．

　県政オンブズマン制度の苦情申立件数やそれ以外の相談件数については表6－3のとおりである．県政オンブズマン制度が1996年から2008年までの12年間に行った勧告は1件であり（表6－4参照），意見表明は次の4件である（表6－5参照）．オンブズマンによる勧告はオンブズマンによる指摘に対し県職員が誠実に対応しなかったために行っている．もう一方でオンブズマンが意見表明をする契機となるのは，長期にわたって問題が放置されている点や類似した苦情が多数寄せられた点，あるいは問題の原因のひとつに縦割り行政がありその改善を求める点にあると考えられる．

（2）県民相談・苦情対応態勢の見直し

　県政オンブズマン制度は県民相談員制度とともに見直され，2008年11月より両制度を廃止し新たに県政相談制度が運用されることとなった．その理由として挙げられているのが，第1に県政オンブズマン制度が順調に運営され，苦情申立件数にも落ち着きが出てきた点（表6－3参照），すなわち県政の信頼回復という所期の目的が達成されたという点，第2に県職員の意識改革が浸透された点，そして第3には県の財政状況が危機的である点であった．

　県政オンブズマン制度と県民相談員制度は，2008年11月より苦情対応も組み入れられた県政相談制度に再編され，従来オンブズマンが受理していた苦情申立は県政相談員が受け付け，県政相談員は必要に応じて外部有識者（県政相談アドバイザー）より意見を聴いた上で県民に回答を行っている（図6－1参照）．

（3）県政相談の運用

　県政相談制度は県民から県の行背に関する苦情・相談・要望・紹介を県政相

第6章 日本の地方自治体オンブズマン 151

表6-3 県政オンブズマン制度・県民相談の実績

| 年度 | | 1996 | 1997 | 1998 | 1999 | 2000 | 2001 | 2002 | 2003 | 2004 | 2005 | 2006 | 2007 | 2008 |
|---|---|---|---|---|---|---|---|---|---|---|---|---|---|---|
| 県政オンブズマン | 苦情申立書受付件数 | 65 | 81 | 59 | 40 | 47 | 25 | 13 | 8 | 17 | 14 | 28 | 16 | 7 |
| | その他の相談等件数 | 426 | 524 | 452 | 420 | 407 | 240 | 227 | 175 | 180 | 164 | 157 | 127 | 38 |
| | 計 | 491 | 605 | 511 | 460 | 454 | 265 | 240 | 183 | 197 | 178 | 185 | 143 | 45 |
| 県民相談員(本庁)受付件数 | | 1,099 | 1,202 | 2,167 | 1,929 | 1,825 | 1,940 | 1,870 | 1,880 | 1,723 | 1,426 | 1,153 | 1,097 | 459 |

出典：宮城県総務部［2008］.

表6-4 宮城県県政オンブズマンの勧告

| 題名 | 年度 | 概要 |
|---|---|---|
| 県道用地買収に伴う未登記事件 | 1999 | 土地収用とその未登記の事実があり，またそれらの経緯に関する書類が散逸していたために県民に誠実な対応をしようとせず，権力者としての役人的思考が職員にあり，意識改革が達成できていない点に加え，オンブズマンからの指摘に対しても改善しようとしない態度が担当職員にあったため，本勧告を行っている． |

出典：宮城県県政オンブズマン［2000：33-37］.

表6-5 宮城県県政オンブズマンの意見表明

| 題名 | 年度 | 概要 |
|---|---|---|
| 公共事業・土地収用をめぐる問題 | 1998 | 公共事業や土地収用をめぐる問題が多数苦情申立されたことによって，犠牲となる県民に対し最大限の配慮を求めると同時に，交渉や経過報告の際の注意点を記している． |
| 県民にわかりやすい行政を | 1999 | 県民への説明や周知が不十分であったために発生した苦情が多い，また職員の曖昧な回答によって混乱を招いたために発生した苦情が多いという分析のもと，①広報物の表現をわかりやすくすること，②「検討します」という回答について，その期限や経過の報告を県民にするようにすること，③申請に対する審査期間を事前に県民に説明することを求めた． |
| 縦の連携と横の連携を密に | 2000 | 県職員の異動によって不便を被ったという申立を多数受けていることを契機に，県民の視点から，前任者と後任者が緊密な連携をとること（縦の連携），縦割り行政を避けるために総合的な見地から部課間の情報連絡に努めること（横の連携）を求めた． |
| 日本三景松島から観光を問う | 2004 | 松島の公園における客引き行為放置と，観光地づくりの矛盾を30年以上も放置していた県に対して，観光行政に於いて縦割り行政が問題の根本にあると指摘し，県営駐車場を景観重視の公園にすること，観光ボランティアを活用すること，地域教育を長期的に行うことを求めた． |

出典：宮城県県政オンブズマン［1998：32-7；1999：38-41；2000：27-29；2004：42-45］をもとに筆者作成．

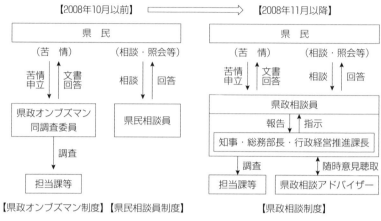

図6‐1　県政オンブズマン制度・県民相談員制度から
県政相談制度への再編

出典：宮城県総務部［2008］をもとに筆者作成．

談員が受け付け解決を図る．県政相談実施要領第4によると，相談事案のうち，通常の相談とは別に苦情の申立てとして受付・処理ができることが定められている．その対象となるのは，相談事案のうち，県の機関の業務執行または県の機関の業務に関する職員の行為に係る苦情であり，つぎの3点を除く苦情である．それは，①申立の原因となった事案が，苦情申立人自身の利害にかかわらない事案，②申立に係る事案が発生した日から1年を経過している事案，③過去に苦情申立を受理し回答済の事案と実質的に内容が同一と認められる事案である．

　県政相談員は8名配置されており，県庁に2名，その他宮城県内の合同庁舎に2名ずつ配置されている．8名全員が行政職員経験者であり，7名が宮城県庁，1名が県内市町村役場での勤務経験を持つ．彼らは1週間のうち4日勤務する非常勤職員である．

　また，県政相談アドバイザーについては，県政相談員が必要と判断した場合に意見・助言を求める外部有識者としての位置に置かれており，主に苦情や相談について関係部局から回答があった際に法律的な助言を求められている．なお，制度変更のあった2008年11月から2014年度末までは以前オンブズマンに委嘱されていた人物が県政相談アドバイザーを委嘱され務めていたが，2015年度

から宮城県庁の法律顧問で対応することとなった．

　県政相談の運用状況について，その報告書は作成されていない．相談の受付状況については，2012年度が830件，2013年度が738件，2014年度が665件である[10]．とくに東日本大震災直後は仮設住宅や防潮堤，その震災復興に関する制度についての相談が多かった．

　また国の行政相談事業への協力も行っており，たとえば2014年度においては「仙台総合行政相談所」や「被災者支援特別行政相談所」に県政相談員が出向き，相談業務を行っている．

　県政オンブズマン制度と県政相談制度とのちがいは，第1に苦情申立の受理については行政経営推進課の県政相談員が受け付ける点，第2に行政経営推進課長が関係する部局に対し，苦情に関する事実および経過の確認ならびに対応方針案の報告を求める点，第3に苦情の処理に関し，必要に応じて県政相談アドバイザーから意見や専門的助言を聞く点である．苦情処理に際しては，担当課に対応を依頼する場合や同席を求める場合がある．各課は文書で県政相談員に回答し，それをもとに苦情申立人に県政相談員が回答する．担当課に直接の対応を求める場合は，担当課による苦情申立人への回答を求めることはしない．

　県に設置されている相談制度の重要な役割として注目したい点は，相談者のなかに市町村役場では顔見知りもおり，敬遠したいという者もいるという点である．また，多くの苦情処理担当機関や相談機関に共通する点であろうが，話をすることで満足する相談者もいる．このような場合，県政相談の管轄ではなく責任ある回答ができなくともその旨を相談者に伝えた上で，線引きをせずまた無碍に断らないのである．

　以上のように，宮城県においてはオンブズマンを廃止し相談制度と再編することによっていっそう簡易で迅速，低コスト，そして柔軟な苦情処理態勢を整えようとしたと考えられる．すなわちこの観点からは，よりインフォーマルな態勢を実現させたのである．しかしながら，県政オンブズマン制度の意見表明に見られるように，その数は決して多くはないものの，県政オンブズマンは縦割り行政の弊害に焦点を当て意見表明を行ってきた．オンブズマンの意見表明は苦情申立の情報を集積し，その分析を行うことによって浮かび上がってきた問題に焦点を当てていると考えられる．もう一方でオンブズマンによる勧告は苦情処理過程において初期段階において担当部局や担当職員に改善の姿勢が見られず，オンブズマンによる指摘に対応しようとしない場合の最終手段として

行われると考えられよう．

これらの点から，県職員の意識改革が徹底され，県民に対し応答的な行政が実現されているのであればオンブズマンは不要であると捉えることもできようが，苦情の分析によって浮かび上がった問題を指摘するための手段である意見表明や頑固な行政を改善させるための手段である勧告を持っていないため，行政改善機能は大きく失われたと考えられる．加えて従来元オンブズマンに委嘱していた県政相談アドバイザーも法律顧問からの助言に切り替わり，徐々にその第三者性も奪われていると考えられる．

## 4．明石市行政オンブズマン制度

### （1）制度設置背景と態勢

明石市では積極的にオンブズマン制度導入に至ったわけではなかった．明石市でオンブズマン制度の議論が浮上したのは2006年頃であり，それは当時の市長が，「市民の市役所への苦情を中立的な立場で調査・解決するなど，説明責任を果たし，公平公正で透明性の高い市政運営を行うためにオンブズマン制度を導入する[11]」という旨で，選挙公約のなかにオンブズマン制度の設置をあげていたためである．明石市役所内では制度設計に向けて川崎市や藤沢市といったオンブズマン制度の先行自治体へ調査を行い，条例や規則の規定内容についての検討を行った．その後2006年12月の定例市議会において報告を行ったが，議会はオンブズマン制度の設置については否定的であった．

具体的には，「時期尚早である」，「行政の窓口で苦情処理がスムーズに行われていくとこの制度は不要である」，「他の監査等のしくみと重なるのではないか」，「議員の仕事と重なる」等のオンブズマン制度設置に対する否定的な意見の他にも，名称に関する検討（「オンブズマン」か，あるいは「オンブズパーソン」か）も行われた．当初の案では2007年3月に条例案を提案し，2007年7月より施行予定であったが，上述のように議会との調整が円滑に進まなかった結果，要綱によって試行的に実施することとなった．すなわち，議会の支持を得られなかったために行政主導で制度設置が進めたのである．したがって条例化された現在においても，オンブズマンの任命に際して議会の承認は不要である．

条例化については，その後2008年頃から議題にあがっていた行政職員倫理や公益通報者保護等を規定した「明石市法令遵守の推進等に関する条例（制定は

2010年3月，2012年12月改正）」において，総合的なパッケージの形でオンブズマン制度も条例化に至った．この明石市法令遵守の推進等に関する条例は，職員（派遣労働者や委託事業者の役職員も含む）の倫理の保持に関する事項，内部公益通報の処理（公益監察員の設置）と通報者の保護に関する事項，市民からの要望や提案，不当要求行為への対応に関する事項，外部公益通報に関する事項，そしてオンブズマン制度に関する事項が含まれている．このように，制度設置・条例化までの流れに関しては，他の地方自治体のオンブズマン制度とは異なる特殊なケースなのである．

オンブズマン事務局は政策部市民相談室に内包される形で存在しており，オンブズマン事務局担当職員として市民相談室の2名が配置されている．この点からは，明石市のオンブズマン制度は比較的アクセシビリティが高いと考えられる．要綱時代は専門調査員の設置に関する規定も存在したが，当初から専門調査員は配置せずに運用している．事務局担当職員の2名は市民からの苦情を最初に聴くほか，市民とオンブズマンとの面談日の調整や，申し立てられた苦情に関して担当課への聴き取り調査を行い，あるいは事案がオンブズマン制度において取り上げることが可能な苦情かどうか曖昧な場合であってもオンブズマン制度として取り上げることが可能となるよう事前調査や形式の整理も行う．オンブズマンは弁護士1名と大学教員1名の計2名で構成されており，非常勤特別職の地方公務員である．オンブズマンの報酬に関しては，制度開始当初は月額であったが，現在は日額で支払われている．

オンブズマン制度の運用は他の地方自治体でも見られるように，明石市の機関の業務の執行に関する事項及び当該業務に関する職員の行為が対象となり，裁判で係争中の事項や行政不服申立の手続，またこれらによって既に審理が行われている事項，監査委員によって既にあるいは現状監査が実施されている事項，議会に関する事項，職員の勤務内容や身分に関する事項，オンブズマンの行為に関する事項は対象外となる．申立人は自身の権利や利益が侵害された事実があった日から1年以内であれば，書面を通じてオンブズマンに苦情を申し立てることができる．

以上のように，制度設置の際に議会の支持を得られなかった点，またオンブズマン事務局が市民相談室に内包されている形式をとっている点から，明石市のオンブズマン制度は行政の内部に組み込まれたしくみとして運用されている．従来のオンブズマン制度の独立性の議論においては，任命に際して議会の承認

を得ることや事務局の位置はオンブズマンの独立性を確保する上でのひとつの手段となり得るが，明石市ではこれらの独立性の手段を持たずに，どのような役割を期待されどのように運用されているかが鍵となる．

（２）活動内容と存在意義

　明石市においては，市民の声を聴く広聴制度として，各担当課での個別のやり取りに加えて，市民相談室によって運用されている市政相談専用電話（ゴーゴーコール），市民提案箱，市長陳情，施設見学会がある．市政相談専用電話は，市政に対する意見，要望のなかでも，とくに「どこに聞けばいいかわからない」，「どこに言えばいいかわからない」といった市民の声に対応するために設けられている．平成25年度の受付件数は1242件であった．市民提案箱は市民の声を把握し市政へ反映させるために設けられたしくみで，意見・要望の要旨と明石市の考え方は明石市のホームページで公表されている．平成25年度の受付件数は133件であった．

　市長陳情は複数の市民や各種団体から市長宛の意見や要望を文書で受け付ける制度であり，① 宛先が「明石市長」と明記されていること，② 団体及び代表者，所在地（住所），連絡先が明記されていること，③ 要望等の内容が具体的に明記されていることが要件となっている．1カ月後を目処に懇談あるいは文書回答を行っている．平成25年度は21件受け付けた．

　施設見学会は，自治会，PTA等の団体を対象に，明石市の施設あるいは業務への理解と関心を深め，市民から意見・要望を聴くために施設見学のバスを運行している．参加費用は無料であるが，飲食や入館料等は個人が負担する．たとえば平成26年度は，防災センター，明石クリーンセンター，明石川浄水場，木の根学園，天文科学館への見学を行っている．平成25年度は16団体（272名），親子8組（17名）が参加している．このほか，市民相談室への来庁・面談が例年200件ほどある．

　オンブズマン制度は市民の声を行政に反映させるためのこれらのツールのなかでも，最後の砦として位置づけられている．それは，本制度においても市民が納得しないのであれば後に残るのは行政不服審査あるいは裁判を利用するのみであるためである．したがって明石市のオンブズマン制度においては，市民に対して「ご納得いただけないのであれば，オンブズマンに申し立てるという方法もあります」という，各担当課からの積極的なオンブズマン制度の案内を

表6-6 明石市行政オンブズマン制度への苦情・相談件数

| | 苦情申立 | 苦情相談 | その他 | 発意調査 | 合 計 |
|---|---|---|---|---|---|
| 2007年度 | 8 | 13 | 54 | 3 | 78 |
| 2008年度 | 9 | 14 | 28 | 1 | 52 |
| 2009年度 | 3 | 12 | 17 | 1 | 33 |
| 2010年度 | 6 | 13 | 20 | 0 | 39 |
| 2011年度 | 3 | 10 | 23 | 0 | 36 |
| 2012年度 | 5 | 7 | 28 | 1 | 41 |
| 2013年度 | 3 | 2 | 20 | 0 | 25 |

出典：その他：制度に関する質問，制度に対する意見・批判，担当課からの情報提供．明石市行政オンブズマン［2007：4；2008：6；2009：4；2010：4；2011：4；2012：5；2013：4］をもとに筆者作成．

行っている．それも，行政職員のためのオンブズマン制度周知の場として「オンブズマン制度研修」を行い，オンブズマンの扱った事例の概略を紹介しつつ制度についての説明も行っているため，職員のオンブズマン制度に対する認知と理解を促進していることが貢献していると考えられる．

近年明石市行政オンブズマン制度が受け付けている苦情申立に関しては，一概に件数の多少ですべての判断を行うことはできないが，2013年度は4件，2012年度は3件，2011年度は4件，2010年度は5件と決して多いとは言えない（表6-6参照）．苦情申立や相談，その他の問合せや発意調査の合計件数も，制度が設置された2007年度から年々減少してきており，一面では行政職員の意識改革や自浄作用の向上の結果としてオンブズマン制度の役割が減少してきている現れとして判断できても，別の面ではオンブズマン制度の活動規模の縮小と捉えられるかもしれない．

苦情申立の処理についても，申立の趣旨に沿って処理された事案は2010年度〜2013年度の4年間で1件のみであり，それも申立人の調査依頼の結果を報告したものである．しかしながら，趣旨に沿えなかった事案，すなわち市行政に非違や不当な行為がなかったと認める事案についても，ほとんどの場合行政職員に一層の配慮を求める要望や，不信や誤解のない対応に努めるよう申し入れを行っている．あるいは市行政に申立人の主張するところまでの責任はないと判断しながらも，早期解決のための具体的な意見の申し入れや，市行政内での吟味や検討を進めることを期待する旨を主張している（表6-7参照）．

以上の処理事例を見ていくと，大きく以下の3つの傾向が見られる．第1に，

表6-7　近年の明石市行政オンブズマン制度で取り扱った苦情申立一覧

| 年　度 | 苦情申立 | 処　　理 |
|---|---|---|
| 2013年度 | 文房具店からの小学校の指導についての苦情 | 申立人の言う事実に根拠なし．小学校の対応に非違や不当なし． |
| | 同上 | 上に同じであるが，加えて双方の配慮によって円満な解決を望む． |
| | 転出証明の窓口サービスに関する苦情 | 市の非を認める一方で，すでに改善策がとられたことを指摘． |
| | 住居表示に関する苦情 | 権限外であるため調査せず． |
| 2012年度 | 保険証に関する苦情 | 市の対応に非違・不当なし． |
| | ごみ収集に関する苦情 | 市の努力不足を指摘しつつも，吟味や検討，新しい方法の論議に対する期待のみ． |
| | 保育所に関する苦情 | 予防策は講じられた，信頼されるよう精進をお願い． |
| 2011年度 | 保育所に関する苦情 | やむを得ない一方で，早急な解消を期待． |
| | 解体工事に関する苦情 | 調査対象外，他方で不審や誤解のない対応に努めるよう申し入れ． |
| | 水道料金に関する苦情 | 非違・不当なし，やむを得ない． |
| | 土地に関する苦情 | 判断せず．他方で，正当性・論理性に加えて公平，適法・適正な処理を申し入れ． |
| 2010年度 | 固定資産税に関する苦情 | 行政の取扱いに誤りはなし． |
| | 横断溝工事に関する苦情 | 申立人の主張に理由はない．他方で市民の理解のための十分な説明を行うよう申し入れ． |
| | 土地・地下水路に関する苦情 | 市に市民が主張するところまでの責任はない．他方で水路の早期に廃止と評価のより一層の適正化を意見として申し入れ． |
| | 同和地区に対する調査依頼 | 調査結果を報告し終了． |
| | 下水道使用料に関する苦情 | 申立人への申し添えで終了． |

出典：明石市行政オンブズマン［2010：9-17；2011：9-18；2012：9-13；2013：8-12］をもとに筆者作成．

オンブズマンの調査中に解決される事例，第2に申立人の主張には根拠・理由がないと判断したものの，行政には一定の配慮や市民の理解を得られるよう十分な説明を求める事例，第3に行政の作為・不作為はやむを得ない，あるいはオンブズマンは判断しないと決定しつつも，行政に何らかの期待や申し入れを行っている事例である．

　第1のオンブズマンの調査中に解決されることについて，行政からの独立性

が確保できていないことを批判もあるだろうが，結果的には担当職員の自浄能力を高めることにつながっているため，オンブズマンの存在が効果として，行政職員の自浄能力の向上につながっていると考えることもできる．これに関しては，オンブズマンによる勧告や意見表明を避けるために調査が開始された時点で担当部局が紛争の解決に協力的になり，迅速な解決が達成されたとも考えられる．

　第2，第3の事例については，いずれも行政には非はないと判断した事例であるが，第2については今後類似の紛争が回避できるように行政側に配慮や十分な説明を求める点，第3については行政の優先順位を尊重しながらも今後改善されていくように期待・申し入れという形で一定の意見を述べている．このような場合に現れる「期待したい」や「申し入れる」といった言葉は，調査方法や結果報告についてとくに規定された形式が存在しないため，また，制度上勧告・意見表明を除いて市行政のフォローアップが定められていないため，フォローアップの必要はないはないが若干の意見や提案を付したい際に用いられている．

　第2，第3の事例に見られるように，明石市におけるオンブズマン制度の役割は，担当課としては市民に十分に説明をして解決ができていると判断できても，市民が納得できないと考えた場合に果たされるのである．すなわち紛争に際して，市民と担当職員どちらかが一方的に悪と判断するのではなく，したがって双方の言い分を聞き，オンブズマン自身が判断するような苦情の解決というよりは，紛争当事者に納得してもらう，あるいはオンブズマンによって落としどころを提案してもらうという事案が多く見られるのである．この双方の言い分を聞き，解決のための提案や方向づけを行うことで当事者同士の解決を促すという点において，明石市のオンブズマン制度は事実上メディエーションの機能を果たしていると考えられる．

## 5．日本のオンブズマン制度に見られるインフォーマリティ

　以上で見てきたように，オンブズマン制度の運用上，必ずしも勧告や意見表明を求められるのではなく，むしろそれ以前に解決する役割もまた重視されるのである．第3章で見たように，オンブズマンの苦情処理過程における「インフォーマルな解決」が簡易・迅速・低廉さから要請されている点，その結果と

して正式な調査やそれに続く勧告に至る前段階において多くの苦情が処理されている点については，諸外国のオンブズマン制度の研究において指摘されてきたように日本においても観察できる実態であると考えられる．

　明石市の事例で見られるように，明石市の行政オンブズマン制度は市民相談室と一体となって運用されている．したがって行政からの独立性を確保して個人の権利救済を図るというよりは，相談の延長線上においてオンブズマンあるいはオンブズマン事務局の職員が紛争に際して行政と市民との間の仲裁・調停を行い，市民と行政が相互に納得できる妥協点に紛争を落とし込むところにオンブズマン制度の意義が見出されると捉えられるだろう．この方向は，宮城県の県政オンブズマン制度が県政相談制度へ再編されたようにオンブズマン廃止論へとつながる可能性もある．一定の第三者性を有する者による紛争解決のための仲介が重要視されるのであれば，必ずしもオンブズマンの存在にこだわる必要はないのである．そこに財政的制約も加わり，より簡易な苦情処理機関へと変更される．この点において，宮城県の県政オンブズマン制度から県政相談制度への変化は，インフォーマリティの追求の延長線上にあるかもしれない．

　苦情処理におけるインフォーマリティについては，一方では個人の権利・利益を守る役割を期待されながらも同時に個人と行政との間の紛争について，双方が納得できる落とし所に向かうヒントを与える役割も期待される．それは行政の自律的な体質改善の姿勢を求め，オンブズマン制度の役割も，市民の代理人として積極的に勧告・意見表明を行い行政に改善を迫るのではなくむしろ市民と行政が自主的に紛争を解決できる点，時には行政職員が精一杯説明をしても納得できない市民に別の落とし所を提示するという「調停者・仲裁者」に求められると考えることもできる．

　他方では十分に機能を果たせていないという疑念の目を向けられる可能性もある．ひとつは，オンブズマンが行政の肩を持つという批判を浴びないための努力をし続けなければならない点である．オンブズマンが市民の代理人としてではなく，あくまで市民と行政との紛争解決の仲裁の立場をとるのであれば，「オンブズマンが行政の肩を持つ」という批判を市民から浴びる可能性もある．これについては，オンブズマンが第三者として調査し，その結果として行政の考えが明らかになり，また事後的にどのような改善が行われたのか，すなわちオンブズマン制度の成果と効果を常に示し続ける努力が必要である．

　多くの地方自治体でもそうであるように，オンブズマンによる勧告や意見表

明が行われていないために，オンブズマンの申し入れや期待を受けた各担当課がその後どのようにフォローアップを行っているかが不明瞭になっている．この問題は，オンブズマンによる苦情処理がケースバイケースに陥り，根本的な問題の解決に至らないという不安もはらんでいる．これは宮城県の県政相談制度ではいっそう懸念されるべき問題であろう．

　オンブズマン制度の運用で重要なのが事務局の態勢であるが，先述したように財政的制約から専門調査員を設置せず，また数名程度の職員で苦情処理業務に対応しているオンブズマン事務局を持つ地方自治体もある．加えてオンブズマンの報酬や出勤日も減らす地方自治体も見られる．第3章や第5章でも述べたように，予算や人員の削減がインフォーマルな解決を志向する原因のひとつとなってきたことを考えれば，同様に日本の地方自治体のオンブズマン制度においても予算や人員の削減が苦情処理における簡易・迅速・低コストを要請し，オンブズマン制度の役割を変えようとしているのかもしれない．

　オンブズマンの理念として，職員の精一杯の説明でも市民の理解が得られないあるいは不満が解消されない場合に現れる最終手段として存在しなければならないという点がある．この点については，オンブズマン制度の周知普及とともに職員の倫理や責任能力を向上させる努力を同時に実施することが求められるし，オンブズマン自身もこの前提のもと，活動しなければならない．職員は当然のことであるが，市民も，制度的に認められた権威を背景とした専門的判断に依存することなく，あくまで紛争解決は自律的に解決し，オンブズマンは当事者の求めに応じて援助をするという形がひとつの理想かもしれない．

## 6．オンブズマンの存在意義

　以上のように，日本の地方自治体のオンブズマン制度においても，いっそう簡易で迅速な苦情処理を求めるインフォーマリティが見られる．ただしそれは財政的な制約による人員削減や予算削減に契機があると考えられる．宮城県におけるオンブズマン制度の廃止と県政相談制度への切り替えも，この延長線上にあると考えられよう．このインフォーマリティには，オンブズマンがその機能を果たす上での独立性や第三者性に疑問の目を向けられる原因になる可能性がある一方で，柔軟な紛争解決に際して行政職員の自律性を涵養する期待もあ

る．頑固な行政運営を改善するための手段である勧告や苦情の傾向を分析した結果として浮上する問題を解決するための意見表明が行政の根本的な問題解決を達成する上で重要である点に加えて，自律的な行政職員の涵養に貢献できるという役割をいかに積極的に強調できるかが，オンブズマン制度の存在意義を提示する上で重要になるだろう．

　加えて，この点に関しては，総務省行政評価局の行政相談制度における行政相談委員の相談活動においても，類似性が見られるのではないだろうか．とくに小規模市町村においては行政相談委員が住民と自治体行政との間の架け橋となり，住民の不満の解消や，逆に行政の意図を住民に理解してもらうための助言，さらには苦情の原因となっている行政運営や制度に介入し意見を述べ，また改善策を提案する事例も見られる．次章ではこのような行政相談委員の活動について検討する．

注
1） 福島［2008］では，特殊オンブズマンについて議論ではあるが，政策形成を支援するツールとしてのオンブズマンの役割が見出されている．
2） 今川［2011：25］も「独立した立場で苦情内容の分析を行い，行政の適正化の促進や必要があれば行政運営等の改善（政策管理）や政策変更のために，関係部署に意見表明や勧告ができるような制度設計を考える必要がある」と指摘する．
3） 川崎市，藤沢市，宮城県，鴻巣市，北海道，つくば市はこのパターンで導入に至った．
4） 新座市，新宿区，上尾市，札幌市はこのパターンで導入に至った．
5） 2015年4月21日，つくば市大穂庁舎において行ったオンブズマン事務局の岩瀬新氏への筆者による聴き取り調査にもとづく．
6） 2016年5月9日，札幌市オンブズマン事務局の吉田博氏への筆者によるメールでの問合せにもとづく．
7） 2015年4月21日，つくば市大穂庁舎オンブズマン事務局で行った筆者による岩瀬新氏への聴き取り調査にもとづく．
8） 本節の内容は，2015年7月24日，宮城県庁で行った筆者による県政相談員佐々木昭博氏への聴き取り調査にもとづく．
9） 2015年5月8日，沖縄県庁において行った筆者によるオンブズマン事務局職員大山修氏への聴き取り調査にもとづく．
10） 2015年7月24日，宮城県庁において行った佐々木昭博氏への聴き取り調査にもとづく．

11) 明石市市役所政策部市民相談室において，2015年1月19日に行った滝澤一寿氏への聴き取り調査にもとづく．

# 第 7 章　行政相談委員の多面的役割

　日本の行政相談委員は人びとから日常的に苦情や要望，意見を聞き，助言し，それを行政運営に反映させるべく関係する行政機関等へ通知し，管区行政評価局や都府県に設置されている行政評価事務所に通知を行っている．これら管区行政評価局・行政評価事務所は自身が受け付けた苦情や相談の他，行政相談委員からの通知をもとにして苦情や相談に関係する行政機関等に通知やあっせんを行っている．

　行政相談委員は総務大臣より委嘱され，無償で活動を行う民間人のボランティアである．行政相談委員法にも明記されている通り，社会的人望があり，行政運営の改善について理解と熱意を有する人びとである．この行政相談委員の役割は，制度に規定された任務を超えて広範囲に及んでおり，行政相談委員のなかには，自身のキャパシティ・ビルディングのために自主的に研修会や勉強会を開催する人もおり，各人が所属する他団体への広報や行政相談懇談会の場を利用して積極的に相談活動に取り組む委員もいる．そのなかで，市町村行政や自治会・町内会，その他各種団体とさまざまなネットワークを形成しながら多様な方法で課題解決を図っている．また行政相談委員制度には総務大臣に意見陳述ができるしくみがあり，民生委員や保護司といった他の制度には無い固有の制度として活用されている．地域で住民に密着して活動するこのような行政相談委員が，国内外のオンブズマン制度研究で取り上げられ，ユニークさとアクセスしやすさの面で評価されるのである．

　今川［2011：51］は行政相談委員の役割について，「行政相談委員にはその活動を通じて，公務員，行政組織，国民などお互いが自主的，自立的に改善努力を行うことができるようなエンパワーメントの役割も期待されるようになってきたのである」と指摘している．同じく，今川［2011：50］が「究極的には，行政相談委員がいなくても，自律的に個々の行政機関が改善できるシステムの

あり方を目指すことが目的のひとつと考えられる」と指摘しているように，行政相談委員は寄せられた住民の苦情や相談について解決を差し出すのではなく，住民と関係する行政機関が自ら解決策を探っていけるような状態を目指していくことも重要な役割であると考えられる．

さらに行政相談委員の一部については，「住民自治へのエンパワーメント」を行っていることも指摘されている［グループGS近畿 2010：34-37；今川 2011：99］．グループGS近畿の研究では，行政相談と地域力再生というテーマから3つの事例が紹介されている．ひとつめは不法投棄に関して住民自治活動を促した事例で，2つめは道路にはみ出した樹木の剪定について住民参加を促した事例，3つめは四日市市における住民自治の活動を後押しした事例である．いずれも，行政相談委員の役割について新しい視点をもたらしている．

エンパワーメントという用語は久木田［1998：10-34］によると「すべての人間の潜在能力の発揮を可能にするような人間尊重の平等で公正な社会を実現しようとする価値」で，「自らコントロールしていく力を奪われた人びとが，そのコントロールを取り戻すプロセス」と定義されている．住民自治とはまさに人びとが自らをコントロールし自律しようとするところに出発点があり，住民相互の調整能力や創造能力が働くようなしくみが求められ，住民・自治会・町内か・NPOとの連携によって地域課題の分析や課題解決能力を高めることが求められる．したがって地域に於いて日常的に住民と接し多面的な活動を行う行政相談委員に，行政との上下関係のなかで失われた住民自治へのエンパワーメントの役割を見出せよう．

行政相談委員の役割がそこにあるとするならば，問題になってくるのは，多様な地域があって多様な人びとがいるなかで，行政相談委員はそれぞれの人びとに合わせてどのようなエンパワーメントができるのかという点と，住民自治をエンパワーメントするにあたって求められる行政相談委員の資質は何かという点である．行政相談委員も民間人ボランティアであるためさまざまな人間がおり，受身で相談を待つ者もいれば，積極的に地域課題の発見に足を運ぶ者もいる．

そこで本章では，行政相談委員はどのような時にどのような住民自治へのエンパワーメントが可能なのかという点について，グループGS近畿の先行研究における3つの事例，とくに三重県四日市市における青色回転灯を乗用車に取り付けた防犯パトロール活動の取り組みについての事例を住民自治の観点から

詳細に考察したい．この事例は，住民自治だけでは解決できない問題を，行政相談委員の権限のひとつである「四条具申」を使うことによって解決できたという珍しい事例である．さらにこの事例の興味深い点は，委員意見提出を行った行政相談委員が四日市市ではなくいなべ市を担当している委員で，四日市市の住民は誰も行政相談委員について何も知らなかったということである．このことは行政相談委員と住民との関係に新しい視点を与えることができると考える．そのため，この事例を考察することで，積極的な行政相談委員がどのように住民にアプローチしているかを明らかにし，行政相談委員全体の活動のあり方に示唆を提供することができるだろう．

## 1．行政相談委員の役割

### (1) よろずや行政相談委員

　行政相談委員は，行政相談委員法にもとづいて総務大臣から委嘱された民間人ボランティアであり，住民と行政の架け橋となって行政サービスについての苦情，行政のしくみや手続に関する相談などを受け付け，その解決のための助言や関係する行政機関等に対する通知等の業務を無報酬で行っている．行政相談委員は各市町村に最低1人，都市では5万人あたりにつき1人，そして全国で約5000人で，手紙，電話，FAX，インターネットによる相談を受け付けるほか，住民が集まりやすい市町村庁舎や公民館で定期的に相談所を開設する定例相談所や，デパートで他の相談委員と一緒に相談所を開設する総合相談所を開催したり，委員の自宅で受け付けたり，相談者を直接訪れる巡回相談等も行っている［行政相談委員制度の在り方に関する研究会 2009：5］．このように，人びとにとって意見の申出がしやすいように工夫されている．すなわち，行政相談委員は人びとに身近な所から同じ立場で苦情や要望を受け付けているのである[1]．行政相談委員の受け付ける苦情や相談の範囲は，法律上は国の行政活動全般（中央省庁，独立行政法人，特殊法人，認可法人，地方自治体の法定受託事務の業務など）であるが，実際は民間のことや地方自治体の事務に対する苦情や相談も受け付け，解決の促進を図っている．全体の割合から見れば地方自治体や民間に関する相談受付数は半数を超える［行政相談委員制度の在り方に関する研究会 2009：23］．つまり，行政相談委員は制度上の役割以外にも多様な役割を果たしているのである．

行政相談委員法にも明記されているとおり行政相談委員の業務は，苦情を受け付けて「申し出人に必要な助言」を行い，「総務省および当該関係する行政機関等にその苦情を通知する」ことである．ところが実際には，苦情の通知だけでなく関係する行政機関等などに事実上のあっせんをしたり，国の行政全般だけでなく地方自治体の自治事務や民間に関する相談も受け付けて関係機関を紹介したり，さらにはこれらの機関と申出人との間に立って調整を行ったりというように，制度上規定されていない領域でも可能な範囲で積極的に活動している実態がある．

　このように行政相談委員には，どのような相談でも受け付けるといった「よろずや」的な側面もある．住民からしてみれば，実際どれが国の行政が担当する業務でどれが地方自治体の担当する業務なのかということはわからないことも多い．したがってそのような行政案内的な役割も行政相談委員は担っており，「来るもの拒まず」の姿勢が行政相談委員の信頼性の向上に大きく寄与しているのである．住民からすれば相談に乗ってくれるということが一番重要な点であり，そのことが行政相談委員の信頼度の向上にも大きく寄与している．

## （2）行政相談委員法第4条にもとづく委員意見

　行政相談委員法の第4条には「委員は，総務大臣に対して，業務の遂行を通じて得られた行政運営の改善に関する意見を述べることができる」と表記されている．「委員意見」，「4条意見」，「四条具申」と呼ばれるこのしくみは，行政相談委員制度の特徴的なしくみであり，行政相談委員法が制定された際に新たに加えられた行政相談委員の権限である．行政相談委員法案が提案された1966年4月19日の参議院内閣委員会ではこの新制度導入について，「行政相談委員は，個々の苦情の解決の促進に努力するにとどまらず，苦情相談を受けた体験にもとづいて，行政運営の改善に関する意見があれば，行政管理庁長官（現総務大臣――引用者）にこれを述べることができることとし，国は行政相談委員からも，すぐれた改善意見の提出を期待することに致しました」[2)]と述べられている．

　行政相談委員法制定の背景には，行政相談活動の活発化や行政相談委員が取り扱う相談の件数の増加に加えて，行政相談委員側からの法制化の要望の声が高まっていたという実態があった．また，当時は民生委員や人権擁護委員などの類似の性質を持つ委員制度が法律上の委員となっていたのに対し，行政相

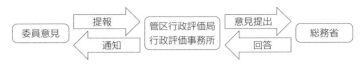

図7-1　行政運営の改善についての総務大臣への意見陳述
　　　のしくみ（行政相談委員法第4条）

出典：総務省行政相談の委員意見資料をもとにして筆者作成.

委員は依然として訓令上の委員であったことに実際上の支障があったことも指摘されている．これらに加えて，1965年5月7日の閣議決定では第一次臨時行政調査会の「事務運営の改革に関する意見」を受けて，行政運営の改善を図り，各省庁等における行政相談システムの整備を推進し，住民に関連の深い行政を執行している行政機関に行政相談窓口を設置しようとしていた［行政管理庁史編集委員会 1984：770-98］．これらのことから，四条具申のしくみは行政相談委員法制定の必要を高めるために同法第4条に位置づけられ，行政相談委員と行政管理庁の権限の実質的・相対的向上を図っていたと考えられる．

　四条具申は，行政相談委員が日常の行政相談業務の遂行を通じて得た行政運営の改善に関する意見をまず行政評価事務所に提報することから始まる（図7-1参照）[3]．行政評価事務所ではその意見に対して補充調査を行い，すぐに処理できそうな場合は関係する行政機関などに通知し，必要に応じて行政評価・監視の資料に活用する．提報された意見が特定の地域内の調整だけでは済まない問題で，法改正や制度運営の改善を必要とするのであれば，管区行政評価局に提出されたのちに総務省に意見提出される．提出された意見は総務大臣に報告され，そして関係府省に参考通知される．関係府省に参考通知された場合，意見に対するその府省の見解も入手できるよう努める．

　このしくみを特徴づけているのは，一般人である行政相談委員が間接的とはいえ，住民の視点から総務大臣に対して意見を伝えることができる点である．このしくみについて，桝居孝は「行政相談委員は，行政上の困りごとを抱え，その解決を求めて申し出る住民の相談に応じて助言をし，それを行政機関等に通知し，行政機関等の照会に応ずるという職務の内容は，今までと変わりがない．しかし，常に地域の実情を把握し，住民の具体的な相談から，さまざまな行政運営改善に関する問題点を感じ取り，それを法第4条意見としてまとめ，総務大臣に具申するという積極的対応も，期待された重要な業務となってきて

いるのであろう」と述べている［桝井 2005：116］．行政相談委員が総務大臣に意見を伝えられる点は，グラスルーツな活動をする行政相談委員が，地域の生の要望を的確かつ迅速に捉え，総務省・管区行政評価局という全国的ネットワークから影響力を行使できることでもあり，行政相談委員の権威の向上に大きく寄与している．

2013年4月に改定された『行政相談委員との協働の充実及び行政相談機能向上のためのアクションプラン』では，行政の制度・運営の改善のために有効な情報であるとして「4条意見の積極的な提出支援」が「委員との協働の推進」に位置づけられている．具体的な取り組みとして，行政相談委員へ委員意見の説明を行うほか，行政相談委員が活動上得た行政上の問題意識を積極的に提供するよう呼びかけている［URL 30］．

（3）行政相談委員のインフォーマリティ

行政相談委員制度は行政相談委員法を根拠に総務大臣が任命するというフォーマルな制度である．他方でその活動の実態は，先にも述べたように，多様な苦情や相談の解決を柔軟に図っている．たとえば管轄についても，1年間に行政相談委員が受け付ける苦情のうち，約4分の3は地方自治体の業務や民民関係の事案であるほか，積極的な苦情を発掘しようと他の相談委員との合同相談会を開催し，あるいは自身の能力開発のために自主的な研修会を実施している場合もある．このように行政相談委員はフォーマリティを背景としながらも，多様なインフォーマルな活動を行っているといえよう．そのインフォーマルな活動のなかで，次のような指摘もある．

行政相談委員制度の在り方に関する研究会は，行政相談委員は地域における他の機関等には担い得ない役割を果たしていると指摘する［行政相談委員の在り方に関する研究会 2009：23］．それは，国の業務，地方自治体の業務，民間・民事部門に関するものの区分を問わず苦情等を受け付け，解決に結びつけるとともに，国の業務に関する苦情等について自ら解決を促進し，また，行政運営の改善に関する総務大臣への意見表明を通じて国政へも意見を反映できる権限を有しているからである．しかしこのような役割だけでなく，たとえば平松［2005：33］は，常識にもとづく判断を住民に教示することも行政相談委員の役割であると述べている．同様に蓮池［2005：111］も「国民の自律性を高めることは，行政相談の方向の一つの大きな柱であろう」と指摘している．行政相談

委員にはその活動を通して，住民に進むべき道を指し示すようなことまでも必要とされているのである．

　また，今川［2005：91］は行政相談委員の方向性について，「主に本来の役割に伴う熱意の領域によって果たされている」と指摘し，同じく，今川［2011：51］は行政相談委員の役割について，「行政相談委員にはその活動を通じて，公務員，行政組織，国民などお互いが自主的，自立的に改善努力を行うことができるようなエンパワーメントの役割も期待されるようになってきたのである」と指摘する．また「究極的には，行政相談委員がいなくても，自律的に個々の行政機関が改善できるシステムのあり方を目指すことが目的のひとつと考えられる」［今川 2011：50］という指摘もあるように，行政相談委員は寄せられた住民の苦情や相談について解決を差し出すのではなく，住民と関係する行政機関が自ら解決策を探る状態を目指していくことも行政相談委員の重要な役割であると考えられる．

（4）行政相談委員と地域力再生・住民自治へのエンパワーメント
　このような行政相談委員の役割についての研究では，一部の行政相談委員が「住民自治へのエンパワーメント」を行っていることが指摘されている［グループGS近畿 2010：34-37；今川 2011：99］．グループGS近畿の研究では，行政相談と地域力再生というテーマから行政相談による地域力再生への寄与について3つの事例が紹介されている．まずはこの3つの事例について，筆者の追加調査も加えて紹介する．
　ひとつめは地域力を活かし引き出した事案処理として，ゴミの不法投棄に関して住民自治活動を促した大阪市の事例である．大阪府大阪市では，通学路において放置自動車とその周辺の不法投棄が問題となっていた．このことを問題視した住民は，警察や道路を管理する市に苦情を申し出たが，それぞれ単独では処理できないと追い返された．そこで住民は行政相談委員のもとを訪れ，相談を受けた行政相談委員は市の相談窓口，道路管理部局，廃棄物処理部局，違反車両を取り締まる警察などの関係機関に協力を呼びかけるとともに，自治会長をしていた経験から，住民による再発防止の活動も必要と考え，地元自治会にも住民への啓発活動を行うように働きかけた．関係機関による放置自動車や不法投棄の撤去が行われた後，行政相談委員はさらに地元自治会に働きかけ，再発防止のために夜間の防犯パトロールを行うよう促した．この後防犯パトロ

ール活動は定着し，さらにこの活動はマスメディアにも取り上げられるようになり，不法投棄が再び行われることはなくなった．この事例は，不法投棄に関して住民自治の活動を促した事例として紹介されている．

　2つめは住民参加を通じた事案処理として，大阪府交野市における道路交通の妨げとなっていた樹木についての事例である．民有地にある樹木が繁茂し国道の路肩にはみ出したことで自動車通行の妨げになっているとの相談を受けた行政相談委員は，現地の状況を写真に納め，管区行政評価局と共に大阪府土木事務所にも改善を申し入れたが，それだけでは不十分と考え，土木事務所と交野市，住民とが話し合うように働きかけたのである．この3者で協議を行い，結果として樹木剪定等についての協定を締結するに至ったのである．その協定は，土木事務所が危険と判断した場合には，地元に対して剪定範囲と作業時期を事前に連絡し，同事務所の費用により剪定を行い，土地所有者は剪定された樹木の財産権を放棄するという内容である．この事例は地域の課題を解決する中で住民参加を促した事例として紹介されている[4]．行政相談では，近隣同士の問題についての相談を頻繁に受けるが，行政が介入困難な問題も多く，解決困難なのである．とくに空き家や樹木の問題となれば，所有者がなかなか見つからない，所有者が伐採をしたがらないといった理由で危険な状態を解決できない現状を続けていかなければならないことも少なくない．たとえば，京都府の丹後地区行政相談推進協議会[5]も，2013年7月に開催した自主研修会で「公共の道路交通を妨げている樹木の伐採を巡っての行政機関側の苦悩」というテーマで意見交換を行っている．このようなテーマは行政による解決が困難な事例における住民自治の可能性を追求した事例として，今後も重要になってくると考えられる．交野市の行政相談委員は，住民自らが自身の地域課題について今後どのように対処していくか議論を行うきっかけを住民に与えた形でエンパワーメントを行ったのである．

　3つめは，地域力発揮を後押しした行政相談委員意見として，四日市市における住民自治の活動とそれを後押しした行政相談委員の事例である．青色回転灯を乗用車に設置して防犯パトロール活動を行っていた住民が道路運送車両法に違反するという新聞報道があり，それを知った行政相談委員が行政相談委員法第4条にもとづく意見を総務大臣に提出し，その意見は国土交通省に伝えられたことで規制緩和が実現し，解決に至ったという事例である．

　このように行政相談委員は，住民と行政の話し合いの場を用意したり，住民

の自治意識を芽生えさせたり，住民自治の活動の障害となっている制度改正を促す役割を担っているし，そうした役割が重要視され始めている．しかしそうした行政相談委員は未だ少数である．たとえば，自治会や町内会，老人会などの地域団体とのネットワーク形成の場である行政相談懇談会は，行政評価事務所の協力のもと，主に行政相談制度の広報や相談活動のために行われる．行政相談懇談会の年間の開催数は800件程度であり，また，総務大臣への意見陳述の提出件数も年間200〜300件程度で，少ない時には200件を下回ることもある［総務省行政評価局行政相談課 2008：17］．行政相談委員の総数が5000人であることを考えれば，双方とも少ない数字である．行政相談懇談会がある程度相談業務に慣れてきた委員によって開催され，総務大臣への意見提出も地域における問題探索に熱心な委員によって行われているのならば，先に述べたような役割を果たす行政相談委員は一部にしか過ぎない．

そこで，行政相談委員による住民自治へのエンパワーメントがどのような時にいかなる形で行われるか詳細に考察する必要がある．グループGS近畿が用いた3つめの事例については，住民が行政相談委員のうごきについて何も知らなかった．したがって住民の視点からと，行政相談の視点からの両方からこの事例を分析し，さらにほかの事例と合わせて行政相談委員と住民の関係について考察していきたい．

## 2．四日市市の青色回転灯の取り組み事例

### （1）四日市市での自主防犯活動の経緯[6]

今回注目した自主防犯活動は2003年に遡る．四日市市の別山地区（「別山」は四日市市川島地区内のひとつの町名）では，新興住宅団地であるため転居が多く，地域内のつながりが薄いことによって空き巣や車上荒らしが多発していた．このことに危機感を抱いた住民は，住民総会において防犯パトロールの協力者を募り，初めは2人から，そしてその後徐々に人数を増やしながら活動を始めた．そして防犯に関して問題意識を持つ住民らによって同年3月，「別山安全なまちづくり推進委員会」が発足した．パトロールを始めた当初はまちを歩いてパトロールすることに意味があるという認識が多かったが，やがて雨や寒い日でもパトロールができること，空いた時間に単独で巡回できること，女性が参加しやすいことなどのメリットから，乗用車で地域を回るようになった．

しかしながら，個人所有の普通乗用車でのパトロール，つまり団地内を徐行していることが逆に不審車と勘違いされることが多かった．したがってメンバーの1人が回転灯を搭載した乗用車でパトロールするアイディアを出し，青色回転灯ならば使用可能であったため[7]，実際にそれを搭載した乗用車での自主防犯パトロール活動が始まった．回転灯を取り付けた効果は顕著に表れ，青い光を見た車や人が突然走り去ったり，暴走族がそのオートバイから降りて押し始めたりすることもあったという．また，巡回するメンバー同士だけでなく家族ぐるみの交流も始まった．こうして自主防犯活動は，四日市市別山地区を単なるベッドタウンではなく，人が生きていくまちにするための「まちづくり」活動であるという認識が広まった．

ところが2004年1月，青色回転灯を搭載した乗用車の使用が道路運送車両法に抵触することが判明し，同年2月に三重県警は回転灯の使用自粛を要請してきた．それは別山地区の取り組みと，その取り組みの違法性がテレビで報道されたことで四日市南警察署に他の地方自治体から問い合わせがあり，三重県警が調査したことで判明した．このことについて，国土交通省中部運輸局自動車技術安全部は道路運送車両法に明らかに違反しているという見解を示した．この道路運送車両法は回転灯を使用できる車を定めており[8]，当時それは都道府県の公安委員会が認めた緊急車両のみに限られ，防犯パトロールでの使用は想定されていなかった．「警察に頼らず効果を上げている」という住民の声は行き場を失い，徒歩での巡回中心に変えた．三重県警も弾力的な運用を中部運輸局と検討しようとたが，前例がないことから断念せざるを得ず，やむなく青色回転灯の使用をやめるよう指導するしかなかった．

しかしながら「罰金と家族の安全はてんびんにかけられない」と主張し，青色回転灯を使い続けるメンバーもいた．また，青色回転灯を搭載した乗用車による防犯パトロールが手薄になった3月には乗用車が1台盗まれ，逆に青色回転灯の威力が再認識されるという事件もあった．このようなことから，四日市市の防犯パトロールを行っていた住民を中心に警察庁に対する要望活動が行われた．

2004年の5月，総務省は防犯目的で地域を限定しての回転灯の使用を認めるよう国土交通省などと協議し始めた．この時点で，青色回転灯を搭載した乗用車の使用を可能にするよう求める声は四日市市以外にも各地から国土交通省に届いていた．この総務省と国土交通省の協議のもととなったのが，全国の自主

防犯活動の支援を目的とした総務省の「地域安心安全アクションプラン」の提案である[9]．このなかには青色回転灯の使用を認めることも盛り込まれており，総務省は国土交通省や警察庁と協議する方針を示した．

5月下旬には，国土交通省は青色回転灯の防犯効果が高いことを認め，乗用車への搭載を認める方針を固めているとの報道がされた．6月上旬，国の方針として，固定式の青色回転灯の取り付けのみを認めることが発表された．右方針は，青色回転灯は乗用車に固定すること，パトロールには専用車を使いパトロール時以外は点灯しないこと，車体に団体名と防犯パトロール車であることを明記すること，申請者資格は市町村・県警などに委嘱された団体等であること，を内容とした．6月10日から，この内容に対するパブリックコメントが実施された．

警察や国土交通省の立場では，青色回転灯が悪用されることが懸念材料であり，なるべく簡単に着脱できない青色回転灯の方が好ましいという認識があった．しかしながら実際に防犯パトロール活動をしている住民にとっては，固定式の青色回転灯しか認められないことは防犯パトロール専用の乗用車を別に用意しなければならない上，実際に運用するとなると1台では済まず，複数台必要となることから，金銭面や管理においてさまざまな問題が生じた．着脱式のメリットは，通勤や買い物の行き帰りに自家用車に取り付けることでいつでも誰でもパトロール活動として巡回できるところにあり，このことは自主防犯パトロールの根幹とも言える部分であった．

6月下旬から7月上旬にかけて四日市市および三重県は警察庁と国土交通省へ着脱式も認める要望活動を実施し始め，同時に四日市市は構造改革特区の申請も視野に入れた準備を始めた．7月上旬には着脱式でも悪用されない工夫のしかたを警察や住民も一緒になって考え始めており，証明を受けているのかどうかを一目で見分けられるようにできれば着脱式も可能になるという見解を警察庁は示していた．住民はパブリック・コメントにも応じ，警察発行のステッカーを乗用車の前後ガラスに貼って乗用車と使用者を特定して警察に申請し，その乗用車だけでパトロールする，という意見も出されていた．

そうして9月28日，警察庁・国土交通省から防犯パトロール車への着脱式の青色回転灯を認めるしくみ（道路運送車両法の保安基準第55条の規定による基準の緩和[10]）が12月1日より運用されると発表された．内容は，着脱式の運用にあたっては，住民団体（NPO含む）がパトロールに使う車両を地元の警察署に申請し，

認められれば，標章が交付されるというものであった（詳細は後述）．その後10月から11月の上旬にかけて四日市市地域防犯協議会で協議し，11月17日に市長名で地域防犯活動推進員として，四日市市地域防犯協議会加盟の4団体24名が委嘱された．そして12月1日夜，11台のパトロール車が出発し，活動が再開されるに至った．現在四日市市内では13団体が登録されており，青色回転灯を搭載した乗用車で自主防犯パトロール活動を実施している．青色回転灯を搭載した乗用車による自主防犯パトロールはその後全国的に注目されるようになり，現在では多くの自治体で目にすることができる．

### （2）本事例における行政相談委員の活動

　四日市市の住民や市役所職員は自主防犯活動を通して住民自治の意識を高めていたにもかかわらず，2004年1月に青色回転灯の使用の自粛が呼びかけられたことでその活動は停滞し，住民は活動を断念し，あるいは逆に罰金を払ってでも活動を継続していた．住民は自主的な活動を自粛せざるを得ないという状況に陥ってしまったことに対し，これを打開しようと四日市市と一緒になって警察庁や国土交通省へ要望活動を行っていた．

　この事例について四条具申を提出したのは四日市市に配置された行政相談委員ではなく，四日市市に隣接するいなべ市に配置された行政相談委員であった[12]．この委員は，テレビや新聞の報道で青色回転灯を搭載した乗用車による自主防犯パトロール活動が自粛を強いられているという事実を知り，強く関心を持った．この内容は定例相談所内でも話題に上がり，その行政相談委員は四条具申で解決につながるかもしれないと考えた．2004年5月，行政相談委員が提報した意見は，「三重県四日市市において，住民による自主防犯パトロールに際して，車両の上に青色回転灯を設置して巡回することにより，空き巣や車上狙いの被害の防止につなげていたところ，道路運送車両法に違反するとの見解が示されたとの報道があった．1年ほど前から行われている活動で成果が上がっていたという．他の交通の妨げとなるおそれのあるものとして規制されているようであるが，人びとの生活の安全の確保に貢献している活動の支援につながることから，青色回転灯の設置を認められないか」[URL 17] という内容である．この意見は総務大臣に伝えられるとともに，国土交通省自動車交通局技術安全部に伝えられ，さらに当時の麻生太郎総務大臣が経済財政諮問会議のなかで提言した「地域安心安全アクションプラン」[URL 27] のなかに住民による防犯

パトロールについての内容が盛り込まれていたことで，青色回転灯を搭載した乗用車による自主防犯パトロール活動についての総務省・国土交通省・警察庁の3者による協議が準備されたのである．

## 3．行政相談委員の役割についての今後の課題

### （1）自主防犯パトロール活動復活への貢献

本事例において，青色回転灯を搭載した乗用車による自主防犯パトロール活動を実現するために働いた主体は大きく3つである．

ひとつは四日市市の自主防犯活動を行っていた住民である．住民は四日市市，三重県，管内の警察署を巻き込みながら，要望活動を続けていただけではなく，警察庁に直接要望を伝えに行く者もいた．この活動はマスコミにも取り上げられ，いなべ市の行政相談委員がこの活動を知ったのもそのためである．また住民は2004年の7月に四日市市地域防犯協議会を結成している．四日市市内の各地域の自主防犯団体と四日市市役所市民生活課，管内の3つの警察署，教育委員会を含むこの協議会は住民自治のパワーを反映しており，青色回転灯を搭載した乗用車による自主防犯活動が自粛を強いられたことも協議会結成の契機になったと考えられる．

2つは四日市市である．四日市市は住民とともに国土交通省や警察庁に要望活動を行っていた他，四日市市を構造改革特区として認めてもらうように申請も行おうとしていた．

3つは行政相談委員と総務省である．行政相談委員は自身の問題意識を委員意見として総務大臣に意見陳述できる．四日市市での活動を報道で知ったいなべ市の行政相談委員は意見を総務大臣に提出し，その意見は総務省を通して国土交通省自動車交通局技術安全部に伝えられている．また，当時の麻生太郎総務大臣が経済財政諮問会議のなかで提言した「地域安心安全アクションプラン」のなかにも，住民による防犯パトロールの内容が盛り込まれており，青色回転灯を搭載した乗用車による自主防犯パトロール活動についての総務省，国土交通省，警察庁の3者による協議の土台が築かれ，結果として青色回転灯を搭載した乗用車による自主防犯活動が認められることになったと考えられる．

（2）行政相談委員による住民へのエンパワーメント

　先のグループGS近畿による事例紹介のなかでも，大阪市と交野市の事例については，相談を受けた行政相談委員が住民と関係機関とに働きかけたことで自主的な解決を促し今後の問題発生を防止したところに類似した点があるが，本章で調査した四日市市の事例はこれら2つの事例とは決定的に異なる．それは，行政相談委員と住民とが直接的な関係になかった点，相談を受けずに働きかけた点においてである．

　大阪市や交野市の事例においては，単に苦情を処理するだけでは根本的な解決に至らないとして，行政相談委員の直接的なエンパワーメントによって住民の自治意識が向上し，住民による自主的な防犯パトロール活動の実現や，住民と関係する行政機関との協議が実現し，根本的な問題解決に至ったのである．

　四日市市においては，住民の自治意識だけでなく，国の制度に対する問題意識も高く，防犯パトロール活動を行っていた住民は国との対決を決意していたし，四日市市も住民の意図を理解して国への要望活動を行っていた．その事実を知ったいなべ市の行政相談委員は力添えとして委員意見の提出を行い，それが結果的に国の制度の規制緩和の土台作りへとつながったのである．桝井［2005：113］は「現在でも行政に対する苦情などのルートは，多岐にわたるものがあるが，ともすると，このルートは分権化しすぎて，市民の苦情も聞き流される場合もあるものと思われる」と述べている．ここに，行政監察と政策評価の機能を有する総務省の大臣に意見を提出できる意義があると考えられる．まさに長く錯綜したアカウンタビリティのルートにショートカットを用意する役割を担っている．

　行政監察については現在行政監視・評価と名称をかえて類似の活動を行っているが，住民の視点から行政活動の問題点をさぐろうとする努力を行っており，この努力に行政相談は貢献する．また政策評価は政策の対象になる住民に政策活動の結果としてどのような変化（成果）が生じているか，それは当初の目的に適ったものであるのか，そもそも目的の設定は適切であったのか，これらを問うことがねらいであるため，まさに行政相談から得られる情報は有力な情報源になるのである．こうした行政相談の特徴は，住民へのエンパワーメントという活動によって別の意味を持つようになる．意見提出を行ったのは四日市市ではなくいなべ市に配置された行政相談委員であったため，住民と行政相談委員の直接的な関係はなかったものの，結果的に住民の防犯活動はさらに活発化

し，さらにその活動は全国への拡大につながった．この点で，行政相談委員による意見提出は住民へのエンパワーメントになり得たのである．

　行政相談委員は各市町村に配置されているため住民と密着しながら課題解決の実行を前提にしているが，もう一方で自分が知り得た問題に対して何らかの解決の糸口の獲得も可能なのである．すなわち，相談を受けた後の課題解決のなかで直接的にエンパワーメントを行いながら，日常的に身辺の問題発見に努めながらそこで発見した問題意識を委員意見として提示し，間接的なエンパワーメントが可能となってくるのである．

　次に，それぞれの事例においてどのような役割が行政相談委員に求められるのかについても考えてみたい．大阪市や交野市において行政相談委員は，自身の持つネットワークを活用して住民へのエンパワーメントを行った．行政相談委員は法律で定められた国の行政機関等に関する相談以外にも地方自治体や民間に関する相談も多く受け付けており，これらの解決にあたっては行政相談委員が持つネットワークが重要な意味を持つ．このネットワークは，日常的な行政相談活動で形成されるほか，委員自身が公務員や自治会役員を経験している点にも大きく依存している．また，自治会や町内会の人びとを集めて行う行政相談懇談会も大きな効果を持つと考えられる．四日市市の事例では，行政相談委員は知り得た情報から委員意見提出へとつなげたのであり，委員意見の有効性を認識しながら日常的に問題を探索し続けることが求められる．

　このように，住民の自律性に応じてエンパワーメントの方法を考えるのも行政相談委員の役割かもしれないし，そこには各行政相談委員の資質に加えて管区行政評価局や行政評価事務所の支援が重要な意味を持ってくる．

（3）行政相談懇談会と管区行政評価局・行政評価事務所の役割

　最後に，行政相談委員による住民自治へのエンパワーメントをより活性化するための課題について，行政相談懇談会の活性化，委員意見提出における行政相談委員の問題探索能力，管区行政評価局・行政評価事務所の支援から考えてみたい．

　大阪市や交野市において行政相談委員は，自身の持つネットワークを活用して住民へのエンパワーメントを行った．行政相談員は法律で定められた国の行政機関に関する相談以外にも地方自治体や民民関係に関する相談も多く受け付け解決の手助けをしており，行政相談委員の持つ多様なネットワークが行政相

談委員の地域における多様な課題解決の活動を支えているのである．このネットワークは，日常的な行政相談活動で形成されるほか，委員自身が公務員や自治会の役員を経験している点，さらには自治会・町内会の代表者を集めて開催される行政相談懇談会もネットワーク形成に有効である．

最近は行政相談制度と地域力再生が関連づけられるなかで行政相談懇談会の重要さが見直され，近畿管区行政評価局のある大阪府では2011年度に行政相談懇談会を7カ所で開催した．行政相談懇談会は自治会長や町内会長など各種地域団体の代表者を集め，管区行政評価局・行政評価事務所職員の参加も得ながら行政相談制度の広報や埋没した問題の調査を主目的として行われている．これらの場の設置による地域課題の解決を，各種地域団体との連携でいっそう促進し，このような活動が基盤となり地域力再生に寄与していると考えられている［グループGS近畿 2010：37］．しかし，長年地域で懸案となっていた課題が行政相談懇談会を契機に解決に向かった事例と紹介されながら，エンパワーメントには十分につながっていない．この点について2つの事例を紹介する．

福井県の事例では，国道の本線に合流する側道にしばしばトレーラーのような大型車両が駐停車しており，付近の住民が利用に困るだけではなく，事故も起こっていた．国道事務所と所轄警察署では数年前にはコーンポストや駐車禁止看板の設置も行っていたが，駐停車は日常化していたという．従前から住民は問題を認識していたが，国道であるため意見は十分反映されてこなかった．しかしながら行政相談懇談会を契機に，行政相談委員を通じて行政評価事務所から要望内容を連絡することによって改善への取り組みが進められたのである．

また，大阪府の貝塚市の二色の浜では，海岸に漂着したゴミへの対処が問題となっていた．ここでは海水浴場の運営を受託している企業と自治連合会との間でとりかわされた契約に海岸の清掃が委託契約のなかに含まれていない点においてもめており，結果として長年ゴミの問題は放置されてきた．しかしここでも，行政相談懇談会を通じて貝塚市から港湾局に掛け合い，問題の解決が図られるとともに，住民は海岸の管理に関する行政のしくみを理解した．

このように，地域の各種団体の役員が集う場に行政相談委員や管区行政評価局・行政評価事務所職員が参加して開催される行政相談懇談会では，従前より問題となっているにもかかわらず一向に解決へとつながらなかった問題が行政相談を通じて解決されるという事例がしばしば見受けられる．これら2つの事例に共通しているのは，一方では迅速な解決を達成できたという点で行政相談

の意義を見出せるものであるが，他方では，本章で述べてきたような，住民へのエンパワーメントの視点が欠けているという点がある．もちろん，ボランティア委員である行政相談委員すべてにそのような視点での活動を強制させることはできないが，今後は行政相談懇談会の開催数の増加を図りながら同時にどのようなエンパワーメントができるかという観点から，たとえば各行政評価事務所単位で職員と行政相談委員が考えるというのも，今後の行政相談の方向性の1つであると考える．

　委員意見の提出については，総務省行政評価局が策定した『行政相談委員との協働の充実及び行政相談機能向上のためのアクションプラン』のなかでも活性化が求められている[13]．そこでは研修や周知等を通して各委員に意見提出を促しているが，現行の委員意見提出のしくみは行政評価事務所や行政評価局の会議を何度も通ったもののみが総務省に伝えられ，行政相談委員個人が地域で発見した個々の課題の本質が失われてしまうかもしれない．

　行政相談懇談会についても，また四条具申についても，現状では管区行政評価局・行政評価事務所の活動が不可欠である．未だ開催数や提出数が少ないなかで，これらを活性化するためには，行政相談委員による住民自治へのエンパワーメントが行政相談制度の重要な役割のひとつであるという認識のもと，管区行政評価局・行政評価事務所から行政相談委員への積極的な支援が必要である．さらには，行政相談委員の任意団体である3種類の協議会にも注目したい．各都道府県の都道府県行政相談委員協議会（地相協），管区ごとの行政相談委員連合協議会（広相協），全国組織の全国行政相談委員連合協議会があるが，これらを活性化することで行政相談委員全体の資質の底上げもできるのではないだろうか．行政相談委員制度のあり方に関する研究会では，行政相談システムの整備・強化や関係機関との連携の強化についての提案などがあり〔行政相談委員制度の在り方に関する研究会 2009：79-82〕，協議会としての機能の強化が指摘されている．現状でも，いくつかの地相協では自主的な研修会を開催して情報交換や学習の機会を設定しているが，行政相談委員は基本的に個人単位で活動しているため，互いの活動を知る機会が少ない．積極的な行政相談委員の熱意を普及させるためにも協議会を活性化し，行政相談委員同士の議論に火を付け，管区行政評価局・行政評価事務所に大きな影響を与えるようになれば，行政相談委員の役割も強固になるだろう．そのためには，地相協レベルから積極的な改革が必要になる．

## （4）行政相談委員個人の資質と協議会

　地域課題を住民自らが解決できる可能性がありながらも，行政への依頼心によってそれが消え去ってしまっている現状がある．一部の行政相談委員によって住民自治へのエンパワーメントは行われてはいるが，ごくわずかな事例である．もちろんボランティアである行政相談委員にあまりに多くを期待するべきではなく，またどの委員も相談者の悩みを解決することに行政相談委員としてのやりがいを感じ，それぞれ使命感を持って活動している．たとえば，住民から苦情や相談を受ければすぐに関係機関へそれを伝え，改善を求めることを使命と感じている行政相談委員は，人びとの悩みを解決することが住民からの信頼につながるし，それこそが使命であると考えている．他方で，行政相談委員が無差別に解決を提供すべきでないと考えている委員は，行政相談委員への期待をあまり人びとに持たせるべきではないとして，関係機関を紹介し，相談者が自らそこを訪れて解決することが最善であると考えている．

　このように多様な委員が存在しているなかで重要な意味を持っているのが，行政相談委員の任意団体である協議会である．行政相談委員の協議会には，各都道府県の都道府県行政相談委員協議会（地相協），管区ごとの行政相談委員連合協議会（広相協），全国組織の全国行政相談委員連合協議会があり，さらに地相協のなかでは，地区ごとに分かれた行政相談推進協議会が存在している．たとえば京都府では，京都地区，洛南地区，南丹地区，山城地区，丹後地区のそれぞれの行政相談推進協議会があり，自主研修会などを行っている．この協議会は，どのような委員が会長に選ばれるかによって協議会のあり方が大きく変わるのである．会長が委員同士の交流に積極的な人物であれば，自主研修会の開催を年に1回とせず，複数回開催しようとするし，研修会のテーマも現実問題となっているさまざまなテーマを選び，議論し合う．だが，協議会は予算も限られているし，個々の委員も他の活動の兼ね合いがある．このような状況のなかで，自身の委員としての活動や経験を交換し合う場である自主研修会を評価しない委員もいる．しかし協議会を活性化することで，行政相談委員は個人だけで活動するのではなく，より他の委員を意識して活動するようになり，着実に行政相談委員全体の資質を高めていくことができると考えられる．行政相談委員制度のあり方に関する研究会では，行政相談委員の協議会について，体制の整備・強化や関係機関との連携の強化についての提案などがあり，協議会としての機能の強化が指摘されている．現状でもいくつかの地相協では自主的

な研修会を開催して情報交換や学習の機会を設定しているが，行政相談委員は基本的に個人単位で活動しているため，互いの活動を知る機会が少ない．積極的な行政相談委員の熱意を拡散させるためにも協議会を活性化し，行政相談委員同士の議論に火を付け，管区行政評価局・行政評価事務所に大きな影響を与えるようになれば，行政相談委員の役割も強固になるだろう．しかし協議会の活性化といっても，行政相談委員はボランティアであることからすべてを強制はできず，各行政相談委員の会費から成り立っている協議会の予算も限られており，課題は多い．しかしながら，住民自治へのエンパワーメントも含めて，協議会から，今後の行政相談のあり方を問い，方向を見出していくことも，行政相談制度の役割を考える上では必要であろう．

## 4．行政相談委員の活動の展開

　行政相談委員は，相談者の悩みを聞き気持ちを整理する活動から，道路や川の危険な場所についての苦情の解決，そして行政の運営に関わる苦情の解決，制度の改善のためへの働きかけに至るまで，広範な領域において住民と同じ視点から課題の解決のための活動を行っている点に特徴がある．当然民間人ボランティアの相談委員であるため，多様な考えを持つ行政相談委員がおり，相談を受ければすぐに関係する行政機関へ交渉のために訪問する行政相談委員もいれば，他方でなるべく自身が関わることなく当事者同士での調整と解決を図るように進言する行政相談委員もいる．この姿勢のちがいは，各人が行政相談委員としての使命をどのように捉えているかに依拠している．どのようなとらえ方をしている委員についても，行政相談委員の研修会において意見交換を行うことによって活動の領域が拡大されていくだろう．

　本章では，多様な行政相談委員としての活動のなかで，一部の行政相談委員が住民自治へのエンパワーメントを行っていることを確認した．一方では相談を受けたのち，事案を処理する過程において住民の自主的な活動や参加を促す直接的なエンパワーメントであり，他方では自身の問題意識にもとづいて委員意見を提出し，間接的・結果的に住民自治へのエンパワーメントへつなげた．

　このような解決方法については，行政相談委員の間ではまだ認識は共有されていない．行政相談委員制度の課題としても認識されているのは，行政相談委員のなかには相談を受身で待ち続け，相談件数が増えないために相談委員とし

てのやりがいを持てないという悪循環に陥る例もあることである．他方で行政相談委員は民間人ボランティアであるために，個人の活動について多くを強制はできない．しかしながら自主的に多様な活動を展開しようという行政相談委員は，行政相談委員協議会において自主的に開催している研修会で，自身の経験や意見を語ることに意義を見出しており，またそのような意見交換が今後の行政相談委員のあり方の方向性を決めていくことにもつながると考えられる．

　解決のための手段に制度的制約があるなかで行政相談委員はどのような手段を使ってインフォーマルな解決を図っているのか．この点に行政相談委員制度の今後の展望のヒントがあると考える．

注
1）　行政相談委員法においては，苦情を「国民」から受け付ける旨が明記されているが，実際の行政相談活動は本来の意味での「国民」つまり「日本国籍を有する者」には限定せず，在日外国人の相談も受け付けており，また近年は在日外国人に対する相談活動の強化も図られている．
2）　提案理由発言者は当時の行政管理庁長官である福田篤泰である［URL 24］．
3）　総務省は，行政相談委員が行政相談委員法第4条にもとづいた総務大臣への意見を行政評価事務所に提出することを「提報」と呼んでいる．
4）　京都府では，「地域に暮らす皆さんが協力して自主的に，暮らしやすく魅力的な地域にしようと取り組まれる」活動を地域力再生活動と定義している［URL 13］．したがってこのような状態を目指して人びとに働きかけることを，住民自治へのエンパワーメントと理解することが可能である．
5）　京都府の行政相談委員の協議会は，京都府全体の京都行政相談委員協議会のほか，京都地区，洛南地区，山城地区，南丹地区，丹後地区の5つの行政相談推進協議会があり，自主研修会や交流会をそれぞれが行っている．
6）　ここでの内容は，2012年7月13日に筆者が行った四日市市役所における四日市市地域防犯協議会と四日市市市民文化部への聞き取り調査，そして中部管区行政評価局，三重行政評価事務所への2012年7月16日の電話での聞き取り調査と，そして朝日新聞（2004a-p）と毎日新聞（2004a-m; 2005a-f）とを合わせて執筆した．
7）　ちなみに，赤色回転灯は警察・消防などの緊急自動車用，黄色回転灯は国土交通省による道路維持作業用自動車用，緑色は大型の道路運送用自動車用，紫色が停止中の自動車用（衝突防止），そして現在はこれらに加えて青色が自主防犯活動用車用であると定められている（道路運送車両法，道路交通法施行規則参照）．
8）　道路運送車両法の保安基準は道路運送車両法の第3章（第40条から第46条）参照．青色回転灯に関しては，第41条の「自動車は，次に掲げる装置について，国土交通省

令で定める保安上または公害防止その他の環境保全上の技術基準に適合するものでなければ，運行の用に供してはならない．」とするうちの，13「前照灯，番号灯，尾灯，制動灯，車幅灯その他の灯火装置および反射器」に該当する．
9）このアクションプランは2004年5月の経済財政諮問会議のなかで麻生総務大臣が提言したものであり，安心・安全な地域を実現するため，防災・防犯などに対応する地域組織やネットワークの創出を目指したものである．
10）道路運送車両法（基準の緩和）
　第五十五条　地方運輸局長が，その構造により若しくはその使用の態様が特殊であることにより保安上及び公害防止上支障がないと認定した自動車については，本章の規定及びこれにもとづく告示であって当該自動車について適用しなくても保安上及び公害防止上支障がないものとして国土交通大臣が告示で定めるもののうち，地方運輸局長が当該自動車ごとに指定したものは，適用しない．
　2　前項の認定は，条件若しくは期限又は認定に係る自動車の運行のため必要な保安上若しくは公害防止上の制限を付して行うことができる．
　3　第一項の認定を受けようとする者は，次に掲げる事項を記載した申請書を地方運輸局長に提出しなければならない．
　　一　氏名又は名称及び住所
　　二　車名及び型式
　　三　種別及び用途
　　四　車体の形状
　　五　車台番号
　　六　使用の本拠の位置
　　七　構造又は使用の態様の特殊性
　　八　認定により適用を除外する規定
　　九　認定を必要とする理由
　4　前項の申請書には，同項第八号に掲げる規定を適用しない場合においても保安上及び公害防止上支障がないことを証する書面を添付しなければならない．
　5　地方運輸局長は，第三項の申請者に対し，前二項に規定するもののほか，第三項第九号の事項として同項の申請書に記載した輸送の必要性を示す書面その他必要な書面の提出を求めることができる．
　6　地方運輸局長は，次の各号の一に該当する場合には，第一項の認定を取り消すことができる．
　　一　認定の取消しを求める申請があつたとき．
　　二　第一項の規定により地方運輸局長が適用を除外する規定として指定した規定を適用しないことにより保安上又は公害防止上支障を生じるおそれがあるとき又は支障を生じたとき．
　　三　第二項の規定による条件又は制限に違反したとき．

7　地方運輸局長は，第一項の認定の申請に係る自動車が第三項の申請書に記載された同項第七号の使用の態様以外の態様により使用されるおそれ又は第二項の規定により付そうとする条件又は制限に違反して使用されるおそれがあると疑うに足りる相当な理由があるときは，第一項の認定をしないものとする．

11) 四日市市地域防犯協議会は，2004年7月に設立された住民による自主防犯団体である．現在26の自主防犯活動団体が加盟しており，住民の自主防犯団体，管内3つの警察署，四日市市市民生活課，教育委員会が隔月の協議会に参加して情報交換や課題の解決を図っている．青色回転灯を取り付けてのパトロールもこの協議会に加盟することが前提となっている．

12) したがって四日市市役所市民生活課の方や自主防犯活動を行っている住民は「行政相談委員」の貢献だけでなく存在ですら認知していなかった．

13) このアクションプランは2013年4月に改定され，従前の4項目に加え，災害発生時の対応や国際協力の推進といった方針にもとづいた行政相談活動についての項目が示されている．

## 終　章　現代における行政苦情救済の存在意義

### 1. 簡易・迅速・低廉・柔軟の価値を求めるインフォーマリティ

　オンブズマン制度はいまや世界中の国や地域，さらには民間部門で普及・拡大しており，加えてアジアを中心に多様な制度がオンブズマン制度として認められはじめ，その機能や要請される役割も多種多様に見られる．発展途上国における課題が汚職や腐敗の防止，政治的・行政的信頼性の回復，あるいは強大な行政権に相対して力の弱い議会や司法を補完し人権擁護の達成にある一方で，公共サービスの質的改善もまた要請されており，その点においてはオンブズマンの果たすべき役割は共通して要請されていると考えられる．すなわち，地方分権や NPM 改革により公共サービスの提供が多元化するなかでのオンブズマンの役割は，いかにサービス提供者のアカウンタビリティを確保し強化するかという点と，そして行政機関に公共サービスのマネジメントを要請することにより，グッド・ガバナンスを実現させる点になる．オンブズマンの近年見られる民間団体等への管轄の拡大は，まさにこの役割をオンブズマンに要請しているためであろう．

　ただし，本書で論じてきたように，オンブズマンがグッド・ガバナンスの実現のために実際に行っている活動に焦点を当てれば，それは外在的・フォーマルな統制論だけでは論じきれないのである．これを検討するヒントとなるのが，オンブズマンのインフォーマリティの概念である．

　オンブズマンのインフォーマリティの概念は1960年代・1970年代，行政救済の枠組みのなかで，裁判所や行政審判所という，よりフォーマルな救済のしくみとの比較においていっそう簡易・迅速・低廉な救済を個人にもたらすという点で特徴づけられていた．時間的・金銭的なコストの高い裁判所や行政審判所

の手続に対して，裾野の広い救済を個人にもたらし，裁判所や行政審判所における救済の補完的役割を果たすという点において，オンブズマンはインフォーマルであると指摘されるのである．

その後1980年代にはオンブズマン研究の進展とともに，オンブズマンの根幹である正式な調査やそれに続く勧告や意見表明はほとんど用いられず苦情が処理されている実態が指摘されるようになる．すなわちオンブズマンの早期解決を志向する傾向が注目されるようになったのである．加えて，1990年代以降オンブズマンが紛争両当事者との間を仲裁するという実質的な ADR（Alternative Dispute Resolution＝代替的紛争解決手段）の機能を果たしている実態に焦点が当てられるようになった．それは，メディエーターとしてのオンブズマンの役割を指摘し，1960年代・1970年代からの指摘をいっそう強めるものである．

Doyle らはこのようなオンブズマンの早期解決の志向や，実質的な ADR の機能を果たしている実態をオンブズマンの「インフォーマルな解決（Informal Resolution）」として整理した．すなわちインフォーマリティの概念は，行政救済の枠組みにおける裁判所や行政審判所との対比の軸だけでなく，オンブズマンの役割のなかでも正式な調査とそれに続く勧告や意見表明に対して，いっそう簡易・迅速かつ柔軟な紛争解決の志向も含むようになったのである．

## 2．インフォーマルな解決の危険と正式な調査の重要さ

苦情処理におけるオンブズマン・オンブズマン事務局と，行政・公共サービス提供者との間の関係に着目すると，これまで「インフォーマリティ」という言葉で表されてきたように，簡易・迅速かつ柔軟な紛争解決方法を志向する傾向が見られるのである．そこには，苦情申立人にできる限り早い救済をもたらすという顧客主義的な方向がある一方で，行政改革による予算や人員の削減の結果として，ひとつの苦情事案に対して配分できる人的・時間的コストを削減せざるを得ない状況は存在したはずであり，そのためにいっそう簡易・迅速かつ柔軟な紛争解決手法が志向されてきたとも考えられる．

別の見方をすると，行政との協力関係を前提としいっそう簡易・迅速かつ柔軟な紛争解決を志向し苦情に対応していく手法は，いわゆる「なれあい」のなかで紛争解決を行う状況を生じさせ，オンブズマンの独立性に疑念の目が向けられ，真に個人の権利救済を図れる制度であるかどうか疑われてしまう原因

ともなり得るかもしれない．そうなれば結局は他の広聴や相談制度とのちがいを見出せず，屋上屋を架す制度として，オンブズマン制度の存在意義は見失われてしまうであろう．ここに「インフォーマルな解決」を志向する状況の危険性がある．

紛争の解決自体はできる限り簡易・迅速かつ柔軟な手法を志向する一方で，頑固な行政の姿勢に改善を求め，根本的な問題解決を達成するためには，苦情の蓄積と分析を行えるだけの権限が必要である．そこに，正式な調査やそれに続く勧告や意見表明の意義が存在するだろう．別の見方をすれば，増大する苦情件数や管轄に対して，オンブズマンの根幹である正式な調査やそれに続く勧告や意見表明の機能を十分に果たすためには，簡易・迅速かつ柔軟な手法を志向するのは合理的であり，また苦情の蓄積と分析をする時間の確保にもつながるだろう．

オンブズマンへのアクセシビリティを高め，また苦情の簡易・迅速な解決という公衆からのニーズに対応する一方でオンブズマンの根幹でもある正式な調査とそれに続く勧告や意見表明の領域も確保するという2つの方向を両立させるためにも，インフォーマルな解決の志向は重要であるかもしれない．

この点においては日本の地方自治体におけるオンブズマン制度も同様であり，個々の苦情申立や相談については，財政的制約による予算や人員の削減のため，あるいは相談者にできる限り早い解決を提供するために，いっそう簡易・迅速・低廉かつ柔軟な解決を志向する傾向にあるのだろう．

ただし，日本の地方自治体のオンブズマン制度において見られるように勧告や意見表明がほとんど用いられていない実態や，とりわけオンブズマン制度を廃止し相談制度に再編した宮城県のように勧告や意見表明の機能を廃した場合，苦情処理の簡易・迅速・低廉の追求という点では同じ方向かもしれないが，そこでいかにオンブズマン制度や相談制度の存在意義を示していくかは大きな課題であるだろう．

## 3．オンブズマンの理念としての主体性の尊重

インフォーマルな解決については，Doyleらも指摘するように，このような簡易・迅速かつ柔軟な紛争解決手法の開発は，オンブズマンが紛争当事者間の自律的な解決を促進する役割を担うことによって，紛争当事者たる行政機関や

公共サービス提供者，そして公衆が自律的に紛争解決に臨むことを推奨するのである．

　これは，スコットランドの公共サービス・オンブズマンの発行するガイダンス『モデル苦情処理のガイダンス』や今川［2011：50-52］に見られるように，オンブズマンのあり方に関わる次のような規範的な理念にもとづいている．それは，紛争が当事者同士で解決され，もし当事者同士で解決不可能な場合も同じ組織内の苦情申立のための部局において解決が達成され，オンブズマンが紛争解決のために介入するのは最終的手段であるという理念である．

　この点をいっそう特徴づける活動が，近年の諸外国のオンブズマン，とりわけイギリス・アイルランド共和国・カナダ・オーストラリア・ニュージーランドにおけるオンブズマン制度におけるガイダンスの発行とそれにもとづく研修の実施である．スコットランド公共サービス・オンブズマンやウェールズの公共サービス・オンブズマンにおいても，先んじてオンブズマン事務局による自主的なガイダンスの発行があり，その後法律による根拠付けができたように，これらの活動もまたオンブズマンのインフォーマルな一面であると認めることができよう．

　これらの活動は，「インフォーマルな解決」に加えて，自律的な行政機関や公共サービス提供者を育成するためにオンブズマンあるいはオンブズマン事務局が行う付随的な活動であると確認してきた．制度上オンブズマンに要請される行政機関や公共サービス提供者のアカウンタビリティを確保する手段として，公衆の苦情を前提とした救済と行政運営の改善という役割は変わらずとも，オンブズマンは行政機関や公共サービス提供者，そして公衆の自律性を涵養する多様な手法を開発し利用してきた．それは行政の自律的な責任であるレスポンシビリティを促進し，公衆にいっそう応答的な行政職員を育成する方向にもオンブズマンが自身の役割を立脚させるようになってきたということである．この役割は苦情の再発防止を目的として，オンブズマンの管轄下，時に管轄以外の組織である行政機関や公共サービス提供者に対して，公衆への対応，苦情処理の方法について整理したガイダンスを発行し，それをもとに研修を実施する．これらの活動の結果として苦情の予防へとつながり，オンブズマンが対応しなければならない苦情の件数を減らすことにもつながり得るのである．

　ここに現代におけるオンブズマン制度の存在意義を見出すことができる．この背景にはNPM改革を端緒とした苦情文化の受容があり，またその結果とし

て各行政機関や公共サービス提供者の内部やあるいは外部における苦情プロセスの整備が進んだことがあろう．統治機構における行政機関や公共サービス提供者といった多様な主体における内部苦情処理システムの確立・強化もまた，苦情処理システムとしての経験をもつオンブズマンの役割となってきたのである．

　ガイダンスの発行によって，やや抽象的とは言えグッド・アドミニストレーションの原則や苦情処理の標準が明文化され，また他方では具体的な苦情処理プロセスが確立され，強制力はなくともガイダンスにもとづく研修の実施によって行政機関や公共サービス提供者の態勢の変化を望むことができるだろうし，またこのように当該行政機関や公共サービス提供者の主体性を尊重しながら自律性を涵養している点に，オンブズマンによる行政のレスポンシビリティへの貢献を見ることができるだろう．

　オンブズマンのインフォーマリティは，与えられた権限に付随して，あるいはオンブズマンの統治機構における機能を十分に発揮するための補完的な役割として，多様な活動を行い，その効果として行政や公共サービス提供者の自律的な責任の確保・強化を図るという点に特徴があると考えられる．そしてそれが結果として，公共サービス提供者の多様化・複雑化の潮流において，アカウンタビリティ確保へとつながるのである．

　上述したオンブズマンのインフォーマルな活動とはまたやや性格が異なるが，従前から指摘されてきたように日本における行政相談委員の活動もその柔軟さが特徴である．とくに権限を超えた範囲における積極的な行政相談委員による活動がこのシステムを特徴づけているというのは多くの研究者もこれまで指摘してきたことである．しかしオンブズマン的機能を果たしているという指摘はあったとしても，行政評価局・行政相談委員・行政苦情救済推進会議をオンブズマンとして認めるには独立性や権限，さらに個々の行政相談委員の資質という点において課題が多いというのも事実である．他方で実際に行政相談委員が果たしている役割やその効果に着目すれば，結果的ではあれ行政や公衆をエンパワーメントしその主体性を涵養する機会を提供しており，この点において個別の活動は小さいながらもとりわけ地域においては重要なアクターとしての役割を果たしていると認めることができよう．ここに本書で取り上げた諸外国におけるオンブズマン制度との共通点を見出すことができる．

　いずれにしても，オンブズマンの役割は個別の苦情を受け付けその処理をす

るなかで行政の運営改善を達成していくという方向だけでなく，それを補完するためにも，統治機構のなかで行政機関や公共サービス提供者が自律的な苦情処理態勢を整備・強化する支援をし，またそもそも苦情が発生しないような環境の整備に協力し，そしてその態勢に対するモニタリングの実施という方向にも重点が置かれるようになってきた．もちろん，そのような役割の認識の変化にともなってオンブズマンの根幹である正式な調査とそれに続く勧告や意見表明の機能が軽んじられることはない．

ただし本書においては，西欧やカナダ，オーストラリアのオンブズマン制度を中心に焦点を当て論じたため，これがアジアやアフリカの発展途上国や東欧諸国におけるオンブズマン制度についても同様の方向が観察できるかどうかは，今後検討する必要があるだろう．

また，オンブズマンのインフォーマルな活動，とりわけガイダンスの発行やトレーニングに関して，オンブズマンがどのくらい行政機関や公共サービス提供者の苦情処理システムに影響を与え得たかについては本書で扱うことができなかった．

## あとがき

　本書は，2017年3月に筆者が博士学位を授与を受けた際の博士学位論文「オンブズマンの役割とインフォーマリティの意義」に加筆修正を施したものである．
　本書のメインテーマであるオンブズマンは，日本では未だなじみ深いものであるとは言えない．世界においては多様な概念でオンブズマンが語られ，それを整理するだけで大きな業績にもなりえると思っているが，他方で日本においては1980年代から導入の議論はされているものの，国レベルでのオンブズマンは導入されないままである．地方自治体レベルでも1990年代に普及拡大の期待がされていたが，福祉の分野で一定の普及はあるかもしれないが，全体的には現状として普及しているとは言いがたい．
　むしろ公金の使途を問う住民運動としての市民オンブズマンの方が有名であり，オンブズマンという言葉を聞くと，本書で扱った公的オンブズマンではなく市民オンブズマンの方を思う行政学者や実務家もいることに筆者はたびたび驚かされる．それほど日本において，オンブズマンが注目されないということの現れであろう．公的機関においても民間団体でも，そして学者の世界においても，なぜこれほどまでにオンブズマンが普及しないのかは筆者の今後の研究課題としたい．この点に関しては，思い起こせば，実務家のなかにはかなり熱い方もおられた．筆者は修士・博士課程を通じてオンブズマン事務局の現地調査を行ってきたが，そのなかでは，「行政相談システムがあり，これが国際オンブズマン協会の会員になってしまったために日本ではオンブズマンの普及の道が閉ざされた」とおっしゃる方もいた．
　このように行政学のなかではかなりマイノリティとも言える分野を研究するにあたって，全面的に支持してくださったのが，故今川晃先生であった．もちろん筆者が行政相談，オンブズマンを含めた行政苦情救済の研究をスタートしたのも，今川先生あってのものである．学部時代より，とても親身に研究の助言をくださった．とりわけ博士課程の2年目，2015年の春頃からは，筆者の短期留学の予定もあり，かなり頻繁に研究の相談を受けてくださった．場所は決まって今出川通の喫茶店，トリオカリーベであった．お昼時であれば昼食をと

もにし，そうでなければアイスコーヒーを一緒に飲んだ．「この時間が楽しみで」とおっしゃっていた．たいてい2時間くらいであったが，その間今川先生は何本たばこを吸われていたであろうか．繰り返される「もう1本良いですか」にひたすらうなずきながら，研究の課題，今川先生の大学院時代の思い出，後輩の噂話をして過ごしていた．感謝も苦情も申し上げられなくなってしまっては仕方がない．

今川先生が2016年9月に逝去された後快く筆者の指導教授を引き受けてくださったのが真山達志先生である．真山先生には修士時代からサブゼミや副査としてお世話になってきた．また，月に1度の真山ゼミのOBによる研究会にも参加させていただき，研究の助言をいただいてきた．真山先生と真山ゼミOBで構成される研究会のメンバーの方々に改めて感謝を申し上げたい．

ところで，本書のもととなった博士論文を書くにあたって重要な経験と資料・論文収集となったのがアイルランド共和国への短期留学であった．その決意をする勇気と機会をくださったのは月村太郎先生である．月村先生には2014年4月にアイルランドに，9月にはバルカン諸国にお連れいただいた．このときセルビアのベオグラードにおいて，英語で報告をするという筆者にとっては代えがたい機会をいただいたおかげで，海外での研究活動に抵抗がなくなったのである．すばらしい機会と勇気をくださった月村先生に改めて感謝申し上げたい．そしてアイルランドのダブリン，UCD（University College Dublin）において全面的に援助してくださった小舘尚文先生には感謝してもし切れない．真に，アイルランドに行き研究する機会がなければ，博士学位論文は書けなかったと筆者は確信している．

また新川達郎先生，風間規男先生には，修士時代よりオンブズマンの研究や現場に関するご助言をいただき，また修士論文や博士学位論文審査の副査をしていただいてきた．厳しいだけでなく，温かみのあるご助言に何度も励まされた．

また，修士時代に行った「氷川流域連携・全国大学生政策アカデミー」の設立ならびに運営事務局の苦労を筆者は忘れない．2016年9月以降今川先生の思い出を語る機会がたびたびあるが，必ず話題のひとつにしている．当時の同期と話す機会があっても「あれはしんどかった」「修士1年目はあれにほとんどすべてを費やした」と語るくらい強烈であった．しかし癖になるもので，2017年8月も無意識のうちに熊本県氷川町に足を運んでしまったのである．氷川ア

カデミー実行委員長であり，熊本日日新聞宮原支店の岩本剛氏には本当に強い影響を受けた．岩本さんには，人生の生き方というか，対人関係における姿勢を学ばせていただき，今でも筆者の核のひとつになっている．改めて感謝申し上げたい．

　今川門下生の方々にも改めて感謝申し上げたい．今川ゼミは，今川先生の方針であろうか，従来縦のつながりが強いゼミであった．月に1度はOBも含めた研究会を開催し，内輪ではあるが切磋琢磨していた．もちろん普段のゼミに参加するOBも少なくなかった．今川門下生は，今川先生亡き後も定期的に研究会を続けている．「全国大学政策フォーラム in 登別」のように，今川先生が遺した政策フォーラムには必ず参加する．政策フォーラムはある種の門下生による同窓会のようにもなっている．これらを継続していきたいと筆者は強く思っている．

　名古屋市立大学の三浦哲司先生には，学部4年生のときから厳しく，そして親身にご助言いただいた．大東文化大学の藤井誠一郎先生には，各地への現地調査に何度お供させていただいたであろうか．摂南大学の増田知也先生には，優しく，そして丁寧に論文の書き方からご助言いただいた．これら3名の先輩方とは，2017年4月のオンブズマン学会にて「今川晃教授の理論の継承と発展」というテーマで報告をともにし，改めて指導教授の研究を理解・整理し，発展させるかということが困難であるかを理解し合ったと思う．また，大学院に入りたてで右往左往しながら氷川アカデミーの設立準備をする筆者にたくさんの援助をしてくださった野口鉄平氏，ひたすら酒を飲み四条のセンチュリオンにともに泊まった流通経済大学加藤洋平先生と小竹森晃氏．今川晃門下生の一員になれたことを誇りに思う．

　そして，筆者が現在就いている同志社大学政策学部助手の前任者である現神戸学院大学の橋本圭多先生は，昔から兄貴分のような存在であった．研究の助言だけでなく職務の助言も多数いただき，多くのご迷惑をおかけしたと思う．そして彼の指導教授であり，筆者の父でもある山谷清志先生は，時に勢い余ってかオンブズマンを全否定するような発言をするのであるが，そこにいかに反論するかが筆者の研究の原動力のひとつにもなった．

　オンブズマン制度にしろ行政相談制度にしろ，実務の経験をいかに反映させるかという視点もまた重要である．修士時代はとりわけ京都行政評価事務所，近畿管区行政評価局の方々にお世話になった．とくに2013年当時に京都行政評

価事務所長としていらっしゃった鈴木秀和氏には行政相談の実務のことだけでなく，京都府内の行政相談委員の方々とのネットワークまでつくっていただき，筆者にとっては行政相談の実態を学ぶ上で不可欠な方であったと思う．また全国のオンブズマン事務局の方々にも，筆者はメールや電話で多数の質問（多くは実務家にとっておかしな質問であったと思う）を投げかけお答えいただいていた．全国行政相談委員連絡協議会の方々には原稿を執筆する機会もいただいた．また，つくば市や宮城県，明石市，沖縄県等，現地で数時間お話を聞きたいという筆者を受け入れてくれたところもあった．実務を知らない筆者にとって，重要な機会であった．この場を借りて改めて感謝申し上げたい．

各種学会においても研究者，実務家の方から多くの報告の機会とご助言をいただいた．日本行政学会，日本公共政策学会，同学会関西支部，日本評価学会，日本協働政策学会，日本オンブズマン学会では，報告の機会だけでなく，休憩時間や懇親会において多くのご助言をいただけた．これらの研究会や学会の方々に，この場を借りて御礼を申し上げたい．

筆者が同志社大学政策学部に入学したのは2008年のことである．この辺りをうろつくのももう10年目となってしまった．学部時代の同期も修士時代の同期もとっくの昔にそれぞれ旅立ってしまった．このようななか，同志社大学政策学部・同大学院総合政策科学研究科の先生方，事務室の方々には長年大変お世話になった．最高の環境で研究生活を送ることができたことを，そして2017年4月から政策学部に助手として採用いただけたこと，心から感謝申し上げたい．

本書は筆者のはじめての単著である．学者としても駆け出しの筆者に出版の機会を与えていただき，さらには内容面においてもよりおもしろくなるような工夫のためのご助言をくださった晃洋書房編集部の丸井清泰氏に，心から感謝申し上げたい．また筆者の学位取得と大学教員としてのスタートをお祝いしてくれた高校時代の管弦楽部の同期，酒飲みに付き合ってくれたりゲストスピーカーに招かれたりしてくれる同志社大学の交響楽団の同期，学部時代より7年以上通ったラーメンさのやの大将，そして長い間支え続けてくれた家族にも感謝を伝えたい．

2017年9月

山 谷 清 秀

初 出 一 覧

【序章　行政苦情救済の役割を問いなおす】
書き下ろし

【第1章　行政苦情救済の意味】
書き下ろし

【第2章　行政責任・ガバナンス・行政苦情救済】
書き下ろし

【第3章　オンブズマンのインフォーマリティ】
「アイルランド共和国のオンブズマンとインフォーマリティの意義」『同志社政策科学研究』18(1)，2016年

【第4章　オンブズマンの積極的役割】
「苦情処理の標準化とオンブズマン」『同志社政策科学研究』19(1)，2017年

【第5章　アイルランド共和国のオンブズマン】
「アイルランド共和国のオンブズマンとガイダンスの意義」『季刊行政相談』151，2016年

【第6章　日本の地方自治体オンブズマン】
書き下ろし

【第7章　行政相談委員の多面的役割】
「住民自治と行政相談委員」今川晃編『地方自治を問いなおす——住民自治がひらく新地平——』法律文化社，2014年

【終章　現代における行政苦情救済の存在意義】
書き下ろし

本書で用いた
オンブズマン一覧

## 資料1　日本のオンブズマン報告書

| 団体名 | 発行年 | 報告書 | URL |
| --- | --- | --- | --- |
| 明石市行政オンブズマン | 2008 | 明石市行政オンブズマン　平成19年度活動状況報告書 | https://www.city.akashi.lg.jp/seisaku/soudan_shitsu/shise/kocho/ombudsman/documents/katsudoujyoukyou_19_000.pdf |
| | 2009 | 明石市行政オンブズマン　平成20年度活動状況報告書 | https://www.city.akashi.lg.jp/seisaku/soudan_shitsu/shise/kocho/ombudsman/documents/katsudoujyoukyou_20_000.pdf |
| | 2010 | 明石市行政オンブズマン　平成21年度活動状況報告書 | https://www.city.akashi.lg.jp/seisaku/soudan_shitsu/shise/kocho/ombudsman/documents/katsudoujyoukyou_21_000.pdf |
| | 2011 | 明石市行政オンブズマン　平成22年度活動状況報告書 | https://www.city.akashi.lg.jp/seisaku/soudan_shitsu/shise/kocho/ombudsman/documents/katsudoujyoukyou_22_000.pdf |
| | 2012 | 明石市行政オンブズマン　平成23年度活動状況報告書 | https://www.city.akashi.lg.jp/seisaku/soudan_shitsu/shise/kocho/ombudsman/documents/katsudoujyoukyouhoukoku_23.pdf |
| | 2013 | 明石市行政オンブズマン　平成24年度活動状況報告書 | https://www.city.akashi.lg.jp/seisaku/soudan_shitsu/shise/kocho/ombudsman/documents/h24katudouhoukoku.pdf |
| | 2014 | 明石市行政オンブズマン　平成25年度活動状況報告書 | https://www.city.akashi.lg.jp/seisaku/soudan_shitsu/shise/kocho/ombudsman/documents/h25katudouhoukokusyo.pdf |
| | 2015 | 明石市行政オンブズマン　平成26年度活動状況報告書 | https://www.city.akashi.lg.jp/seisaku/soudan_shitsu/shise/kocho/ombudsman/documents/h26katudouhoukokusyo.pdf |
| | 2016 | 明石市行政オンブズマン　平成27年度活動状況報告書 | https://www.city.akashi.lg.jp/seisaku/soudan_shitsu/shise/kocho/ombudsman/documents/h27katudoujyoukyouhoukoku.pdf |
| 秋田県民行政相談員 | 2012 | 平成23年度　県民行政相談員活動状況報告書 | http://www.pref.akita.lg.jp/uploads/public/archive_0000005644_00/23katudouhoukokusyo.pdf |
| | 2013 | 平成24度　県民行政相談員活動状況報告書 | http://www.pref.akita.lg.jp/uploads/public/archive_0000005644_00/24katudouhoukokusyo.pdf |
| | 2014 | 平成25度　県民行政相談員活動状況報告書 | http://www.pref.akita.lg.jp/uploads/public/archive_0000005644_00/25katudouhoukokusyo.pdf |
| | 2015 | 平成26度　県民行政相談員活動状況報告書 | http://www.pref.akita.lg.jp/uploads/public/archive_0000005644_00/26katudouhoukokusyo.pdf |
| | 2016 | 平成27度　県民行政相談員活動状況報告書 | http://www.pref.akita.lg.jp/uploads/public/archive_0000005644_00/27katudouhoukokusyo.pdf |

| | | | |
|---|---|---|---|
| 沖縄県行政オンブズマン | 2012 | 沖縄県の行政オンブズマン　平成23年度　運営状況報告書 | http://www.pref.okinawa.lg.jp/site/chijiko/kohokoryu/ombudsman/documents/h23uneizyokyo.pdf |
| | 2013 | 沖縄県の行政オンブズマン　平成24年度　運営状況報告書 | http://www.pref.okinawa.lg.jp/site/chijiko/kohokoryu/ombudsman/documents/h24onbuzumanhoukoku.pdf |
| | 2014 | 沖縄県の行政オンブズマン　平成25年度　運営状況報告書 | http://www.pref.okinawa.lg.jp/site/chijiko/kohokoryu/ombudsman/documents/20141110164949.pdf |
| | 2015 | 沖縄県の行政オンブズマン　平成26年度　運営状況報告書 | http://www.pref.okinawa.lg.jp/site/chijiko/kohokoryu/ombudsman/documents/20150604.pdf |
| | 2016 | 沖縄県の行政オンブズマン　平成27年度　運営状況報告書 | http://www.pref.okinawa.lg.jp/site/chijiko/kohokoryu/ombudsman/documents/20160616.pdf |
| 川崎市市民オンブズマン | 2016 | 川崎市市民オンブズマン平成27年度報告書 | http://www.city.kawasaki.jp/750/cmsfiles/contents/0000077/77267/27houkokusyo.pdf |
| 北見市オンブズマン | 2012 | 平成23年度　北見市オンブズマン活動状況報告書 | http://www.city.kitami.lg.jp/docs/201606210105/files/houkokusyo23.pdf |
| | 2013 | 平成24年度　北見市オンブズマン活動状況報告書 | http://www.city.kitami.lg.jp/docs/201606210105/files/houkokusyo24.pdf |
| | 2014 | 平成25年度　北見市オンブズマン活動状況報告書 | http://www.city.kitami.lg.jp/docs/201606210105/files/houkoku25.pdf |
| | 2015 | 平成26年度　北見市オンブズマン活動状況報告書 | http://www.city.kitami.lg.jp/docs/201606210105/files/houkokusyo26.pdf |
| | 2016 | 平成27年度　北見市オンブズマン活動状況報告書 | http://www.city.kitami.lg.jp/docs/201606210105/files/houkokusyo27.pdf |
| 清瀬市オンブズパーソン | 2012 | 平成23年度における清瀬市オンブズパーソン条例の運営状況の公表について | http://www.city.kiyose.lg.jp/s013/010/010/020/010/h23_onb-p_kouhyou.pdf.pdf |
| | 2013 | 平成24年度における清瀬市オンブズパーソン条例の運営状況の公表について | http://www.city.kiyose.lg.jp/s013/010/010/020/010/img089.pdf |
| | 2014 | 平成25年度における清瀬市オンブズパーソン条例の運営状況の公表について | http://www.city.kiyose.lg.jp/s013/010/010/020/010/20150414091807318.pdf |

| | 2015 | 平成26年度における清瀬市オンブズパーソン条例の運営状況の公表について | http://www.city.kiyose.lg.jp/s013/010/010/020/010/20150420134345681.pdf |
|---|---|---|---|
| | 2016 | 平成27年度における清瀬市オンブズパーソン条例の運営状況の公表について | http://www.city.kiyose.lg.jp/s013/010/010/020/010/onbuzujoureiunnei.pdf |
| 熊本市オンブズマン | 2012 | 平成23年度　熊本市オンブズマン運営状況報告書 | https://www.city.kumamoto.jp/common/UploadFileDsp.aspx?c_id=5&id=5572&sub_id=2&flid=75261 |
| | 2013 | 平成24年度　熊本市オンブズマン運営状況報告書 | http://www.city.kumamoto.jp/common/UploadFileDsp.aspx?c_id=5&id=2045&sub_id=7&flid=75286 |
| | 2014 | 平成25年度　熊本市オンブズマン運営状況報告書 | http://www.city.kumamoto.jp/common/UploadFileDsp.aspx?c_id=5&id=2876&sub_id=8&flid=75250 |
| | 2015 | 平成26年度　熊本市オンブズマン運営状況報告書 | http://www.city.kumamoto.jp/common/UploadFileDsp.aspx?c_id=5&id=9212&sub_id=1&flid=61264 |
| | 2016 | 平成27年度　熊本市オンブズマン運営状況報告書 | http://www.city.kumamoto.jp/common/UploadFileDsp.aspx?c_id=5&id=12833&sub_id=2&flid=84883 |
| 札幌市オンブズマン | 2012 | 平成23年度　札幌市オンブズマン活動状況報告書 | http://www.city.sapporo.jp/ombudsman/documents/kappou2011.pdf |
| | 2013 | 平成24年度　札幌市オンブズマン活動状況報告書 | http://www.city.sapporo.jp/ombudsman/documents/24ikkatsu.pdf |
| | 2014 | 平成25年度　札幌市オンブズマン活動状況報告書 | http://www.city.sapporo.jp/ombudsman/documents/25ikkatsu.pdf |
| | 2015 | 平成26年度　札幌市オンブズマン活動状況報告書 | http://www.city.sapporo.jp/ombudsman/documents/26ikkatsu.pdf |
| | 2016 | 平成27年度　札幌市オンブズマン活動状況報告書 | http://www.city.sapporo.jp/ombudsman/documents/27ikkatsu.pdf |
| 三田市オンブズパーソン・三田市経営管理部行政管理室総務課 | 2015 | 三田市オンブズパーソン平成26年度活動状況報告書 | http://www.city.sanda.lg.jp/soumu/documents/h26hpyoukatoudouhoukoku.pdf |
| | 2016 | 三田市オンブズパーソン平成27年度活動状況報告書 | http://www.city.sanda.lg.jp/soumu/documents/hponnpuzupa.pdf |

| | | | |
|---|---|---|---|
| 上越市オンブズパーソン | 2012 | 平成23年度上越市オンブズパーソン活動状況報告書 | http://www.city.joetsu.niigata.jp/uploaded/attachment/58233.pdf（注2） |
| | 2013 | 平成24年度上越市オンブズパーソン活動状況報告書 | http://www.city.joetsu.niigata.jp/uploaded/attachment/72910.pdf（注2） |
| | 2014 | 平成25年度上越市オンブズパーソン活動状況報告書 | http://www.city.joetsu.niigata.jp/uploaded/attachment/86663.pdf（注2） |
| | 2015 | 平成26年度上越市オンブズパーソン活動状況報告書 | http://www.city.joetsu.niigata.jp/uploaded/attachment/102361.pdf |
| | 2016 | 平成27年度上越市オンブズパーソン活動状況報告書 | http://www.city.joetsu.niigata.jp/uploaded/attachment/116523.pd |
| 新宿区区民の声委員会 | 2012 | 平成23年度新宿区区民の声委員会運営状況報告書 | https://www.city.shinjuku.lg.jp/content/000110909.pdf |
| | 2013 | 平成24年度新宿区区民の声委員会運営状況報告書 | https://www.city.shinjuku.lg.jp/content/000110909.pdf |
| | 2014 | 平成25年度新宿区区民の声委員会運営状況報告書 | https://www.city.shinjuku.lg.jp/content/000110909.pdf |
| | 2015 | 平成26年度新宿区区民の声委員会運営状況報告書 | https://www.city.shinjuku.lg.jp/content/000110909.pdf |
| | 2016 | 平成27年度新宿区区民の声委員会運営状況報告書 | https://www.city.shinjuku.lg.jp/content/000110909.pdf |
| 多摩市総合オンブズマン | 2012 | 平成23年度総合オンブズマン年次報告書 | http://www.city.tama.lg.jp/dbps_data/_material_/_files/000/000/020/010/H23nenndonenjihoukoku.pdf（注2） |
| | 2013 | 平成24年度総合オンブズマン年次報告書 | http://www.city.tama.lg.jp/dbps_data/_material_/_files/000/000/020/010/H24nenndonenjihoukoku.pdf（注2） |
| | 2014 | 平成25年度総合オンブズマン年次報告書 | http://www.city.tama.lg.jp/dbps_data/_material_/_files/000/000/020/010/H25nendonenjihoukokuPDF.pdf（注2） |
| | 2015 | 平成26年度総合オンブズマン年次報告書 | http://www.city.tama.lg.jp/dbps_data/_material_/_files/000/000/020/010/H26nendonenjihoukokusyo.pdf |
| | 2016 | 平成27年度総合オンブズマン年次報告書 | http://www.city.tama.lg.jp/dbps_data/_material_/_files/000/000/020/010/27nenjihoukusyo.pdf |

| | | | | |
|---|---|---|---|---|
| 調布市オンブズマン | 2012 | 平成23年度　調布市オンブズマン運営状況報告書 | http://www.city.chofu.tokyo.jp/www/contents/1344235158322/files/23houkokupdf.pdf |
| | 2013 | 平成24年度　調布市オンブズマン運営状況報告書 | http://www.city.chofu.tokyo.jp/www/contents/1376373930148/files/pdf.pdf |
| | 2014 | 平成25年度　調布市オンブズマン運営状況報告書 | http://www.city.chofu.tokyo.jp/www/contents/1404965320009/files/ombudsman_report.pdf |
| | 2015 | 平成26年度　調布市オンブズマン運営状況報告書 | http://www.city.chofu.tokyo.jp/www/contents/1434595948697/files/chofu_ombuds_26_report.pdf |
| | 2016 | 平成27年度　調布市オンブズマン運営状況報告書 | http://www.city.chofu.tokyo.jp/www/contents/1465882638964/files/27_ombudsman_report.pdf |
| つくば市オンブズマン | 2012 | 平成23年度　つくば市オンブズマン活動状況報告書 | https://www.city.tsukuba.ibaraki.jp/dbps_data/_material_/localhost/ombudsman/ombuds_hokoku23.pdf（注２） |
| | 2013 | 平成24年度　つくば市オンブズマン活動状況報告書 | https://www.city.tsukuba.ibaraki.jp/dbps_data/_material_/localhost/ombudsman/ombuds_hokoku24.pdf（注２） |
| | 2014 | 平成25年度　つくば市オンブズマン活動状況報告書 | https://www.city.tsukuba.ibaraki.jp/dbps_data/_material_/localhost/ombudsman/ombuds_hokoku25.pdf（注２） |
| | 2015 | 平成26年度　つくば市オンブズマン活動状況報告書 | https://www.city.tsukuba.ibaraki.jp/dbps_data/_material_/localhost/ombudsman/ombuds_hokoku26.pdf |
| | 2016 | 平成27年度　つくば市オンブズマン活動状況報告書 | https://www.city.tsukuba.ibaraki.jp/dbps_data/_material_/localhost/ombudsman/ombuds_hokoku27.pdf |
| 新潟市行政苦情審査会 | 2013 | 新潟市行政苦情審査会平成24年度報告書 | https://www.city.niigata.lg.jp/shisei/gyoseiunei/fuzokukikan/sechikikan/shiminseikatsu/kocho/gyoseikujyo/h24chousa/24jisseki-ichiran.files/H24-p0-p12.pdf（注２） |
| | 2014 | 新潟市行政苦情審査会平成25年度報告書 | https://www.city.niigata.lg.jp/shisei/gyoseiunei/fuzokukikan/sechikikan/shiminseikatsu/kocho/gyoseikujyo/h25chousa/25jisseki-ichiran.files/25houkokusyo-1.pdf（注２） |
| | 2015 | 新潟市行政苦情審査会平成26年度報告書 | https://www.city.niigata.lg.jp/shisei/gyoseiunei/fuzokukikan/sechikikan/shiminseikatsu/kocho/gyoseikujyo/h26chousa/26jisseki-ichiran.files/26houkokusy-1.pdf（注２） |
| | 2016 | 新潟市行政苦情審査会平成27年度報告書 | https://www.city.niigata.lg.jp/shisei/gyoseiunei/fuzokukikan/sechikikan/shiminseikatsu/kocho/gyoseikujyo/h27chousa/27jisseki-ichiran.files/27houkokusyo-zenntai.pdf（注２） |

| | | | |
|---|---|---|---|
| 新座市オンブズマン | 2012 | 平成23年度新座市オンブズマン制度運営状況報告書 | http://www.city.niiza.lg.jp/uploaded/attachment/6701.pdf |
| | 2013 | 平成24年度新座市オンブズマン制度運営状況報告書 | http://www.city.niiza.lg.jp/uploaded/attachment/10469.pdf |
| | 2014 | 平成25年度新座市オンブズマン制度運営状況報告書 | http://www.city.niiza.lg.jp/uploaded/attachment/13282.pdf |
| | 2015 | 平成26年度新座市オンブズマン制度運営状況報告書 | http://www.city.niiza.lg.jp/uploaded/attachment/17230.pdf |
| | 2016 | 平成27年度新座市オンブズマン制度運営状況報告書 | http://www.city.niiza.lg.jp/uploaded/attachment/20653.pdf |
| 西尾市行政評価委員会 | 2012 | 西尾市行政評価委員会平成23年度（第17次）報告書 | http://www.city.nishio.aichi.jp/index.cfm/10,21244,c,html/21244/23.pdf |
| | 2013 | 西尾市行政評価委員会平成24年度（第18次）報告書 | http://www.city.nishio.aichi.jp/index.cfm/10,21244,c,html/21244/20130823-131813.pdf |
| | 2014 | 西尾市行政評価委員会平成25年度（第19次）報告書 | http://www.city.nishio.aichi.jp/index.cfm/10,21244,c,html/21244/20140822-132419.pdf |
| | 2015 | 西尾市行政評価委員会平成26年度（第20次）報告書 | http://www.city.nishio.aichi.jp/index.cfm/10,21244,c,html/21244/20150928-104532.pdf |
| | 2016 | 西尾市行政評価委員会平成27年度（第21次）報告書 | http://www.city.nishio.aichi.jp/index.cfm/10,21244,c,html/21244/20160825-101558.pdf |
| 藤沢市オンブズマン | 2012 | 平成23年度　藤沢市オンブズマン制度運営状況報告書 | http://www.city.fujisawa.kanagawa.jp/ombuds/shise/kocho/ombudsman/documents/000362416.pdf |
| | 2013 | 平成24年度　藤沢市オンブズマン制度運営状況報告書 | http://www.city.fujisawa.kanagawa.jp/ombuds/shise/kocho/ombudsman/documents/000373939.pdf |
| | 2014 | 平成25年度　藤沢市オンブズマン制度運営状況報告書 | http://www.city.fujisawa.kanagawa.jp/ombuds/shise/kocho/ombudsman/documents/000384912.pdf |
| | 2015 | 平成26年度　藤沢市オンブズマン制度運営状況報告書 | http://www.city.fujisawa.kanagawa.jp/ombuds/shise/kocho/ombudsman/documents/h26houkoku.pdf |
| | 2016 | 平成27年度　藤沢市オンブズマン制度運営状況報告書 | http://www.city.fujisawa.kanagawa.jp/ombuds/shise/kocho/ombudsman/documents/h27houkokusyo.pdf |

| | | | | |
|---|---|---|---|---|
| 府中市オンブズパーソン | | 2012 | 平成23年度オンブズパーソン業務運営状況報告書 | https://www.city.fuchu.tokyo.jp/kurashi/sodanannai/pason/h23uneijyoukyou.files/h23unneijyouhoukokusho.pdf |
| | | 2013 | 平成24年度オンブズパーソン業務運営状況報告書 | https://www.city.fuchu.tokyo.jp/kurashi/sodanannai/pason/24onbuzugyoumuunnei.files/h24uneihoukoku.pdf |
| | | 2014 | 平成25年度オンブズパーソン業務運営状況報告書 | https://www.city.fuchu.tokyo.jp/kurashi/sodanannai/pason/h25gyoumuunneijyoukyou.files/h25unneihoukoku.pdf |
| | | 2015 | 平成26年度オンブズパーソン業務運営状況報告書 | https://www.city.fuchu.tokyo.jp/kurashi/sodanannai/pason/h26gyoumuunneijyoukyou.files/h26uneihoukoku.pdf |
| | | 2016 | 平成27年度オンブズパーソン業務運営状況報告書 | https://www.city.fuchu.tokyo.jp/kurashi/sodanannai/pason/h27uneijyoukyou.files/h27unneijyouhoukokusho.pdf |
| 北海道苦情審査委員 | | 2016 | 北海道苦情審査委員平成27年度活動状況報告書 | http://www.pref.hokkaido.lg.jp/ss/dsc/27nenpou.pdf |
| 宮城県政オンブズマン | | 1998 | 平成10年度活動状況報告書 | 紙媒体で入手 |
| | | 1999 | 平成11年度活動状況報告書 | 紙媒体で入手 |
| | | 2000 | 平成12年度活動状況報告書 | 紙媒体で入手 |
| | | 2004 | 平成16年度活動状況報告書 | 紙媒体で入手 |
| | | 2008 | 平成20年度活動状況報告書（県政オンブズマン12年のあゆみ） | 紙媒体で入手 |

（注1）　報告書の閲覧は，（注2）と記しているもの以外2017年7月31日に行った．
（注2）　これらの報告書は2016年9月20日に閲覧したが，現在は閲覧不可能となっている．

資料2　世界のオンブズマン報告書およびガイダンス

| 団体名 | 発行年 | 報告書 | URL |
|---|---|---|---|
| Alberta Ombudsman | 2015 | Brochures | https://www.ombudsman.ab.ca/wp-content/uploads/2015/01/Ombudsman_brochure. |
| British and Irish Ombudsman Association | 2009 | Guide to Principle of Good Governance | http://www.ombudsmanassociation.org/docs/BIOAGovernanceGuideOct09.pdf |
| Commonwealth Ombudsman | 2009 | Better Practice Guide to Complaint Handling | http://www.ombudsman.gov.au/__data/assets/pdf_file/0020/35615/Better-practice-guide-to-complaint-handling.pdf |
| Complaints Wales Group | 2011 | The Model Concerns and Complaints Policy and Guidance | http://www.ombudsman-wales.org.uk/~/media/Files/Documents_en/Model%20Complaints%20Policy%20Final%20PSOW.ashx |
| Convention Coalition Monitoring Group, Ombudsman, and Human Rights Commission | 2016 | Reasonable Accommodation Guide Focussing on Persons withDisabilities | http://www.ombudsman.parliament.nz/system/paperclip/document_files/document_files/1739/original/reasonable_accommodation_of_persons_with_disabilities_in_nz.pdf?1474848463 |
| Department of Finance and Administration Australian Government Information Management Office, Commonwealth Ombudsman, Australian National AuditOffice, and Office of the Privacy Commissioner | 2007 | Automated Assistance in Administrative Decision-Making | http://www.ombudsman.gov.au/__data/assets/pdf_file/0032/29399/Automated-Assistance-in-Administrative-Decision-Making.pdf |
| Department of Tourism, Fair Trading and Wine Industry Development, and Queensland Ombudsman | 2005 | Better Decision Project Report | http://www.ombudsman.qld.gov.au/Portals/0/docs/Publications/Agency_Resources/better_decisions_project_framework_report.pdf |
|  | 2011 | The European Ombudsman's Guide to Complaints | http://www.ombudsman.europa.eu/en/home.faces |

| | | | |
|---|---|---|---|
| European Ombudsman | 2015 | The European Code of Good Administrative Behaviour | http://www.ombudsman.europa.eu/en/resources/code.faces#/page/1 |
| | 2016 | Public Service Principles for the EU Civil Service | http://www.ombudsman.europa.eu/en/resources/publicserviceprinciples.faces |
| Local Government Customer Service Group | 2005 | Customer Complaints: Guidelines for Local Authorities | |
| Local Government Ombudsman | 2001 | Good Administrative Practice | http://www.lgo.org.uk/information-centre/reports/advice-and-guidance/guidance-notes/good-aministrative-practice |
| | 2009 | Guidance on Running a Complaints System | http://www.lgo.org.uk/information-centre/reports/advice-and-guidance/guidance-notes/guidance-on-running-a-complaints-system |
| | 2011 | Using Lessons from Complaints to Improve Services | http://www.lgo.org.uk/information-centre/reports/advice-and-guidance/guidance-notes/using-lessons-from-complaints-to-improve-services |
| | 2014a | Local Accountability in a Multi-Agency Environment | http://www.lgo.org.uk/information-centre/reports/advice-and-guidance/guidance-notes/local-accountability-in-a-multi-agency-environment |
| | 2014b | My Expectations for Raising Concerns and Complaints | http://www.lgo.org.uk/information-centre/reports/advice-and-guidance/guidance-notes/my-expectations-for-raising-complaints-and-concerns |
| | 2014c | Summary-My Expectations for Raising Concerns and Complaints | http://www.lgo.org.uk/information-centre/reports/advice-and-guidance/guidance-notes/my-expectations-report-summary |
| | 2016 | Guidance on Remedies | http://www.lgo.org.uk/information-centre/reports/advice-and-guidance/guidance-notes/guidance-on-remedies |
| | 2012 | Achieving Fairness: Your Guide to Dealing with Government | https://www.ombudsman.mb.ca/uploads/document/files/achieving-fairness-web-en.pdf |
| | 2013 | Understanding Fairness: A Handbook on Fairness for Manitoba Municipal Leaders | https://www.ombudsman.mb.ca/uploads/document/files/understanding-fairness-web-en.pdf |

| | | | |
|---|---|---|---|
| Manitoba Ombudsman | 2014a | Municipal Issues Series: Fact Sheet 1: Conflict of Interest | https://www.ombudsman.mb.ca/uploads/document/files/conflict-of-interest-web-en.pdf |
| | 2014b | Municipal Issues Series: Fact Sheet 2: Public Hearings | https://www.ombudsman.mb.ca/uploads/document/files/public-hearings-web-en.pdf |
| | 2014c | Ombudsman Act Brochure | https://www.ombudsman.mb.ca/uploads/document/files/ombact-brochure-en.pdf |
| | 2014d | Public Interest Disclosure Act brochure | https://www.ombudsman.mb.ca/uploads/document/files/pida-brochure-en.pdf |
| | 2014e | Things to Know about PIDA | https://www.ombudsman.mb.ca/uploads/document/files/10-things-about-pida-en.pdf |
| Northern Ireland Ombudsman | 2011 | Guidance on Issuing an Apology | https://nipso.org.uk/site/wp-content/uploads/2016/02/1b5bde68-184a-427a-92a7-7a07de0c8e9b.pdf |
| Northern Ireland Ombudsman, and Information Commissioner's Office | 2014 | Good Administration and Goods Records Management | https://nipso.org.uk/site/wp-content/uploads/2016/02/1b5bde68-184a-427a-92a7-7a07de0c8e9b.pdf |
| Northern Ireland Ombudsman | 2016a | Information Promise | https://nipso.org.uk/site/wp-content/uploads/2016/02/d6f0c87b-c4ab-46aa-bfad-b59c62cb2720.pdf |
| | 2016b | Leaflet | https://nipso.org.uk/site/wp-content/uploads/2016/02/N9-A4-NIPSO-Information-Leaflet-web.pdf |
| | 2000 | Better Service and Communication for Council | https://www.ombo.nsw.gov.au/news-and-publications/publications/guidelines/state-and-local-government/better-service-and-communication-for-council |
| | 2004a | Investigating Complaints-A Manual for Investigators | https://www.ombo.nsw.gov.au/news-and-publications/publications/guidelines/state-and-local-government/investigating-complaints-a-manual-for-investigators |
| | 2004b | Options for Redress | https://www.ombo.nsw.gov.au/news-and-publications/publications/guidelines/state-and-local-government/options-for-redress |

| | | |
|---|---|---|
| 2006 | Good Conduct and Administrative Practice | https://www.ombo.nsw.gov.au/news-and-publications/publications/guidelines/state-and-local-government/good-conduct-and-administrative-practice |
| 2008 | Guidelines for Dealing with Youth Complaints | https://www.ombo.nsw.gov.au/news-and-publications/publications/guidelines/youth/guidelines-for-dealing-with-youth-complaints |
| 2009a | Apologies-A Practical Guide | https://www.ombo.nsw.gov.au/news-and-publications/publications/guidelines/state-and-local-government/apologies-2nd-ed |
| 2009b | Managing Information Arising Out of an Investigation-Balancing Openness and Confidentiality | https://www.ombo.nsw.gov.au/news-and-publications/publications/guidelines/state-and-local-government/managing-information-arising-out-of-an-investigation-balancing-openness-and-confidentiality |
| 2010 | Effective Complaint Handling Guidelines-2nd edition | https://www.ombo.nsw.gov.au/news-and-publications/publications/guidelines/state-and-local-government/effective-complaint-handling-guidelines-2nd-edition |
| 2011 | The Rights Stuff-Tips for Making Complaints and Solving Problems | https://www.ombo.nsw.gov.au/news-and-publications/publications/guidelines/state-and-local-government/the-rights-stuff-tips-for-making-complaints-and-solving-problems |
| 2012a | Better Practice Guide to Managing Unreasonable Complainant Conduct | http://www.ombudsman.gov.au/__data/assets/pdf_file/0022/35617/GL_Unreasonable-Complainant-Conduct-Manual-2012_LR.pdf |
| 2012b | Managing Unreasonable Complainant Conduct Focus Group Report 2010 | https://www.ombo.nsw.gov.au/news-and-publications/publications/guidelines/state-and-local-government/managing-unreasonable-complainant-conduct-focus-group-report-2010 |
| 2012c | Managing Unreasonable Complainant Conduct Manual 2012 | https://www.ombo.nsw.gov.au/news-and-publications/publications/guidelines/state-and-local-government/unreasonable-complainant-conduct-manual-2012 |
| 2012d | Reporting of Progress and Results of Investigations | https://www.ombo.nsw.gov.au/news-and-publications/publications/guidelines/state-and-local-government/reporting-of-progress-and-results-of-investigations |

| | | | |
|---|---|---|---|
| NSW Ombudsman | 2013 | Assessing and Investigating Disclosures- Guidelines C1 to C7 | https://www.ombo.nsw.gov.au/news-and-publications/publications/guidelines/public-interest-disclosures/guideline-c1-people-the-subject-of-a-report |
| | 2013b | Facilitating Reporting- Guidelines B1 to B6 | https://www.ombo.nsw.gov.au/news-and-publications/publications/guidelines/public-interest-disclosures/public-interest-disclosures-guideline-b1-who-can-report-wrongdoing |
| | 2013c | Implementation- Guidelines E1 to E2 | https://www.ombo.nsw.gov.au/news-and-publications/publications/guidelines/public-interest-disclosures/public-interest-disclosures-guideline-e1-model-for-internal-reporter-support |
| | 2013d | Managing Unreasonable Complainant Conduct-A ModelPolicy and Procedure | https://www.ombo.nsw.gov.au/news-and-publications/publications/guidelines/state-and-local-government/managing-unreasonable-complainant-conduct-a-model-policy-and-procedure |
| | 2013e | Model Internal Reporting Policies | https://www.ombo.nsw.gov.au/news-and-publications/publications/guidelines/public-interest-disclosures/model-internal-reporting-policy-local-government-public-interest-disclosures |
| | 2013f | Online Reporting Tool: Public Interest Disclosures User Manual | https://www.ombo.nsw.gov.au/news-and-publications/publications/guidelines/public-interest-disclosures/online-reporting-tool-public-interest-disclosures-user-manual |
| | 2013g | Organisational Commitment- Guidelines A1 to A4 | https://www.ombo.nsw.gov.au/news-and-publications/publications/guidelines/public-interest-disclosures/public-interest-disclosures-guideline-a1-management-commitment-to-internal-reporting |
| | 2013h | Supporting and Protecting Reporters- Guidelines D1 to D6 | https://www.ombo.nsw.gov.au/news-and-publications/publications/guidelines/public-interest-disclosures/public-interest-disclosures-guideline-d1-internal-reporter-support-strategy |

|  |  |  |  |
|---|---|---|---|
| | 2013i | Templates | https://www.ombo.nsw.gov.au/news-and-publications/publications/guidelines/public-interest-disclosures/ensuring-your-internal-reporting-policy-is-best-practice-checklist-public-interest-disclosures |
| | 2014 | Model Guidelines-Managing and Responding to Threats,Aggressive Behaviour and Violence from Members of the Public | https://www.ombo.nsw.gov.au/news-and-publications/publications/guidelines/state-and-local-government/model-guidelines-managing-and-responding-to-threats,-aggressive-behaviour-and-violence-from-members-of-the-public |
| | 2015a | Complaint Handling at Universities: Best PracticeGuidelines | https://www.ombo.nsw.gov.au/news-and-publications/publications/guidelines/universities/complaint-handling-at-universities-best-practice-guidelines |
| | 2015b | Complaint Management Framework and Model Policy | https://www.ombo.nsw.gov.au/news-and-publications/publications/guidelines/state-and-local-government/complaint-management-framework-june-2015 |
| | 2015c | Enforcement Guidelines for Councils | https://www.ombo.nsw.gov.au/news-and-publications/publications/guidelines/state-and-local-government/enforcement-guidelines-for-councils |
| Office of the Citizens' Representative | 2012a | A Guide for Offenders | http://www.citizensrep.nl.ca/pdfs/Brochure_GuideForOffenders.pdf |
| | 2012b | A Guide to Assist Students | http://www.citizensrep.nl.ca/pdfs/Brochure_OCRStudent.pdf |
| | 2012c | Frequently Asked Questions | http://www.citizensrep.nl.ca/pdfs/Brochure_FrequentlyAskedQuestions.pdf |
| | 2012d | Orientation for New Provincial Public Service Employees | http://www.citizensrep.nl.ca/pdfs/Brochure_Orientation.pdf |
| | 2012e | Preparing to Complete a Complaint Form | http://www.citizensrep.nl.ca/pdfs/Brochure_PreparingToCompleteComplaintForm.pdf |
| | 2012f | Public Interest Disclosure (Whistleblowing) | http://www.citizensrep.nl.ca/pdfs/Brochure_PublicInterestDisclosure.pdf |
| | 2012g | Steps to Being an Effective Self-Advocate | http://www.citizensrep.nl.ca/pdfs/SelfAdvocacy.pdf |

| | | | |
|---|---|---|---|
| | 1999a | Guide to Internal Complaint Systems | http://www.ombudsman.gov.ie/en/Publications/Guidelines-for-Public-Bodies/Internal-Complaints-Systems/Guide-to-Internal-Complaints-Systems.html |
| | 1999b | Report on Lost Pension Arrears | https://www.ombudsman.gov.ie/en/Publications/Investigation-Reports/government-departments-other-public-bodies/Report-on-Lost-Pension-Arrears/Lost-Pension-Arrears.pdf |
| | 2000 | Local Authority Housing Loan | https://www.ombudsman.gov.ie/en/Publications/Investigation-Reports/Local-Authorities/Local-Authority-Housing-Loans/Local-Authority-Housing-Loans-Overpayments-.pdf |
| | 2001 | Passengers with Disabilities | https://www.ombudsman.gov.ie/en/Publications/Investigation-Reports/government-departments-other-public-bodies/Passengers-with-Disabilities/Passengers-with-Disabilities.pdf |
| | 2002 | Redress for Taxpayers | https://www.ombudsman.gov.ie/en/Publications/Investigation-Reports/government-departments-other-public-bodies/Redress-for-Taxpayers-Special-Report-/Redress-for-Taxpayers-Special-Report-.pdf |
| | 2003 | Guide to Standards of Best Practice for Public Servants | https://www.ombudsman.gov.ie/en/publications/guidelines-for-public-bodies/guide-to-standards-of-best-practice-for-public-servants/ |
| | 2008a | Care and Treatment of a Patient at St Mary's Care Centre, Mullingar | https://www.ombudsman.gov.ie/en/Publications/Investigation-Reports/HSE-Nursing-Homes/Care-and-treatment-of-a-patient-at-St-Mary's-Care-Centre/Investigation-Report-St-Mary's-Care-Centre.pdf |
| | 2008b | Investigation into the Operation by LocalAuthorities of Waiver Schemes for Refuse Collection Charges | https://www.ombudsman.gov.ie/en/Publications/Investigation-Reports/Local-Authorities/Investigation-into-the-operation-by-Local-Authorities-of-Waiver-Schemes-for-Refuse-Collection-Charges/Waste-Waiver-Schemes-administered-by-Local-Authorities.pdf |

| | | |
|---|---|---|
| 2009a | Local Authority Charges for Photocopying Planning Documents | https://www.ombudsman.gov.ie/en/Publications/Investigation-Reports/Local-Authorities/Local-Authority-charges-for-photocopying-planning-documents/Local-Authority-charges-for-photocopying-planning-documents.pdf |
| 2009b | Lost at Sea Scheme | https://www.ombudsman.gov.ie/en/Publications/Investigation-Reports/government-departments-other-public-bodies/Lost-at-Sea/Lost-at-Sea.pdf |
| 2010a | Gagging the Ombudsman? -Aftermath of an Investigation by the Ombudsman of the HSE | https://www.ombudsman.gov.ie/en/Publications/Investigation-Reports/Health-Service-Executive/Gagging-the-Ombudsman-/Gagging-the-Ombudsman-Aftermath-of-an-Investigation-of-the-HSE.pdf |
| 2010b | GAL Fees & The HSE | https://www.ombudsman.gov.ie/en/Publications/Investigation-Reports/Health-Service-Executive/GAL-Fees-The-HSE/GAL-Fees-the-HSE.pdf |
| 2010c | Investigation of Ten Complaints against HSE about Nursing Home Subvention Payments | https://www.ombudsman.gov.ie/en/Publications/Investigation-Reports/HSE-Nursing-Homes/Investigation-of-ten-complaints-against-HSE-about-Nursing-Home-Subvention-Payments/Nursing-Home-Subvention-Payments-and-the-HSE-September-.pdf |
| 2010d | Investigation Report of a Complaint Concerning HSE West | https://www.ombudsman.gov.ie/en/Publications/Investigation-Reports/HSE-Nursing-Homes/Investigation-report-of-a-complaint-concerning-HSE-West/Full%20Report%20-%20Downloadable%20version.pdf |
| 2010e | Investigation Report on a Complaint Made against Meath County Council | https://www.ombudsman.gov.ie/en/Publications/Investigation-Reports/Local-Authorities/Investigation-report-on-a-complaint-made-against-Meath-County-Council/Investigation-Report-on-a-complaint-made-against-Meath-County-Council.pdf |
| 2010f | Investigation Report re Suspension of a Disability Allowance Payment | https://www.ombudsman.gov.ie/en/Publications/Investigation-Reports/government-departments-other-public-bodies/Investigation-report-re-suspension-of-a-Disability-Allowance-payment/Full%20Report%20-%20Download%20version.pdf |

| | | | |
|---|---|---|---|
| Office of the Ombudsman (Ireland) | 2010g | Report on a Complaint about the Imposition and Collection of Charges for In-Patient Services by the HSE | https://www.ombudsman.gov.ie/en/Publications/Investigation-Reports/Health-Service-Executive/Report-on-a-HSE-Sacred-Heart-Hospital-Carlow/Full_Report.pdf |
| | 2010h | Report on a Complaint Made by Mr Brown, Co Mayo against the HSE | https://www.ombudsman.gov.ie/en/Publications/Investigation-Reports/Health-Service-Executive/Report-on-a-complaint-made-by-Mr-Brown,-Co-Mayo-against-the-HSE/Investigation-Report-on-complaint-re-HSE.pdf |
| | 2010i | Who Cares? -An Investigation into the Right toNursing Home Care in Ireland | https://www.ombudsman.gov.ie/en/Publications/Investigation-Reports/HSE-Nursing-Homes/Who-Cares/Who-Cares.pdf |
| | 2011a | Failure to Refund Illegal Nursing Home Charges | https://www.ombudsman.gov.ie/en/Publications/Investigation-Reports/HSE-Nursing-Homes/Failure-to-Refund-Illegal-Nursing-Home-Charges/Failure-to-refund-illegal-nursing-home-charges.pdf |
| | 2011b | Too Old to Be Equal? | https://www.ombudsman.gov.ie/en/Publications/Investigation-Reports/government-departments-other-public-bodies/Too-Old-to-be-Equal-/Too-Old-to-be-Equal-.pdf |
| | 2012a | Annual Report 2011 | |
| | 2012b | Motorised Transport Grant-Dept Health & HSE | https://www.ombudsman.gov.ie/en/Publications/Investigation-Reports/government-departments-other-public-bodies/Motorised-Transport-Grant-Report-to-D%C3%A1il-and-Seanad/Motorised-Transport-Grant-Report-to-D%C3%A1il-and-Seanad.pdf |
| | 2012c | The Revenue Commissioner and Random Car Seizures | https://www.ombudsman.gov.ie/en/Publications/Investigation-Reports/government-departments-other-public-bodies/The-Revenue-Commissioners-and-Random-Car-Seizures/Revenue-Commissioners-and-Random-Car-Seizures.pdf |
| | 2012d | Too Old to Be Equal? -A Follow-Up | https://www.ombudsman.gov.ie/en/Publications/Investigation-Reports/government-departments-other-public-bodies/Too-Old-to-be-Equal-%E2%80%93-A-Follow-up/Too-Old-to-be-Equal-A-follow-up.pdf |

| | | |
|---|---|---|
| 2013a | Appeal Overruled: A Failure to Provide Basic Income for a Family Seeking Asylum | http://www.ombudsman.gov.ie/en/Publications/Investigation-Reports/Health-Service-Executive/Appeal-Overruled-Failure-to-provide-basic-income-for-family-seeking-asylum/Full-Report-with-Executive-Summary.pdf |
| 2013b | Care Denied-Failure to Provide Long-Stay Care for Under 65s | https://www.ombudsman.gov.ie/en/Publications/Investigation-Reports/HSE-Nursing-Homes/Care-Denied--Long-Stay-Care-for-Under-65s/Care-Denied-download-full-report.pdf |
| 2013c | Listen, Respond, Learn, Improve | https://www.ombudsman.gov.ie/en/publications/guidelines-for-public-bodies/listen-respond-learn-improve/ 注2 |
| 2013d | Model Complaints System and Policy | https://www.ombudsman.gov.ie/en/Publications/Guidelines-for-Public-Bodies/Model-Complaints/Model-Complaints.pdf |
| 2013e | Six Rules for Getting it Right-The Ombudsman's Guide to Good Public Administration | https://www.ombudsman.gov.ie/en/Publications/Guidelines-for-Public-Bodies/Six-Rules-for-Getting-it-Right/ |
| 2013f | The Ombudsman's Checklist for Good Complaint Handling | http://www.ombudsman.gov.ie/en/Publications/Guidelines-for-Public-Bodies/Checklist-for-Good-Complaint-Handling/Ombudsman-s-Checklist-for-Good-Complaint-Handling.html |
| 2014a | A Good Death | https://www.ombudsman.gov.ie/en/Publications/Investigation-Reports/Health-Service-Executive/A-Good-Death/A-Good-Death-Report.pdf |
| 2014b | Annual Report 2013 | |
| 2014c | Local Rules for National Schemes-Inequities in the administration of the Long Term Illness Card Scheme | https://www.ombudsman.gov.ie/en/Publications/Investigation-Reports/Health-Service-Executive/Inequities-in-the-administration-of-the-Long-Term-Illness-Card-Scheme/Full-Report-with-Executive-Summary.pdf |
| 2014d | Passports for Irish-born children of Non-EEA Parents | https://www.ombudsman.gov.ie/en/Publications/Investigation-Reports/government-departments-other-public-bodies/Passport-Investigation/Full-report-and-executive-summary.pdf |
| 2015a | Annual Report 2014 | |

|  |  |  |
|---|---|---|
| 2015b | Model Complaints System for Nursing Homes | http://www.ombudsman.gov.ie/en/Publications/Private-Nursing-Homes/Model-Complaints-System/ |
| 2015c | Ombudsman's Guide to the Provision of Redress | https://www.ombudsman.gov.ie/en/Publications/Guidelines-for-Public-Bodies/Six-Rules-for-Getting-it-Right/ |
| 2015d | Redress-Getting It Wrong and putting It Right | http://www.ombudsman.gov.ie/en/Publications/Private-Nursing-Homes/Provision-of-Redress/ |
| 2016 | The Ombudsman's Guide to Making a Meaningful Apology | https://www.ombudsman.gov.ie/en/Publications/Guidelines-for-Public-Bodies/Guide-to-making-apology/ |
| 2012a | Address Information for the Purposes of Civil Proceedings | http://www.ombudsman.parliament.nz/system/paperclip/document_files/document_files/1713/original/address_information_for_the_purposes_of_civil_court_proceedings_updated.pdf?1474248269 |
| 2012b | Chief Executive Expenses | http://www.ombudsman.parliament.nz/system/paperclip/document_files/document_files/180/original/chief_executive_expenses.pdf?1344201712 |
| 2012c | Effective Complaint Handling | http://www.ombudsman.parliament.nz/system/paperclip/document_files/document_files/427/original/effective_complaint_handling.pdf?1349121913 |
| 2012d | Good Complaints Handling by School Boards of trustees | http://www.ombudsman.parliament.nz/system/paperclip/document_files/document_files/533/original/good_complaints_handling_by_school_boards_of_trustees.pdf?1358988178 |
| 2012e | Good Decision Making | http://www.ombudsman.parliament.nz/system/paperclip/document_files/document_files/1359/original/good_decision_making.pdf?1455670166 |
| 2012f | Local Authority Events Funding | http://www.ombudsman.parliament.nz/system/paperclip/document_files/document_files/227/original/local_authority_events_funding.pdf?1344201713 |
| 2012g | Making a Protected Disclosure-"Blowing the Whistle" | http://www.ombudsman.parliament.nz/system/paperclip/document_files/document_files/441/original/making_a_protected_disclosure___blowing_the_whistle_.pdf?1349214579 |

| | | |
|---|---|---|
| 2012h | Managing Unreasonable Complainant Conduct-Full Manual | http://www.ombudsman.parliament.nz/system/paperclip/document_files/document_files/463/original/managing_unreasonable_complainant_conduct_manual_october_2012.pdf?1351456121 |
| 2012i | Managing Unreasonable Complainant Conduct-Short Guide | http://www.ombudsman.parliament.nz/system/paperclip/document_files/document_files/447/original/managing_unreasonable_complainant_conduct_-__short_guide.pdf?1349391242 |
| 2012j | The OIA and School Boards of Trustees | http://www.ombudsman.parliament.nz/system/paperclip/document_files/document_files/160/original/the_oia_and_school_boards_of_trustees.pdf?1344201711 |
| 2015a | Administrative Reasons for Refusing Requests | http://www.ombudsman.parliament.nz/system/paperclip/document_files/document_files/1233/original/part_2a_administrative_reasons_for_refusing_official_information_requests.pdf?1450323823 |
| 2015b | An Ombudsman's Investigation and Review under the OIA or LGOIMA | http://www.ombudsman.parliament.nz/system/paperclip/document_files/document_files/1225/original/part_4a__role_of_the_ombudsman_on_review.pdf?1450323412 |
| 2015c | Changes to the Ombudsman Act and Official Information Legislation | http://www.ombudsman.parliament.nz/system/paperclip/document_files/document_files/952/original/changes_to_the_oa_and_oi_legislation_-_march_2015.pdf?1427827593 |
| 2015d | Commercial Information | http://www.ombudsman.parliament.nz/system/paperclip/document_files/document_files/1265/original/part_2c__other_reasons_for_refusing_official_information_-_commercial_information.pdf?1450331887 |
| 2015e | Conclusive Reasons for Refusing Requests | http://www.ombudsman.parliament.nz/system/paperclip/document_files/document_files/1237/original/part_2b__conclusive_reasons.pdf?1450323949 |
| 2015f | Confidentiality | http://www.ombudsman.parliament.nz/system/paperclip/document_files/document_files/1239/original/part_2c_other_reasons_for_refusing_official_information_-_confidentiality.pdf?1450324013 |

| | | | |
|---|---|---|---|
| Ombudsman (New Zealand) | 2015g | Constitutional Conventions | http://www.ombudsman.parliament.nz/system/paperclip/document_files/document_files/1241/original/part_2c__other_reasons_for_refusing_official_information_-_constitutional_conventions.pdf?1450324051 |
| | 2015h | Free and Frank Opinions | http://www.ombudsman.parliament.nz/system/paperclip/document_files/document_files/1243/original/part_2c__other_reasons_for_refusing_official_information_-_free_and_frank.pdf?1450324091 |
| | 2015i | Guidance for Agencies whose Decisions are under Investigation by the Ombudsman | http://www.ombudsman.parliament.nz/system/paperclip/document_files/document_files/1227/original/part_4b__guidance_for_agencies_whose_decisons_are_being_investigated.pdf?1450323423 |
| | 2015j | Improper Gain or Advantage | http://www.ombudsman.parliament.nz/system/paperclip/document_files/document_files/1245/original/part_2c__other_reasons_for_refusing_information_-_improper_gain_or_advantage.pdf?1450324135 |
| | 2015k | Improper Pressure or Harassment | http://www.ombudsman.parliament.nz/system/paperclip/document_files/document_files/1261/original/part_2c__other_reasons_for_refusing_information_-_improper_pressure_or_harassment.pdf?1450324650 |
| | 2015l | Legal Professional Privilege | http://www.ombudsman.parliament.nz/system/paperclip/document_files/document_files/1247/original/part_2c__other_reasons_for_refusing_official_information_-_legal_professional_privilege.pdf?1450324180 |
| | 2015m | Negotiations | http://www.ombudsman.parliament.nz/system/paperclip/document_files/document_files/1263/original/part_2c_other_reasons_for_refusing_official_information_-_negotiations.pdf?1450324681 |
| | 2015n | Privacy | http://www.ombudsman.parliament.nz/system/paperclip/document_files/document_files/1259/original/part_2c_other_reasons_for_refusing_official_information_-_privacy.pdf?1450324567 |

| | 2016a | Charging | http://www.ombudsman.parliament.nz/system/paperclip/document_files/document_files/1677/original/charging.pdf?1469400361 |
|---|---|---|---|
| | 2016b | Common Misconceptions | http://www.ombudsman.parliament.nz/system/paperclip/document_files/document_files/1287/original/part_5_common_misconceptions.pdf?1453170579 |
| | 2016c | The LGOIMA for Local Government Agencies | http://www.ombudsman.parliament.nz/system/paperclip/document_files/document_files/1609/original/the_lgoima_for_agencies.doc.pdf?1466731163 |
| | 2016d | Making Official Information Requests | http://www.ombudsman.parliament.nz/system/paperclip/document_files/document_files/1673/original/making_oi_requests_-_guide_for_requesters.pdf?1468200431 |
| | 2016e | Public Interest | http://www.ombudsman.parliament.nz/system/paperclip/document_files/document_files/1601/original/public_interest.pdf?1466730510 |
| | 2016f | Requests by Corporate Entities for Their Personal Information | http://www.ombudsman.parliament.nz/system/paperclip/document_files/document_files/1481/original/pi_for_corporate_entities.pdf?1462316821 |
| | 2016g | Request for Internal Decision Making Rules | http://www.ombudsman.parliament.nz/system/paperclip/document_files/document_files/1477/original/internal_rules.pdf?1462316789 |
| | 2016h | Requests for Reasons for a Decision or Recommendation | http://www.ombudsman.parliament.nz/system/paperclip/document_files/document_files/1473/original/statements_of_reasons.pdf?1462316762 |
| | 2016i | Requests Made Online | http://www.ombudsman.parliament.nz/system/paperclip/document_files/document_files/1521/original/online_requests.pdf?1464304700 |
| | 2016j | The OIA for Ministers and Agencies | http://www.ombudsman.parliament.nz/system/paperclip/document_files/document_files/1605/original/the_oia_for_agencies.doc.pdf?1466730917 |
| | 2009 | Apologies-A Practical Guide | https://www.ombo.nsw.gov.au/__data/assets/pdf_file/0013/1426/Apologies-Guidelines-2nd-edition.pdf |

| | | | |
|---|---|---|---|
| Ombudsman Northern Territory | 2014 | Ombudsman Inquiries and Investigations Information for Agencies | http://www.ombudsman.nt.gov.au/sites/default/files/downloads/ombudsman-inquiries-and-investigations-document-a4-pdf.pdf |
| | 2015a | Better Government | http://www.ombudsman.nt.gov.au/sites/default/files/downloads/better_government_a4_-_bi-fold_brochure.pdf |
| | 2015b | Complaints and Enquiries Guide | http://www.ombudsman.nt.gov.au/sites/default/files/downloads/complaints_and_enquiries_guide_june_2015.pdf |
| | 2016a | Accepting Gifts, Benefits & Hospitality Policy Framework for Northern Territory Public Sector | http://www.ombudsman.nt.gov.au/sites/default/files/downloads/gifts_and_benefits_framework_may_2016.pdf |
| | 2016b | Complaint Handling at Universities- Australasian Best Practice Guidelines | http://www.ombudsman.nt.gov.au/sites/default/files/downloads/university_complaint_handling_guidelines_-_nt_-_may_2016_0.pdf |
| | 2016c | Complaint management framework | http://www.ombudsman.nt.gov.au/sites/default/files/downloads/complaints_framework_june_2016.pdf |
| | 2016d | Complaint Management Model Policy | http://www.ombudsman.nt.gov.au/sites/default/files/downloads/complaints_model_policy_june_2016.pdf |
| | 2016e | Effective Complaints Management Fact Sheets | http://www.ombudsman.nt.gov.au/agencies/effective-complaints-management-fact-sheets |
| Ombudsman Saskatchewan | 2007 | "The Fine Art of Fairness" Workbook | https://www.ombudsman.sk.ca/uploads/document/files/fair-practices-workbook-april-2016-en.pdf |
| | 2009 | Practice Essentials for Administrative Tribunals | https://www.ombudsman.sk.ca/uploads/document/files/omb-tribunal-guide_web-en-1.pdf |
| | 2013 | Promoting and Protecting Fairness in Provincial Correctional Centres | https://www.ombudsman.sk.ca/uploads/document/files/corrections-brochure-mens-july-2013-en.pdf |
| | 2015 | Solving Problems on Your Own | https://www.ombudsman.sk.ca/uploads/document/files/solving-problems-on-your-own-english-june-2015-en.pdf |

| | | | |
|---|---|---|---|
| | | 2016a | Promoting & Protecting Fairness in Government Services | https://www.ombudsman.sk.ca/uploads/document/files/omb-35-brochure-121715-(2)-en.pdf |
| | | 2016b | "What is Fairness?" Sheet | https://www.ombudsman.sk.ca/uploads/document/files/what-is-fairness-feb-2016-en.pdf |
| Ombudsman Southern Australia | 2012a | Managing Unreasonable Complainant Conduct | http://www.ombudsman.sa.gov.au/wp-content/uploads/unreasonable_conduct_manual_2012.pdf |
| | 2012b | Unreasonable Complainant Conduct Model policy | http://www.ombudsman.sa.gov.au/wp-content/uploads/unreasonable_conduct_policy_2012.pdf |
| | 2015 | Complaint Handling at Universities: Australasian Best Practice Guidelines | http://www.ombudsman.sa.gov.au/wp-content/uploads/Complaint-Handling-at-Universities-Australasian-Best-Practice-Guidelines.pdf |
| Ombudsman Tasmania | 2010a | Guidelines and Standards for the Purpose of Determining whether Improper Conduct is Serious or Significant | http://www.ombudsman.tas.gov.au/__data/assets/pdf_file/0014/154013/100930_pid_serious_guidelines_final.pdf |
| | 2010b | Guideline in Relation to Process of Disclosing Information under Each Type of Information Disclosure | http://www.ombudsman.tas.gov.au/__data/assets/pdf_file/0006/158847/Guideline_3_2010_-_Guideline_in_relation_to_disclosing_information.pdf |
| | 2010c | Guideline in Relation to Refusal of an Application for Assessed Disclosure under the Right to Information Act 2009 | http://www.ombudsman.tas.gov.au/__data/assets/pdf_file/0005/158846/Guideline_2_2010_-_Guideline_in_relation_to_Refusal_Assessed_Disclosure.pdf |
| | 2011 | Guideline in Relation to Review of Decision by the Ombudsman | http://www.ombudsman.tas.gov.au/__data/assets/pdf_file/0006/180834/Guideline_1-2010_Guideline_in_Relation_to_Review_of_Decisions_Revised_1_November_2011.pdf |
| | 2013a | Guideline in Relation to Charges for Information | http://www.ombudsman.tas.gov.au/__data/assets/pdf_file/0009/193815/Guideline_in_relation_to_Charges_for_Information._Revised_21_April_2012_PDF_81KB._5_Pages.pdf |

| | | | |
|---|---|---|---|
| | 2013b | Guideline in Relation to Complaint Handling | http://www.ombudsman.tas.gov.au/__data/assets/pdf_file/0009/235494/Guideline_1_2013_-_Guideline_in_relation_to_Complaint_Handling.pdf |
| | 2013c | Guideline in Relation to Managing Unreasonable Complainant Conduct | http://www.ombudsman.tas.gov.au/__data/assets/pdf_file/0019/235504/Guideline_2_2013_-_Guideline_in_relation_to_Managing_unreasonable_complainant_conduct.pdf |
| | 2013d | Guideline in Relation to Searching and Locating Information | http://www.ombudsman.tas.gov.au/__data/assets/pdf_file/0007/234268/Guideline_in_Relation_to_Searching_and_Locating_Information_-_Revised_24_January_2013.pdf |
| | 2013e | Guidelines to Assist Agencies and Applicants in Relation to Access to Information under the Right to Information Act 2009 and the Personal Information Protection Act 2004 | http://www.ombudsman.tas.gov.au/__data/assets/pdf_file/0006/265776/Guideline_1_2013_-_Distinguishing_between_information_and_a_document_in_RTI_and_PIP_matters.pdf |
| | 2014 | Public Interest Disclosure Model Procedures | http://www.ombudsman.tas.gov.au/__data/assets/word_doc/0005/168269/PID_Model_Procedures_Manual_-_May_2014.docx |
| | 2009a | Assessment of Complaints Checklist | http://www.ombudsman.wa.gov.au/Publications/Documents/guidelines/How-we-assess-complaints-info-sheet.pdf |
| | 2009b | Dealing with Unreasonable Complainant Conduct | http://www.ombudsman.wa.gov.au/Publications/Documents/guidelines/Dealing-with-unreasonable-complainant-conduct.pdf |
| | 2009c | Exercise of Discretion in Administrative Decision-Making | http://www.ombudsman.wa.gov.au/Publications/Documents/guidelines/Exercise-of-discretion-in-admin-decision-making.pdf |
| | 2009d | Giving Reasons for Decisions | http://www.ombudsman.nt.gov.au/sites/default/files/downloads/giving-reasons-for-decisions.pdf |
| | 2009e | Good Record Keeping | http://www.ombudsman.wa.gov.au/Publications/Documents/guidelines/Good-record-keeping-Guidelines.pdf |
| | 2009f | Giving Reasons for Decisions | http://www.ombudsman.wa.gov.au/Publications/Documents/guidelines/Giving-reasons-for-decisions.pdf |

| | | | |
|---|---|---|---|
| Ombudsman Western Australia | 2009g | Guidelines on Conducting Investigations | http://www.ombudsman.wa.gov.au/Publications/Documents/guidelines/Binder-Conducting-Investigations.pdf |
| | 2009h | How We Assess Complaint | http://www.ombudsman.wa.gov.au/Publications/Documents/guidelines/How-we-assess-complaints-info-sheet.pdf |
| | 2009i | Information for Boards and Tribunals | http://www.ombudsman.wa.gov.au/Publications/Documents/guidelines/Information-for-Boards-and-Tribunals.pdf |
| | 2009j | Ombudsman WA Guidelines on Decision Making | http://www.ombudsman.wa.gov.au/Publications/Documents/guidelines/Binder-Decision-Making.pdf |
| | 2009k | Procedural Fairness | http://www.ombudsman.wa.gov.au/Publications/Documents/guidelines/Procedural-fairness-guidelines.pdf |
| | 2010 | Overview of the Complaint Resolution Process-Information for Public Authorities | http://www.ombudsman.wa.gov.au/Publications/Documents/guidelines/Complaint-resolution-process-Agencies.pdf |
| | 2012 | Being Interviewed by the Office of the Ombudsman | http://www.ombudsman.wa.gov.au/Publications/Documents/guidelines/Being-interviewed-by-the-office-of-the-Ombudsman.pdf |
| | 2013 | Guidelines on Management of Personal Information | http://www.ombudsman.wa.gov.au/Publications/Documents/guidelines/Binder-Management-of-personal-information.pdf |
| | 2016 | Guidelines on Complaint Handling | http://www.ombudsman.wa.gov.au/Publications/Documents/guidelines/Binder-Complaint-Handling.pdf |
| Parliamentary and Health Service Ombudsman | 2009a | Principle of Good Administration | https://nipso.org.uk/site/wp-content/uploads/2016/02/0188-Principles-of-Good-Administration-bookletweb.pdf |
| | 2009b | Principles of Good Administration | http://www.ombudsman.org.uk/improving-public-service/ombudsmansprinciples/principles-of-good-administration |
| | 2009c | Principles of Good Complaint Handling | https://nipso.org.uk/site/wp-content/uploads/2016/02/0188-Principles-of-Good-Complaint-Handling-bookletweb-1.pdf |

| | | | |
|---|---|---|---|
| | 2009d | Principles of Good Complaint Handling | http://www.ombudsman.org.uk/improving-public-service/ombudsmansprinciples/principles-of-good-complaint-handling-full |
| | 2009e | Principles for Remedy | https://nipso.org.uk/site/wp-content/uploads/2016/02/0188-Principles-for-Remedy-bookletweb.pdf |
| | 2009f | Principle for Remedy | http://www.ombudsman.org.uk/improving-public-service/ombudsmansprinciples/principles-for-remedy |
| Public Service Ombudsman for Wales | 2008 | Principle for Remedy | http://www.ombudsman-wales.org.uk/~/media/Files/Documents_en/Principles_for_Remedy.ashx |
| | 2014 | Information leaflet for Independent Providers of Care Homes, Domiciliary Care and Palliative Care Services | http://www.ombudsman-wales.org.uk/~/media/Files/Documents_en/Provider%20information%20leaflet%20-%20Final.ashx |
| | 2015a | Code of Conduct for Members of Community Councils: Guidance | http://www.ombudsman-wales.org.uk/~/media/Files/CodeofConductguidance_E/Code%20of%20Conduct%20Community%20Councils%20%20August%202016%20ENGLISH.ashx |
| | 2015b | Code of Conduct for Members of County and County Borough Councils, Fire and Rescue Authorities, and National Park Authorities: Guidance | http://www.ombudsman-wales.org.uk/~/media/Files/CodeofConductguidance_E/Code%20of%20Conduct%20CCCBC%20%20NPA%20%20August%202016.ashx |
| | 2015c | Welsh Language Policy | http://www.ombudsman-wales.org.uk/~/media/Files/Documents_en/Welsh%20Language%20Policy%202015%20-%20Final%20October%20review.ashx |
| | 2016 | Principles of Good Administration and Good Records Management | http://www.ombudsman-wales.org.uk/~/media/Files/Documents_en/Principles%20of%20Good%20Administration%20and%20Good%20Records%20Management%20-%20Final%202016.ashx |
| Public Services Organisation Review Group | 1969 | Report of the Public Services Organisation Group 1966-1969 | |

| | | | |
|---|---|---|---|
| Queensland Ombudsman | 2006a | Developing Effective Complaints Management Policy and Procedures | http://www.ombudsman.qld.gov.au/Portals/0/docs/Publications/CM_Resources/Developing%20effective%20complaints%20management%20policy%20and%20procedures%202006.pdf（注2） |
| | 2006b | Effective Complaints Management Fact Sheet Series | http://www.ombudsman.qld.gov.au/Portals/0/docs/Publications/CM_Resources/Fact%20Sheet%20Series/CMP%20Fact%20Sheet%20Series%20(total%2016).pdf（注2） |
| | 2007 | Handling an Ombudsman Investigation | http://www.ombudsman.qld.gov.au/Portals/0/docs/Publications/CM_Resources/Handling%20an%20Ombudsman%20Investigation_FINAL_1.pdf（注2） |
| | 2009 | Tips and Traps for Regulators | http://www.ombudsman.qld.gov.au/Mediaandreports/InvestigativeReports/TipsandTrapsforRegulators(Secondedition)/tabid/373/Default.aspx（注2） |
| | 2012 | Managing Unreasonable Complainant Conduct Practice Manual | http://www.ombudsman.qld.gov.au/Portals/0/docs/Publications/CM_Resources/GL_Unreasonable%20Complainant%20Conduct%20Manual%202012_LR.pdf（注2） |
| | 2013a | Database elements for your Complaints Management System | http://www.ombudsman.qld.gov.au/Portals/0/docs/Publications/CM_Resources/database_elements_complaints_management.pdf（注2） |
| | 2013b | Effective Complaints Management Self-Audit Checklist | http://www.ombudsman.qld.gov.au/Portals/0/docs/Publications/CM_Resources/Self%20Audit%20Checklist%20Nov06.pdf（注2） |
| | 2013c | The Good Decision-Making Guide | http://www.ombudsman.qld.gov.au/Portals/0/docs/Publications/Brochures/10%20Good%20Admin%20Guide%20Nove%202013.pdf（注2） |
| | 2014a | Complaints Management Process policy and procedures | http://www.ombudsman.qld.gov.au/Portals/0/QO_Aboriginal%20Shire%20Council%20CMS%20policy%20and%20procedures_V5.pdf（注2） |
| | 2014b | 10 Steps to Developing an Effective Complaints Management System | http://www.ombudsman.qld.gov.au/Portals/0/QO_10_Steps_to_Effective_CMS_V4.pdf（注2） |
| | － | Self Audit Checklist | http://www.ombudsman.nt.gov.au/node/77/attachment（注2） |

| | | | |
|---|---|---|---|
| Scottish Public Services Ombudsman | 2006a | Redress Policy and Guidance | http://www.spso.org.uk/sites/spso/files/communications_material/leaflets_buj/Policy%20and%20Guidance%20on%20Redress.pdf |
| | 2006b | SPSO Guidance on Section 2(2) of the Scottish Public Services Ombudsman Act 2002 | https://www.spso.org.uk/sites/spso/files/communications_material/leaflets_buj/Guidance%20on%20Section%202(2)%20Requests.pdf |
| | 2011a | Guidance on a Model Complaints Handling Procedure | http://www.spso.org.uk/sites/spso/files/communications_material/leaflets_buj/Guidance-on-a-Model-Complaints-Handling-Procedure.pdf |
| | 2011b | SPSO Guidance on Apology | http://www.spso.org.uk/sites/spso/files/communications_material/leaflets_buj/2011_March_SPSO%20Guidance%20on%20Apology.pdf |
| | 2013 | The SPSO-Complaints, Learning and Improvement | http://www.spso.org.uk/sites/spso/files/communications_material/leaflets_buj/2013_03_12_The_SPSO_complaints_learning_improvement.pdf |
| | 2015 | Unacceptable Actions Policy | http://www.spso.org.uk/sites/spso/files/communications_material/leaflets_public/general/1507UnacceptableActionsPolicy.pdf |
| | 2016a | A Guide for MSPs/MPs and Parliamentary Staff | http://www.spso.org.uk/sites/spso/files/communications_material/msp_guide/MSPGuide2016.pdf |
| | 2016b | Complaints Form | http://www.spso.org.uk/sites/spso/files/communications_material/leaflets_public/general/1608ComplaintsForm.pdf |
| The Office of the Ombudsperson (British Columbia) | 2001 | Developing an Internal Complaint Mechanism | https://bcombudsperson.ca/sites/default/files/Public%20Report%20No%20-%2040%20Developing%20an%20Internal%20Complaint%20Mechanism.pdf |
| | 2003 | Code of Administrative Justice | https://bcombudsperson.ca/sites/default/files/Public%20Report%20No%20-%2042%20Code%20of%20Administrative%20Justice.pdf |
| | 2006 | The Power of an Apology: Removing the Legal Barriers | https://bcombudsperson.ca/sites/default/files/Special%20Report%20No%20-%2027%20The%20Power%20of%20an%20Apology-%20Removing%20Legal%20Barriers.pdf |

| | | | |
|---|---|---|---|
| | 2012 | Open Meetings: Best Practices Guide for Local Governments | https://bcombudsperson.ca/sites/default/files/Special%20Report%20No%20-%2034%20Open%20Meetings-%20Best%20Practices%20Guide%20for%20Local%20Governments.pdf |
| | 2016 | Bylaw Enforcement: Best Practices Guide for Local Governments | https://bcombudsperson.ca/sites/default/files/Special%20Report%20No%20-%2036%20Bylaw%20Enforcement%20-%20Best%20Practices%20Guide%20for%20Local%20Governments.pdf |
| Victorian Ombudsman | 2005 | Improving Responses to Allegations of Sexual Abuse, Sexual Assault and Sexual Misconduct | https://www.ombudsman.vic.gov.au/getattachment/27be4717-992b-49f0-8a7c-6905c90e4333//publications/guidelines/improving-responses-to-allegations-of-sexual-abuse.aspx |
| | 2012a | Guidelines for Establishing Closed Circuit Television in Public Places | https://www.ombudsman.vic.gov.au/getattachment/7262b219-2b4f-4da9-9196-238310ed9dfa//publications/guidelines/guidelines-for-establishing-closed-circuit-televis.aspx |
| | 2012b | Unreasonable Complainant Conduct Manual | https://www.ombudsman.vic.gov.au/getattachment/182414fb-472c-4efd-9835-e1521ce62d66//publications/guidelines/unreasonable-complainant-conduct-manual.aspx |
| | 2012c | Whistleblowers Protection Act 2001 - Ombudsman's Guideline | https://www.ombudsman.vic.gov.au/publications/guidelines/whistleblowers-protection-act-2001-ombudsman's-guideline |
| | 2014a | Complaint Handling and Good Practice Guide | https://www.ombudsman.vic.gov.au/publications/guidelines/complaint-handling-good-practice-guide |
| | 2014b | Safeguarding Integrity: A Guide to the Integrity System in Victoria | https://www.ombudsman.vic.gov.au/Publications/Guidelines/A-guide-to-the-integrity-system-in-Victoria |
| | 2015a | Complaint Handling at Universities: Australasian Best Practice Guidelines | https://www.ombudsman.vic.gov.au/getattachment/dbb74e14-1dfd-47b9-9d93-3d998ed89fd0//publications/guidelines/complaint-handling-at-universities-australasian-be.aspx |
| | 2015b | Councils and Complaints-A Good Practice Guide | https://www.ombudsman.vic.gov.au/getattachment/201e2214-0123-4c5e-94cf-45ca83621cdf//publications/guidelines/councils-and-complaints---a-good-practice-guide.aspx |

|  |  |  |  |
|---|---|---|---|
| | 2016a | Complaints: Good Practice Guide for Public Sector Agencies | https://www.ombudsman.vic.gov.au/getattachment/8fd85b3b-1e73-406c-ae7b-162b3381e540//publications/guidelines/complaints-good-practice-guide-for-public-sector-a.aspx |
| | 2016b | Guide: Conducting Internal Investigations into Misconduct | https://www.ombudsman.vic.gov.au/Publications/Guidelines/Guide-Conducting-internal-investigations-into-misc |
| Yukon Ombudsman | 2015a | How to Complain Effectively | http://www.ombudsman.yk.ca/uploads/media/5584617f3a504/How%20to%20Complain%20Effectively.pdf?v1 |
| | 2015b | Solving Problems on Your Own | http://www.ombudsman.yk.ca/uploads/media/558460ead45be/Solving%20Problems%20on%20Your%20Own.pdf?v1 |

(注1) 報告書の閲覧は，2017年7月31日に行った．
(注2) これらの報告書は2016年9月20日に閲覧したが，現在は閲覧不可能となっている．

# 参 考 文 献

【邦文献】

安藤高行［1994］『情報公開・地方オンブズマンの研究――イギリスと日本の現状――』法律文化社.

今川晃［1987］「オンブズマンの意義と役割(8)――1970年代以降のアメリカの諸都市を例として8――」『自治研究』63(5).

今川晃［1996］「イギリスの地方政府の苦情処理制度に何が求められているか？」『季刊 行政管理研究』73.

今川晃［1997］「イギリスの地方自治体における苦情処理システム政策形成・展開の背景」『季刊行政管理研究』77.

今川晃［2005］「熱意の領域における行政相談活動の意義と役割」，今川晃編『行政苦情救済論』全国行政相談委員連合協議会.

今川晃［2006］「政策コントロールと自治体オンブズマンの役割」『行政苦情救済＆オンブズマン』17.

今川晃［2007］「参加・協働型行政と自治体のアカウンタビリティ」，今川晃・牛山久仁彦・村上順編『分権時代の地方自治』三省堂.

今川晃［2011］『個人の人格の尊重と行政苦情救済』敬文堂.

今川晃［2012］「アジアのオンブズマン制度における日本の行政相談制度の位相」，今川晃・上村進・川野秀之・外山公美編『アジアのオンブズマン』第一法規.

碓氷悟史［2001］『アカウンタビリティ入門――説明責任と説明能力――』中央経済社.

宇都宮深志［2001］『公正と公開の行政学』三嶺書房.

大橋洋一［1995］「市町村オンブズマンの制度設計とその運用（上）」『ジュリスト』1074.

大森彌［1970］「行政における機能的責任と『グラスルーツ』参加――米国連邦資源開発行政における一研究(1)――」『国家学会雑誌』83(1).

大森彌［1990］『自治行政と住民の「元気」――続・自治体行政学入門――』良書普及会.

大山耕輔［2010］『公共ガバナンス』ミネルヴァ書房.

風間規男［2015］「Ⅳ　スペインのオンブズマン制度」，日本オンブズマン学会編『日本と世界のオンブズマン――行政相談と行政苦情救済――』第一法規.

粕谷裕子・高橋百合子［2015］「アカウンタビリティ研究の現状と課題」，高橋百合子編『アカウンタビリティ改革の政治学』有斐閣.

片岡寛光監修，今川晃・上村進・川野秀之・外山公美編［2012］『アジアのオンブズマン』第一法規.

川上宏二郎［2005］「総務省の行政相談制度の意義と効果」，今川晃編『行政苦情救済論』社団法人全国行政相談委員連合協議会.

川野秀之［2007］「ヨーロッパ諸国におけるオンブズマン制度の現状」『行政苦情救済＆オン

ブズマン』18.
行政管理庁史編集委員会［1984］『行政管理庁史』行政管理研究センター.
行政相談委員制度の在り方に関する研究会［2009］『行政相談委員制度の在り方に関する研究会報告書』.
久木田純［1998］「概説　エンパワーメントとは何か」『現代のエスプリ』376.
グループGS近畿［2010］「行政相談と地域力再生」『季刊行政相談』125.
小島武司・外間寛［1979］『オムブズマン制度の比較研究』中央大学出版部.
榊原秀訓［2014］「イギリスにおける『行政的正義』実現に向けた構造転換」『名古屋大學法政論集』255.
佐藤竺［1999］「人権の守護神としてのオンブズマン」，篠原一・林屋礼二編『公的オンブズマン』信山社.
佐藤英世［1993］「地方公共団体におけるオンブズマン制度」『奈良法学会雑誌』5(4).
全国行政相談委員連合協議会事務局［2005］「第6回アジアオンブズマン会議参加報告」，今川晃編『行政苦情救済論』全国行政相談委員連合協議会.
杉山克彦［1999］「川崎市オンブズマンの6年間を回顧して」，篠原一・林屋礼二編『公的オンブズマン』信山社.
総務省行政評価局行政相談課［2008］「行政相談制度・行政相談委員制度の概要」総務省行政評価局行政相談課（http://www.soumu.go.jp/main_sosiki/hyouka/soudan_n/pdf/081219_2_3.pdf, 2016年11月2日閲覧）.
総務省行政評価局行政相談課［2013a］『行政相談委員制度50周年記念誌——国民のための行政の実現を目指して——』総務省行政評価局行政相談課.
総務省行政評価局行政相談課［2013b］「第10回国際オンブズマン協会（IOI）世界会議参加報告」『季刊行政相談』136.
園部逸夫［2007］「縦の救済か横の救済か（Administrative Justice における Ombudsman の意義について）」『行政苦情救済＆オンブズマン』18.
土屋英雄［2010］『公的オンブズマンの存在意義と制度設計』花伝社.
外山公美［2005］『カナダの州オンブズマン制度』勁草書房.
橋本定［1999］「基礎的地方公共団体におけるおオンブズマン制度のあり方と課題」，篠原一・林屋礼二編『公的オンブズマン』信山社.
蓮池穣［2005］「行政相談委員の活動と役割」，今川晃編『行政苦情救済論』全国行政相談委員連合協議会.
林屋礼二［2002］『オンブズマン制度　日本の行政と公的オンブズマン』岩波書店.
平松毅［2005］「行政相談とオンブズマンの棲み分け」，今川晃編『行政苦情救済論』全国行政相談委員連合協議会.
平松毅［2012］『各国オンブズマンの制度と運用』成文堂.
福島康仁［2008］「地方自治体におけるオンブズマンの戦略的活用に関する一考察」『日本法学』74(2).

桝居孝［2005］「行政相談委員の意見具申制度をもっと生かそう」，今川晃編『行政苦情救済論』全国行政相談委員連合協議会．
真山達志編［2012］『ローカル・ガバメント論』ミネルヴァ書房．
南博方［2012］『行政法（第六版補訂版）』有斐閣．
宮城県総務部［2008］『県民相談・苦情対応体制の見直しについて（総務企画委員会配付資料，平成20年8月21日）』宮城県総務部．
村松岐夫［1964］「行政学における責任論の課題」『法学論叢』75(1)．
山本清［2014］『アカウンタビリティを考える――どうして「説明責任」になったのか――』NTT出版．
山谷清志［1991］「行政責任論における統制と倫理――学説史的考察として――」『修道法学』13(1)．
山谷清志［1997］『政策評価の理論とその展開』晃洋書房．
山谷清秀［2014a］「行政相談委員の資質と住民自治へのエンパワーメント」『同志社政策科学研究』15(2)．
山谷清秀［2014b］「住民自治と行政相談委員」，今川晃編『地方自治を問いなおす』法律文化社．
山谷清秀［2016］「アイルランド共和国のオンブズマンとインフォーマリティの意義」『同志社政策科学研究』18(1)．
吉田利宏［2011］「岐路に立つオンブズマン」『法学セミナー』56(11)．
渡辺榮文［1975］「オンブズマン論序説(1)」『都市問題』66(3)．

【欧文献】

Birkinshaw, P. [1994] *Grievance, Remedies and the State,* second edition, London: Sweet and Maxwell.
Bovens, M. [2007] "Analysing and Assessing Accountability: A Conceptual Framework," *European law journal,* 13(4).
Buck, T., Kirkham, R. and Thompson, B. [2011] *The Ombudsman Enterprise and Administrative Justice,* Farnham: Ashgate.
Carmona, G. V. [2011] "Strengthening the Asian Ombudsman Association and the Ombudsman Institution of Asia," in G. V. Carmona and M. Waseem eds., *Strengthening the Asian Ombudsman Association and the Ombudsman Institutions of Asia: Improving Accountability in Public Service Delivery through the Ombudsman,* Manila: Asian Development Bank.
Carmona, G. V., Brillantes, A. B., Jha, R. R. and Sonco II, J. O. T. [2011] "Ensuring Accountability in Privatized and Decentralized Delivery of Public Service: The Role of the Asian Ombudsman," in G. V. Carmona and M. Waseem eds., *Strengthening the Asian Ombudsman Association and the Ombudsman Institutions of Asia: Improving*

Accountability in Public Service Delivery through the Ombudsman, Manila: Asian Development Bank.

Carmona. G. V. and Waseem, M. eds., [2011] *Strengthening the Asian Ombudsman Association and the Ombudsman Institutions of Asia: Improving Accountability in Public Service Delivery through the Ombudsman,* Manila: Asian Development Bank

Cooper, T. L. [2012] *The Responsible Administrator: An Approach to Ethics for the Administrative Role,* Sixth Edition, San Francisco: Jossey-Bass.

Day P., and Klein, R. [1987] *Accountabilities: Five Public Services,* London; New York: Tavistock Publishers.

Dimock, M. E., Dimock, G. O. and Koenig, L. W. [1960] *Public Administration Revised Edition,* New York: Rinehart.

Donson, F. and O'Donovan, D. [2014] "Critical Junctures: Regulatory Failures, Ireland's Administrative State and the Office of the Ombudsman," *Public Law,* July.

Douglas, L. C. [1973] "Executive Ombudsmen: The Oregon Experience," in A. J. Wyner ed. *Executive Ombudsmen in the United States,* Oakland, Calif.: University of California.

Doyle, M. [2003] *The Use of ADR in Ombudsman Processes: Results of a Survey of Members of the British and Irish Ombudsman Association,* Advice Services Alliance (https://ombudsmanresearch.files.wordpress.com/2014/09/use-of-adr-bioa-survey-20031.pdf, 2015年9月17日閲覧).

Doyle, M., Bondy, V. and Hirst, C. [2014] *The Use of Informal Resolution Approaches by Ombudsmen in the UK and Ireland: A Mapping Study,* Ombuds Research (https://ombudsmanresearch.files.wordpress.com/2014/10/the-use-of-informal-resolution-approaches-by-ombudsmen-in-the-uk-and-ireland-a-mapping-study-1.pdf, 2015年9月17日閲覧).

Eriksen, E. and Fossum, J. [2012] "Europe's Challenge: Reconstituting Europe Democracy?," in E. Eriksen and J. Fossum eds. *Rethinking Democracy and the European Union,* New York: Routledge.

Finer, H. [1966] "Administrative Responsibility in Democratic Government," in P. Woll ed. *Public Administration and Policy,* New York: Joanna Cotler Books.

Friedrich, C. J. ed. [1960] *Responsibility,* New York: Liberal Arts Press.

Friedrich, C. J. [1966] "Public Policy and the Nature of Administrative Responsibility," in P. Woll ed. *Public Administration and Policy,* New York: Joanna Cotler Books.

Gaus, J. M. [1936] "The Responsibility of Public Administration," in J. M. Gaus, L. D. White and M. E. Dimock eds. *The Frontiers of Public Administration,* Chicago: The University of Chicago Press.

Gellhorn, W. [1966] *Ombudsmen and Others: Citizens' Protectors in Nine Countries,*

Cambridge: Harvard University Press.
Giddings, P. [1998] "The Ombudsman in a Changing World," *Consumer Policy Review,* 8(6).
Gilbert, C. E. [1959] "The Framework of Administrative Responsibility," *Journal of Politics,* 21.
Gill, C. [2011] "Right First Time: the Role of Ombudsmen in Influencing Administrative Decision-Making," *Journal of Social Welfare & Family Law,* 33(2).
Gill, C. [2012] "The Impact of the Scottish Public Service Ombudsman on Administrative Decision-Making in Local Authority Housing Departments," *Journal of Social Welfare & Family Law,* 34(2).
Gill, C., Williams, J., Brennan, C. and O'Brien, N. [2013] *The Future of Ombudsman-Schemes: drivers for change and strategic responses,* Queen Margaret University (http://www.legalombudsman.org.uk/downloads/documents/publications/QMU-the-future-of-ombudsman-schemes-final-130722.pdf, 2016年2月22日閲覧).
Gregory, R. [2001] "The Ombudsman: 'An Excellent Form of Alternative Dispute Resolution?" in IOI and L. C. Reif eds., *The International Ombudsman Yearbook 5,* Kluwer Law International.
Grzybowski, A., and Owen, S. [2001] *Good Governance and Conflict Management: A Framework for Conflict Analysis and Resolution,* Institute for Dispute Resolution, Victoria: University of Victoria.
Gwyn, W. B. [1983] "The Conduct of Ombudsman Investigations of Complaints," in G. E. Caiden ed. *International Handbook of the Ombudsman: Evolution and Present Function,* Westport: Greenwood Pub Group.
Hertogh, M. [1998] "Policy Impact of the Ombudsman and Administrative Courts: A Heuristic Model," in IOI and L. C. Reif eds. *The International Ombudsman Yearbook 2,* Hague: Kluwer Law International.
Holmgren, K. [1968] "The Need for an Ombudsman Too," in D. C. Rowat ed., *The Ombudsman: Citizens' Defender,* Toronto: University of Toronto Press.
Husain, T. [2011] "The Role of the Ombudsman in Improving Public Service Delivery in Pakistan," in G. V. Carmona and M. Wasseem eds. *Strengthening the Asian Ombudsman Association and the Ombudsman Institutions of Asia: Improving Accountability in Public Service Delivery through the Ombudsman,* Manila: Asian Development Bank.
Kenney, C. D. [2003] "Horizontal Accountability: Concepts and Conflicts," in S. Mainwaring and C. Welna eds. *Democratic Accountability in Latin America,* Oxford: Oxford University Press.
Kirkham, R. [2004] "Prevention is Better than Litigation: the Importance of Good

Administration," *Journal of Social Welfare & Family Law*, 26(3).
Kirkham, R. and Wells, P. [2014] "Evolving Standard in the Complaints Branch," *Journal of Social Welfare & Family Law*, 36(2).
Klislov, S. [1968] "A Restrained View," in D. C. Rowat ed. *The Ombudsman: Citizens' Defender*, Toronto: University of Toronto Press.
Koppell, J. [2005] "Pathology of Accountability: ICANN and the Challenge of 'Multiple Accountabilities Disorder'," *Public Administration Review* 65(1).
Leazes Jr., F. J. [1987] *Accountability and the Business State: Structure of Federal Corporations*, New York: Praeger.
Lo, C. W., Yee, H. W. H., Liu, N. N. and Li, H. [2011] "Ombudsman and Stakeholder Engagement for Improved Service Delivery," in G. V. Carmona and M. Wasseem eds. *Strengthening the Asian Ombudsman Association and the Ombudsman Institutions of Asia: Improving Accountability in Public Service Delivery through the Ombudsman*, Manila: Asian Development Bank.
Marshall, G. [1973] "Maladministration," *Public law*, spring.
Marshall, M. A., and Reif, L. C. [1995] "The Ombudsman: Maladministration and Alternative Dispute Resolution," *Alberta Law Review*, 34.
Mashaw, J. L. [2006] "Accountability and Institution Design: Some Thoughts on the Grammar of Governance," in M. W. Dowdle ed. *Public Accountability: Design, Dilemmas and Experiences*, Cambridge: Cambridge University Press.
Mills, M. [2006] *Hurler on the Ditch: Memoir of a Journalist who Became Ireland's First Ombudsman*, Dublin: Currach Press.
Mosher, F. [1982] *Democracy and the Public Service*, second edition, New York: Oxford University Press.
Mulgan, R. [2000] "Accountability: An Ever Expanding Concept?" *Public Administration*, 78(3).
Nadel, M. V. and Rourke, F. [1975] "Bureaucracies," in F. I. Greenstein and N. Polsby eds., *Governmental Institutions and Processes, Handbook of Political Science*, 5, Reading, Mass: Andison-Wesley.
National Consumer Council [1997] *A-Z of Ombudsman: A Guide to Ombudsman Schemes in Britain and Ireland*, London: National Consumer Council.
Oosting, M. [1997] "The Ombudsman: A profession," in IOI and L. C. Reif eds. *The International Ombudsman Yearbook 1*, Hague: Kluwer Law International.
O'Toole, J., and Dooney, S. [2009] *Irish Government Today*, Third Edition, Dublin: Gill & Macmillan.
Pfiffner J. M., and Presthus R. V. [1953] *Public Administration*, Third Edition, New York: Ronald Press.

Reif, L. C. [2004] *The Ombudsman, Good Governance and the International Human Rights System,* Leiden: Martinus Nijhoff.

Rowat, D. C. [1973] *The Ombudsman Plan,* Lanham: University Press of America.

Rowe, M. P. [1991] "The Ombudsman's Role in a Dispute Resolution System," *Negotiation Journal,* 7(4).

Schedler, A., Diamond, L. and Plattner, M. F. [1999] *The Self-Restraining State: Power and Accountability in New Democracies,* Boulder: Lynne Rienner Publishers.

Seneviratne, M. [2002] *Ombudsmen: Public Services and Administrative Justice* London: Butterwoths.

Seneviratne, M. [2006] "Analysis: A new ombudsman for Wales," *Public Law,* Spring.

Soll, J. [2014] *The Reckoning: Financial Accountability and the Rise and Fall of Nations,* New York: Basic Books（村井章子訳『帳簿の世界史』文藝春秋，2015年）．

Stacey, F. [1978] *Ombudsmen Compared,* Oxford: Oxford University Press（宇都宮深志・砂田一郎監訳『オンブズマンの制度と機能』東海大学出版会，1980年）．

Sueur, A. L. [2011] "Administrative Justice and the Resolution of Dispute," in J. Jowell and D. Oliver eds., *The Changing Constitution,* 7th edition, Oxford: Oxford University Press.

Tyndall, P. [2015] "Thirty Years of the Ombudsman: Impact and the Future," *Administration,* 63(1).

Uhr, J. [1993] "Redesigning Accountability," *Australian Quarterly,* 65, winter.

United Nations Development Programme [1997] *Governance for Sustainable Human Development: A UNDP Policy Document,* UNDP, (http://www.pogar.org/publications/other/undp/governance/undppolicydoc97-e.pdf, 2016年11月2日閲覧).

United Nations Development Programme [2002] *Human Development Report 2002—Deepening Democracy in a Fragmented World,* Oxford University Press, (http://hdr.undp.org/sites/default/files/reports/263/hdr_2002_en_complete.pdf, 2016年10月31日閲覧).

Wakem, D. B. A. [2015] "The Changing Role of the Ombudsman," *Administration,* 63(1).

Waseem, M. [2011] "Independence of Ombudsmen," in G. V. Carmona and M. Wasseem eds., *Strengthening the Asian Ombudsman Association and the Ombudsman Institutions of Asia: Improving Accountability in Public Service Delivery through the Ombudsman,* Manila: Asian Development Bank.

Wheare, K. C. [1973] *Maladministration and its Remedies,* London: Stevens.

Zimmerman, J. F. [1989] "The Office of Ombudsman in Ireland," *Administration,* 37(3).

Zimmerman, J. F. [2001] "The Irish Ombudsman—Information Commissioner," *Administration,* 49(1).

【新聞】

朝日新聞［2004a］「『青色回転灯』車に固定検討　国交省など容認条件」5月29日三重朝刊27頁．

朝日新聞［2004b］「青色回転灯使用，来月にも　近く警察に申請　四日市自主防犯」11月12日三重朝刊27頁．

朝日新聞［2004c］「青色回転灯『住民パトカー』再発進　四日市の別山地区」11月30日名古屋夕刊11頁．

朝日新聞［2004d］「青色回転灯『着脱式も』県と四日市市が国に容認要望へ」6月29日三重朝刊27頁．

朝日新聞［2004e］「青色回転灯着脱式を容認も　合法と即断できれば　警察庁」7月1日名古屋朝刊34頁．

朝日新聞［2004f］「『青色回転灯』適法かを　国検討，三重県も訴えへ」5月18日名古屋夕刊10頁．

朝日新聞［2004g］「青色回転灯の使用申請受け付け　1日から警察署で」11月30日名古屋朝刊28頁．

朝日新聞［2004h］「青色回転灯を容認へ　四日市の自主防犯で国交省」5月24日名古屋夕刊8頁．

朝日新聞［2004i］「青色灯パト始動　自主防犯，広がるか　保安基準見直し認可」12月7日名古屋朝刊39頁．

朝日新聞［2004j］「車に『ステッカー』四日市住民が意見　着脱式青色回転灯」7月11日名古屋朝刊28頁．

朝日新聞［2004k］「自警パト『青色回転灯』は法律違反？　四日市・別山住民」2月3日名古屋夕刊9頁．

朝日新聞［2004l］「住民の『青色回転灯』使用，着脱式も容認へ　警察庁方針」9月29日名古屋朝刊25頁．

朝日新聞［2004m］「住民ら困惑隠せず　青色回転灯，固定式で容認」6月11日名古屋朝刊33頁．

朝日新聞［2004n］「防犯活動，何でも相談を　県警，地域・企業向け相談窓口開設」4月8日三重朝刊26頁．

朝日新聞［2004o］「『防犯』きょうラジオ討論　エフエムよっかいち」8月23日三重朝刊25頁．

朝日新聞［2004p］「四日市市，特区申請へ　自主防犯車の青色回転灯」6月16日三重朝刊25頁．

毎日新聞［2004a］「青色回転灯：民間一般車両の装備OKに——警察庁・国交省方針」6月9日東京夕刊9頁．

毎日新聞［2004b］「［えんぴつ日記］／8　青色回転灯　"光明"の広がり期待」12月21日地方版／三重21頁．

毎日新聞［2004c］「5団体に『青色回転灯』の使用証明書交付——県警本部／伊賀」12月2日地方版／三重25頁．

毎日新聞［2004d］「［なんとかしなきゃ・街を守る］／4　大活躍の回転灯は『法律違反』」5月18日中部朝刊20頁．

毎日新聞［2004e］「［なんとかしなきゃ］青色回転灯　専用車だけ，固定型のみ——警察庁などが意見募集」6月11日中部朝刊23頁．

毎日新聞［2004f］「［なんとかしなきゃ］『青色回転灯』の簡易型も認めて——三重県などが国に要望書」6月29日中部朝刊26頁．

毎日新聞［2004g］「［なんとかしなきゃ］青色回転灯を市民に支給へ——愛知・岡崎市」11月18日中部朝刊26頁．

毎日新聞［2004h］「［なんとかしなきゃ］交番のパソコンで防犯情報共有——三重県警が来年度，政策計画」12月25日中部夕刊7頁．

毎日新聞［2004i］「［なんとかしなきゃ］取り外しのできる青色回転灯を認めて　四日市市が特区申請を検討」6月16日中部朝刊21頁．

毎日新聞［2004j］「［なんとかしなきゃ］民間パトロール，青色回転灯OK」6月10日中部朝刊21頁．

毎日新聞［2004k］「防犯パトの青色回転灯，着脱式OK——警察庁が規制緩和」9月29日中部朝刊31頁．

毎日新聞［2004l］「防犯パトロールに青色回転灯　申請受け付け，全国で始まる」12月2日中部朝刊24頁．

毎日新聞［2004m］「［まちかど玉手箱］磁石式青色回転灯の許可を——三重」7月5日東京朝刊26頁．

毎日新聞［2005a］「暮らし・まち・安全のカルテ：日常の不安／4　地域防犯」11月13日東京朝刊28頁．

毎日新聞［2005b］「県警：自主防犯活動に功績の2団体に，感謝状を贈呈」2月3日地方版／三重21頁．

毎日新聞［2005c］「県警：防犯に役立つ青色回転灯など，自治会などへ貸し出し」6月10日地方版／三重21頁．

毎日新聞［2005d］「雑記帳：三重県警四日市南署は7日……」10月8日中部朝刊29頁．

毎日新聞［2005e］「市民パトカー：闇を照らせ，青色灯　活動エリア，あすから拡大」12月14日中部朝刊22頁．

毎日新聞［2005f］「防犯：青パト効果，街頭犯罪が激減　東海でも浸透，連携が課題——認可から1年」12月1日中部夕刊8頁．

【ウェブページ】（本文中では［URL 1］と番号で記す）

日本語ページ

1．明石市［2016］「オンブズマン制度」明石市ホームページ（https://www.city.akashi.lg.

jp/seisaku/soudan_shitsu/shise/kocho/ombudsman/index.html, 2016年11月4日閲覧）.
2. 昭島市［2016］「昭島市総合オンブズパーソン制度」昭島市ホームページ（http://www.city.akishima.lg.jp/s003/030/010/070/20140923134225.html, 2016年11月4日閲覧）.
3. 昭島市企画部秘書広報課オンブズパーソン・市政相談担当［2014］「運用状況の概要（平成23年度）」昭島市ホームページ（http://www.city.akishima.lg.jp/s003/030/010/030/030/20140923001913.html, 2016年11月4日閲覧）.
4. 昭島市企画部秘書広報課オンブズパーソン・市政相談担当［2014］「運用状況の概要（平成24年度）」昭島市ホームページ（http://www.city.akishima.lg.jp/s003/030/010/020/030/20140915203216.html, 2016年11月4日閲覧）.
5. 昭島市企画部秘書広報課オンブズパーソン・市政相談担当［2014］「運用状況の概要（平成25年度）」昭島市ホームページ（http://www.city.akishima.lg.jp/s003/030/010/010/030/20140923174828.html, 2016年11月4日閲覧）.
6. 昭島市企画部秘書広報課オンブズパーソン・市政相談担当［2014］「運用状況の概要（平成26年度）」昭島市ホームページ（http://www.city.akishima.lg.jp/s003/030/010/100/20150609153528.html, 2016年11月4日閲覧）.
7. 昭島市企画部秘書広報課オンブズパーソン・市政相談担当［2016］「運用状況の概要（平成27年度）」昭島市ホームページ（http://www.city.akishima.lg.jp/030/110/070/index.html, 2016年11月4日閲覧）.
8. 秋田県［2016］「県民行政相談室について」美の国あきたネット（http://pref.akita.lg.jp/www/contents/1209695030480/index.html, 2016年11月4日閲覧）.
9. 上尾市［2016］「上尾市市政相談委員制度」上尾市ホームページ（https://www.city.ageo.lg.jp/page/013316092301.html, 2016年11月4日閲覧）.
10. 沖縄県［2016］「沖縄県行政オンブズマン」沖縄県ホームページ（http://www.pref.okinawa.lg.jp/site/chijiko/kohokoryu/ombudsman/index.html, 2016年11月4日閲覧）.
11. 川越市［2016］「川越市オンブズマン」川越市ホームページ（http://www.city.kawagoe.saitama.jp/shisei/kochokoho/kocho/kawagoe_ombudsman.html, 2016年11月4日閲覧）.
12. 川崎市［2010］「市民オンブズマンとは？――苦情申立ての流れ――」川崎市ホームページ（http://www.city.kawasaki.jp/shisei/category/59-1-2-0-0-0-0-0-0.html, 2016年11月4日閲覧）.
13. 京都府府民生活部府民力推進課［2016］「京都府地域力再生プロジェクト」京都府ホームページ（http://www.pref.kyoto.jp/chiikiryoku/, 2016年11月2日閲覧）.
14. 北見市［2016］「北見市オンブズマン室」北見市ホームページ（http://www.city.kitami.lg.jp/docs/2016062100099/, 2016年11月4日閲覧）.
15. 清瀬市［2016］「オンブズパーソン条例の運営状況の公表」清瀬市ホームページ（http://www.city.kiyose.lg.jp/s013/010/010/020/010/hpg000001233.html, 2016年11月4日閲覧）.
16. 熊本市「オンブズマン事務局」熊本市ホームページ（https://www.city.kumamoto.jp/

参 考 文 献　*241*

hpkiji/pub/List.aspx?c_id=5&class_set_id=3&class_id=532, 2016年11月4日閲覧）.
17. 国土交通省総合政策局交通消費者行政課［2006］「行政相談窓口に寄せられた主な要望と改善事例」国土交通省ホームページ（http://www.mlit.go.jp/sogoseisaku/supporter/h16/02-1.pdf, 2012年6月28日閲覧）.
18. 国分寺市［2016］「市への苦情の解決（オンブズパーソン制度）」国分寺市ホームページ（http://www.city.kokubunji.tokyo.jp/shisei/ombudsperson/1005062.html, 2016年11月4日閲覧）.
19. 国分寺市政策部政策法務課広聴担当［2012］「平成23年度オンブズパーソンへの苦情申立て一覧」国分寺市ホームページ（http://www.city.kokubunji.tokyo.jp/shisei/ombudsperson/1013238/1005066.html, 2015年4月1日閲覧）.
20. 国分寺市政策部政策法務課広聴担当［2013］「平成24年度オンブズパーソンへの苦情申立て一覧」国分寺市ホームページ（http://www.city.kokubunji.tokyo.jp/shisei/ombudsperson/1013238/1005067.html, 2015年4月1日閲覧）.
21. 国分寺市政策部政策法務課広聴担当［2014］「平成25年度オンブズパーソンへの苦情申立て一覧」国分寺市ホームページ（http://www.city.kokubunji.tokyo.jp/shisei/ombudsperson/1013238/1005068.html, 2016年11月4日閲覧）.
22. 国分寺市政策部政策法務課広聴担当［2015］「平成26年度オンブズパーソンへの苦情申立て一覧」国分寺市ホームページ（http://www.city.kokubunji.tokyo.jp/shisei/ombudsperson/1013238/1009550.html, 2016年11月4日閲覧）.
23. 国分寺市政策部政策法務課広聴担当［2016］「平成27年度オンブズパーソンへの苦情申立て一覧」国分寺市ホームページ（http://www.city.kokubunji.tokyo.jp/shisei/ombudsperson/1013238/1013757.html, 2016年11月4日閲覧）.
24. 国会議事録検索システム「1966年4月19日　第051会参議院内閣委員会第20号」（http://kokkai.ndl.go.jp/SENTAKU/sangiin/051/0388/05104190388020a.html, 2016年11月4日閲覧）.
25. 札幌市［2016］「総務局」札幌市ホームページ（http://www.city.sapporo.jp/org/somu/index.html, 2016年11月4日閲覧）.
26. 三田市［2016］「オンブズパーソン制度」三田市ホームページ（http://www.city.sanda.lg.jp/soumu/ombudsperson.html, 2016年11月4日閲覧）.
27. 首相官邸犯罪対策閣僚会議［2004］「地域安心安全アクションプラン」首相官邸ホームページ（http://www.kantei.go.jp/jp/singi/hanzai/dai3/3siryou2-3.pdf, 2013年6月9日閲覧）.
28. 上越市［2016］「上越市オンブズパーソン制度」上越市ホームページ（http://www.city.joetsu.niigata.jp/soshiki/soumukanri/ombuds.html, 2016年11月4日閲覧）.
29. 新宿区［2016］「広報・広聴」新宿区ホームページ（https://www.city.shinjuku.lg.jp/kusei/index03.html, 2016年11月4日閲覧）.
30. 総務省行政評価局［2013］『行政相談委員との協働の充実及び行政相談機能向上のため

のアクションプラン』総務省ホームページ（http://www.soumu.go.jp/main_content/000222056.pdf, 2013年7月25日閲覧）．
31. 多摩市［2016］「総合オンブズマン制度」多摩市ホームページ（http://www.city.tama.lg.jp/plan/10576/020010.html, 2016年11月4日閲覧）．
32. 調布市［2014］「調布市オンブズマン」調布市ホームページ（http://www.city.chofu.tokyo.jp/www/contents/1375775336825/index.html, 2016年11月4日閲覧）．
33. つくば市［2016］「組織一覧（お問合せ先一覧）」つくば市ホームページ（http://www.city.tsukuba.ibaraki.jp/14278/14279/1633/index.html, 2016年11月4日閲覧）．
34. 富山市［2016］「市政に対する苦情（行政苦情オンブズマン）」富山市ホームページ（http://www.city.toyama.toyama.jp/shiminseikatsubu/shiminseikatsusodanka/shiseinitaisurukujo.html, 2016年11月4日閲覧）．
35. 新潟市［2016］「新潟市行政苦情審査会について」新潟市ホームページ（https://www.city.niigata.lg.jp/shisei/gyoseiunei/fuzokukikan/sechikikan/shiminseikatsu/kocho/gyoseikujyo/kujou.html, 2016年11月4日閲覧）．
36. 新座市［2016］「オンブズマン制度の概要」新座市ホームページ（http://www.city.niiza.lg.jp/soshiki/40/onbuds-gaiyou2016.html, 2016年11月4日閲覧）．
37. 西尾市［2016］「西尾市行政評価委員会」西尾市ホームページ（http://www.city.nishio.aichi.jp/index.cfm/10,21244,103,488,html, 2016年11月4日閲覧）．
38. 藤沢市［2016］「オンブズマン事務局」藤沢市ホームページ（http://www.city.fujisawa.kanagawa.jp/ombuds/index.html, 2016年11月4日閲覧）．
39. 府中市［2016］「オンブズパーソン」府中市ホームページ（https://www.city.fuchu.tokyo.jp/kurashi/sodanannai/pason/onbuzu.html, 2016年11月4日閲覧）．
40. 北海道［2016］「総合政策部」北海道ホームページ（http://www.pref.hokkaido.lg.jp/hj/nny/sougouseisakubu_H28.pdf, 2016年11月4日閲覧）．
41. 三鷹市［2016］「三鷹市総合オンブズマン制度について」三鷹市ホームページ（http://www.city.mitaka.tokyo.jp/c_service/000/000505.html, 2016年11月4日閲覧）．
42. 三鷹市総務部相談・情報課［2012］「平成23年度総合オンブズマン活動状況報告」三鷹市ホームページ（http://www.city.mitaka.tokyo.jp/c_service/013/013635.html, 2016年11月4日閲覧）．
43. 三鷹市総務部相談・情報課［2014］「平成25年度総合オンブズマン活動状況報告」三鷹市ホームページ（http://www.city.mitaka.tokyo.jp/c_service/044/044829.html, 2016年11月4日閲覧）．
44. 三鷹市総務部相談・情報課［2015］「平成26年度総合オンブズマン活動状況報告」三鷹市ホームページ（http://www.city.mitaka.tokyo.jp/c_service/046/046386.html, 2016年11月4日閲覧）．
45. 三鷹市総務部相談・情報課［2016］「平成27年度総合オンブズマン活動状況報告」三鷹市ホームページ（http://www.city.mitaka.tokyo.jp/c_service/059/059330.html, 2016年

11月 4 日閲覧).
46. 山梨県［2016］「県民生活センター」山梨県ホームページ（https://www.pref.yamanashi.jp/kenminskt-c/index.html, 2016年11月 4 日閲覧).

外国語ページ

47. Asian Ombudsman Association [2016] About the AOA, Asian Ombudsman Association, (http://www.asianombudsman.com/, 2016年10月 3 日閲覧).
48. International Ombudsman Institute [2012] *BYLAWS*, International Ombudsman Institute, (http://www.theioi.org/downloads/fnutr/IOI_Bylaws_Final%20Version_EN_20121113.pdf, 2016年10月 3 日閲覧).
49. Local Government Ombudsman [2016] Guidance on managing unreasonable complainant behaviour, Local Government Ombudsman, (http://www.lgo.org.uk/information-centre/reports/advice-and-guidance/guidance-notes/guidance-on-managing-unreasonable-complainant-behaviour, 2016年 9 月15日閲覧).
50. Office of the Ombudsman [1998] Investigation Report on the provision of school transport for a child with disabilities, Office of the Ombudsman, (https://www.ombudsman.gov.ie/en/Publications/Investigation-Reports/Government-Departments-other-Public-bodies/Investigation-Report-on-the-provision-of-school-transport-for-a-child-with-disabilities/, 2016年10月31日閲覧).
51. Office of the Ombudsman [2001] Report on Nursing Home Subventions, Office of the Ombudsman, (https://www.ombudsman.gov.ie/en/Publications/Investigation-Reports/HSE-Nursing-Homes/Subventions-For-Nursing-Home-Care-Complaints-made-by-3-individuals-against-HSE/, 2016年10月31日閲覧).
52. Office of the Ombudsman [2005] Investigation Report on the care of a patient at Sligo General Hospital, Office of the Ombudsman, (https://www.ombudsman.gov.ie/en/Publications/Investigation-Reports/Healthcare-Pre-HSE/Investigation-Report-on-the-care-of-a-patient-at-Sligo-General-Hospital/, 2016年10月31日閲覧).
53. Office of the Ombudsman [2006] Report on the delay by the MWHB in calculating arrears of superannuation payable by two Public Health nurses for previous service, Office of the Ombudsman, (https://www.ombudsman.gov.ie/en/Publications/Investigation-Reports/Healthcare-Pre-HSE/Report-on-the-delay-by-the-MWHB-in-calculating-arrears-of-superannuation-payable-by-two-Public-Health-nurses-for-previous-service/, 2016年10月31日閲覧).
54. Office of the Ombudsman [2006] Report to the Health Service Executive concerning complaints against the Public Health Service, Office of the Ombudsman, (https://www.ombudsman.gov.ie/en/Publications/Investigation-Reports/Health-Service-Executive/Report-to-the-Health-Service-Executive-concerning-complaints-against-the-Public-Health-Service/, 2016年10月31日閲覧).

55. Office of the Ombudsman [2007] Complaints against the General Register Office, Office of the Ombudsman, (https://www.ombudsman.gov.ie/en/Publications/Investigation-Reports/Government-Departments-other-Public-bodies/Complaints-against-the-General-Register-Office/, 2016年10月31日閲覧).
56. Office of the Ombudsman [2007] Complaint concerning Clare County Council and its handling of planning applications for development at Doonbeg Golf Course, Office of the Ombudsman, (https://www.ombudsman.gov.ie/en/Publications/Investigation-Reports/Local-Authorities/Complaint-concerning-Clare-County-Council-and-its-handling-of-planning-applications-for-development-at-Doonbeg-Golf-Course/, 2016年10月31日閲覧).
57. Office of the Ombudsman [2007] Report of the Ombudsman's Experience of Dealing with complaints against Kildare County Council, Office of the Ombudsman, (https://www.ombudsman.gov.ie/en/Publications/Investigation-Reports/Local-Authorities/Report-of-the-Ombudsman's-experience-of-dealing-with-complaints-against-Kildare-County-Council/, 2016年10月31日閲覧).
58. Office of the Ombudsman [2007] Summary Report concerning the Health Service Executive's handling of an application to foster three children, Office of the Ombudsman, (https://www.ombudsman.gov.ie/en/Publications/Investigation-Reports/Health-Service-Executive/Summary-Report-concerning-the-Health-Service-Executive's-handling-of-an-application-to-foster-three-children/, 2016年10月31日閲覧).
59. Office of the Ombudsman [2008] Report re Complaints against HSE (Dublin West-HSE Dublin Mid-Leinster), Office of the Ombudsman, (https://www.ombudsman.gov.ie/en/Publications/Investigation-Reports/Health-Service-Executive/Report-re-Refusal-of-Applications-for-Domiciliary-Care-Allowance/, 2016年10月31日閲覧).
60. Office of the Ombudsman [2010] Care and Treatment of a Patient and His Family, Office of the Ombudsman, (https://www.ombudsman.gov.ie/en/Publications/Investigation-Reports/Health-Service-Executive/Care-and-treatment-of-a-patient-and-his-family-/, 2016年10月31日閲覧).
61. Office of the Ombudsman [2011] Complaint concerning St. Mary's Hospital, Phoenix Park and the HSE, Office of the Ombudsman, (https://www.ombudsman.gov.ie/en/Publications/Investigation-Reports/HSE-Nursing-Homes/Complaint-concerning-St-Mary%E2%80%99s-Hospital,-Phoenix-Park-and-HSE/, 2016年10月31日閲覧).
62. Office of the Ombudsman [2012] Hidden History? — The Law, the Archives and the General Register Office, Office of the Ombudsman, (https://www.ombudsman.gov.ie/en/Publications/Investigation-Reports/Government-Departments-other-Public-bodies/Hidden-History-The-Law-the-Archives-and-the-General-Register-Office/, 2016年10月31日閲覧).

63. Office of the Ombudsman [2014] Home Care Grant Denied, Office of the Ombudsman, (https://www.ombudsman.gov.ie/en/publications/investigation-reports/health-service-executive/home-care-grant-denied/, 2016年10月31日閲覧).
64. Ombudsman Association [2016] Principal Features of an Ombudsman Scheme, Ombudsman Association, (Retrieved on February 22 2016, http://www.ombudsmanassociation.org/about-principle-features-of-an-ombudsman-scheme.php, 2016年2月11日閲覧).
65. Ombudsman Commission P. N. G. [2016] Mission and Vision, Ombudsman Commission P. N. G., (http://www.ombudsman.gov.pg/index.php?option=com_content&view=article&id=3&Itemid=108, 2015年8月15日閲覧).
66. UK Parliament [2013] PARLIAMENTARY COMMISSIONER BILL HC Deb 18 October 1966 vol 734 cc42-172, Hansard, (http://hansard.millbanksystems.com/commons/1966/oct/18/parliamentary-commissioner-bill, 2016年10月31日閲覧).

# 人名索引

〈A〉

安藤高行　56

〈B〉

Bovens, M.　21
Buck, T.　37, 69

〈C〉

Carmona, G. V.　41, 53
Cooper, T.　19, 29, 30

〈D〉

Day, P. and　25
Dimock, G. O.　30
Dimock, M. E.　30
Donson, F.　116, 129
Dooney, S.　117
Doyle, M.　6, 53, 57, 68, 189

〈F〉

Finer, H.　29
Friedrich, C. J.　29

〈G〉

Gaus, J. M.　29
Gelhorn, W.　43, 53, 68
Giddings, P.　57
Gilbert, C. E.　2, 19
Gill, C.　58, 67
Gregory, R.　56, 67
Grzybowski, A.　43
Gwyn, W. B.　56, 68

〈H〉

橋本定　57, 145
蓮池穣　170
林屋礼二　48, 143
Hertogh, M.　43, 55
Hirschman, A. O.　9

Holmgren, K.　45
Husain, T.　42

〈I〉

今川晃　2, 12, 45, 49, 67, 143, 165

〈K〉

粕谷裕子　23
風間規男　107
Kirkham, R.　67
Klein, R.　25
Klislov, S.　45
Koeing, L. W.　30
Koppell, J.　28
小島武司　3, 44, 53, 68, 145

〈L〉

Lo, C. W.　50

〈M〉

Marshall, G.　46
Marshall, M. A.　56, 68
Mashaw, J. L.　24, 26
桝井孝　178
真山達志　13
Mills, M.　129
南博方　44, 55
Mosher, F.　19
Mulgan, R.　29
村松岐夫　30

〈O〉

O'Donovan, D.　116, 129
大橋洋一　48, 57
大森彌　30
Oosting, M.　43, 55
O'Toole, J.　117
Owen, S.　43

⟨P⟩

Pfiffner, J. M.　19
Presthus, R. V.　19

⟨R⟩

Reif, L.　37, 40, 56, 68
Rowat, D. C.　1
Rowe, M. P.　56, 68

⟨S⟩

佐藤竺　45
Seneviratne, M.　47, 58
Soll, J.　21
外間寛　3, 44, 53, 68, 145
Stacey, F.　47
杉山克彦　48

⟨T⟩

高橋百合子　23

土屋英雄　143
Tyndall, P.　6, 109, 131

⟨U⟩

Uhr, J.　29
宇都宮深志　14

⟨W⟩

Wakem, D. B. A.　53, 61, 67, 70
Waseem, M.　37
Wells, P.　67
Wheare, K. C.　47

⟨Y⟩

山本清　21, 22, 26, 27
吉田利宏　141

⟨Z⟩

Zimmerman, J. F.　62, 115, 130

# 事項索引

〈ア 行〉

アイルランド共和国　6, 57, 61, 75, 115
アウトソーシング・民間委託　40, 70
アウトリーチ　60, 69
アカウンタビリティ　2, 10, 17, 19, 20, 22, 34, 39, 42, 45, 112
　　垂直的――　39
　　水平的――　37
アジア・オンブズマン協会　5, 10, 34
アングロ・サクソン諸国　67
委員意見　168
インフォーマリティ　3, 6, 17, 43, 48, 53, 62, 135, 159, 170, 187
インフォーマル　2, 43, 55, 68, 118, 145
　　――な解決　15, 56, 59, 119, 142, 149, 189
　　――な活動　60, 68, 137
ウェールズ　61, 74
ANZOA　111
ADR（Alternative Dispute Resolution）　15, 56, 68
NPM（New Public Management）　2, 12, 36, 40, 108, 187
エンパワーメント　15, 49, 165, 178
欧州連合（EU）　2, 15
オーストラリア　61, 79
汚職　2, 12, 40
Office of the Ombudsman　117, 129
オンブズマン　1, 10, 17, 34, 53, 67, 108, 187
　　欧州――　49, 97
　　行政型――　141
　　市民――　13
　　――事務局　61, 117
　　――制度　4
　　特殊――　144

〈カ 行〉

外在的　2
ガイダンス　6, 61, 63, 69, 108, 132, 190
過誤行政（maladministration）　10, 45

カナダ　61, 89
ガバナンス　3, 12, 13, 17, 70
　　グッド・――　39, 47, 53, 138, 187
　　民主的――　40
管轄　130
勧告　2, 56, 112, 119, 136, 141
議会コミッショナー　46, 61, 70
北アイルランド　47, 57, 61, 75
行政運営の改善　6, 65, 144
行政監察　178
行政監視　143
行政監視・評価　178
行政救済　53, 187
行政苦情救済　1, 6, 9, 44
　　――推進会議　1, 191
　　――制度　4, 141
行政責任　3, 6, 17, 30, 47
行政相談　4, 5, 165, 178
　　――委員　4, 5, 165, 177, 191
行政的正義　37
行政統制　2, 17
行政不服審査　54, 141
協働　170
苦情処理　6, 44, 56, 61, 101, 112, 118, 143, 191
苦情申立　69, 136
グッド・アドミニストレーション　50, 65, 99, 108, 134, 191
グループGS近畿　171
研修　69
公共サービス提供者　15, 40, 63, 67, 109, 138, 190
公共の議論　9
広聴　141
国際オンブズマン協会　4, 10, 34
国土交通省　177
個人の人格の尊重　9
子どもの人権　144

〈サ 行〉

先を見越した（proactive）　62, 67, 135

事前検証　119, 136
市民憲章　67
主体性　69, 113, 189
消費者ADRに関する指令　59, 64
情報公開　105
自律性　138, 161, 179
自律的・内在的責任　49
スコットランド　61, 73
政策評価　178
世界銀行（World Bank）　13, 40, 42
全国行政相談委員連合協議会　4
相談　141
総務省行政評価局　4, 5, 165

〈タ　行〉

男女共同参画　144
地域安心安全アクションプラン　176
地域力再生　171
チェックリスト　107
地方分権　2, 12, 40
調査　2, 56, 119
　　正式な――　56, 59, 122, 136
独立性　141

〈ナ　行〉

ニュージーランド　61, 89

〈ハ　行〉

パブリック・コメント　175
BIOA　111
フォーマル　2
付随的（adjunct）　70, 131
腐敗　2, 12
紛争解決　15, 138
ベスト・プラクティス　99, 108
voice　9, 10

〈マ　行〉

民主主義　9, 15, 39
メディエーション　57
メディエーター（Mediater）　43, 54

〈ヤ　行〉

予防的　6
　　――救済　61
四条具申　167, 181

〈ラ　行〉

レスポンシビリティ　18, 29, 41, 50, 191
レスポンシブル　30, 49

《著者紹介》

山 谷 清 秀（やまや　きよひで）

　1989年　生まれ
　2012年　同志社大学政策学部政策学科卒業
　2017年　同志社大学総合政策科学研究科博士後期課程修了，博士（政策科学）
　現在，同志社大学政策学部助手

**主要業績**

『地方自治を問いなおす――住民自治がひらく新地平――』（共著），法律文化社，2014年．

「アイルランド共和国のオンブズマンとインフォーマリティの意義」『同志社政策科学研究』18(1)，2016年．

「苦情処理の標準化とオンブズマン」『同志社政策科学研究』19(1)，2017年．

---

ガバナンスと評価 2
## 公共部門のガバナンスとオンブズマン
――行政とマネジメント――

| 2017年12月20日　初版第1刷発行 | ＊定価はカバーに表示してあります |
|---|---|

| 著者の了解により検印省略 | 著　者　山　谷　清　秀 ⓒ |
| | 発行者　植　田　　実 |
| | 印刷者　江　戸　孝　典 |

発行所　株式会社　晃洋書房

〒615-0026　京都市右京区西院北矢掛町7番地
電話　075(312)0788番(代)
振替口座　01040-6-32280

装丁　クリエイティブ・コンセプト　　印刷・製本　㈱エーシーティー

ISBN978-4-7710-2951-4

JCOPY 〈(社)出版者著作権管理機構　委託出版物〉

本書の無断複写は著作権法上での例外を除き禁じられています．複写される場合は，そのつど事前に，(社)出版者著作権管理機構（電話 03-3513-6969, FAX 03-3513-6979, e-mail: info@jcopy.or.jp）の許諾を得てください．